工程建设理论与实践丛书

道路桥梁
设计与管理实务

DAOLU QIAOLIANG
SHEJI YU GUANLI SHIWU

许泽辉 华正良 韦川平 主编

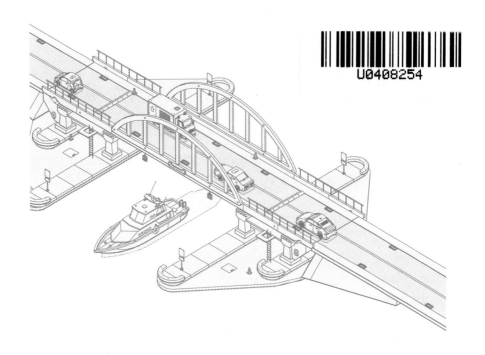

华中科技大学出版社
http://press.hust.edu.cn
中国·武汉

图书在版编目(CIP)数据

道路桥梁设计与管理实务/许泽辉,华正良,韦川平主编.—武汉:华中科技大学出版社,
2023.10
　ISBN 978-7-5772-0027-9

　Ⅰ.①道… Ⅱ.①许… ②华… ③韦… Ⅲ.①道路工程 ②桥梁工程 Ⅳ.①U41
②U44

中国国家版本馆 CIP 数据核字(2023)第 181667 号

道路桥梁设计与管理实务
Daolu Qiaoliang Sheji yu Guanli Shiwu

许泽辉　华正良　韦川平　主编

策划编辑:周永华	
责任编辑:叶向荣	
封面设计:杨小勤	
责任监印:朱　玢	

出版发行:华中科技大学出版社(中国·武汉)　　电话:(027)81321913
　　　　　武汉市东湖新技术开发区华工科技园　　邮编:430223

录　　排:华中科技大学惠友文印中心
印　　刷:武汉科源印刷设计有限公司
开　　本:710mm×1000mm　1/16
印　　张:20.25
字　　数:364千字
版　　次:2023 年 10 月第 1 版第 1 次印刷
定　　价:98.00 元

本书若有印装质量问题,请向出版社营销中心调换
全国免费服务热线:400-6679-118　竭诚为您服务
版权所有　侵权必究

编 委 会

主　编　许泽辉(中国铁建投资集团有限公司)
　　　　　华正良(广东省交通规划设计研究院集团股份有限公司)
　　　　　韦川平(中冶建工集团有限公司勘察设计研究总院)

副主编　骆　伟(湖南尚上市政建设开发有限公司)
　　　　　何茂维(中国市政工程西南设计研究总院有限公司)
　　　　　代诗宇(招商局重庆交通科研设计院有限公司)
　　　　　马　涛(中交第二公路勘察设计研究院有限公司)
　　　　　田世军(河南省交通规划设计研究院股份有限公司)

编　委　陈建军(湖南省城龙高速公路建设开发有限公司)
　　　　　黄俊鑫(中交第四航务工程勘察设计院有限公司)
　　　　　武文婷(鲁班工业品(天津)有限公司)
　　　　　田　刚(深圳市市政设计研究院有限公司)

前　　言

近年来,我国交通运输业在高等级公路日益增多的背景下得到了蓬勃发展。我国公路事业正向着高等级公路建设的方向发展,当前已经进入重要的发展阶段。桥梁是道路工程项目的重要组成部分,其设计方案越来越受到关注。道路桥梁的设计应严格按照技术规范进行,同时注意技术与经济的协调,以便优化线路走向,提升道路质量和获取更高的经济效益。结构设计与道路使用有关人民的生命安全,在设计承载能力时应留出一定的空间,以便更好地承担运营期间的荷载,确保车辆安全舒适通行。现阶段,道路桥梁设计中仍存在诸多问题,设计人员需要不断总结相关设计与管理经验,并提升自身的综合专业素养,进一步提高道路桥梁工程质量。

道路桥梁设计最重要的任务是找出最经济合理的结构方案,应建模分析并进行验算,确保结构安全。然而在我国道路桥梁设计领域,特别是在桥梁设计、施工和使用期间的安全问题,仍有许多方面需要改进。目前,许多设计师参与的道路桥梁的设计仅满足规范规定的最低安全要求,通常忽略结构系统、材料和维护、耐久性等问题,忽略了从设计、施工到项目投入使用的整个过程。在此过程中,存在一定的人为影响因素,从而造成了道路桥梁结构安全问题。在开展道路桥梁设计中,通常会存在设计方案、使用环境变化等问题,造成结构承载力不均匀的现象。此外还有部分工程在施工过程中,存在混凝土强度低、配筋率不够和保护层厚度小等问题,给道路桥梁安全性造成了较大的影响。人们在日常生活中,会经常发现某个桥梁在投入使用 5~10 年后,其结构安全性出现了问题。大部分案例的调查结果显示,造成其问题的主要原因以设计为主。很多设计师在设计道路桥梁过程中,只是单纯考虑了如何满足设计规范的强度要求,并没有真正意义上地结合工程实际情况,开展严谨的设计工作。为此,在进行道路桥梁设计的过程中,要加强对相关设计内容的认知,并结合积累的经验,从材料、结构等方面进行综合考量,以确保结构的强度和耐久性满足安全要求。

目　　录

第1章　绪论 …………………………………………………………………… (1)
　1.1　道路组成与分类 …………………………………………………………… (1)
　1.2　桥梁组成与分类 …………………………………………………………… (5)
　1.3　道路未来发展展望 ………………………………………………………… (7)
　1.4　桥梁未来发展展望 ………………………………………………………… (10)

第2章　道路设计理论 ………………………………………………………… (22)
　2.1　平面线形设计 ……………………………………………………………… (22)
　2.2　纵断面线形设计 …………………………………………………………… (25)
　2.3　横断面设计 ………………………………………………………………… (28)

第3章　互通式立体道路设计 ………………………………………………… (29)
　3.1　互通式立交的交通组织分析 ……………………………………………… (29)
　3.2　互通式立交的选型 ………………………………………………………… (32)
　3.3　立交主线横断面设计 ……………………………………………………… (34)
　3.4　立交主线平纵线形设计 …………………………………………………… (34)
　3.5　立交匝道设计 ……………………………………………………………… (35)
　3.6　辅助车道设计 ……………………………………………………………… (39)

第4章　桥梁设计理论 ………………………………………………………… (42)
　4.1　桥梁选型 …………………………………………………………………… (42)
　4.2　上部结构设计 ……………………………………………………………… (45)
　4.3　下部结构设计 ……………………………………………………………… (48)
　4.4　附属结构设计 ……………………………………………………………… (50)
　4.5　其他方面的设计 …………………………………………………………… (53)

第5章　施工项目管理组织 …………………………………………………… (60)
　5.1　概述 ………………………………………………………………………… (60)
　5.2　管理组织结构设计 ………………………………………………………… (62)
　5.3　管理组织机构设置 ………………………………………………………… (64)
　5.4　施工准备及部署 …………………………………………………………… (71)

第6章 施工项目控制措施 ……………………………………………(74)
6.1 施工项目成本控制措施 ………………………………………(74)
6.2 施工项目安全控制措施 ………………………………………(79)
6.3 施工项目质量控制措施 ………………………………………(105)
6.4 施工项目进度控制措施 ………………………………………(110)
6.5 施工项目环境保护管理措施 …………………………………(114)
6.6 施工项目资源管理 ……………………………………………(122)
6.7 文明施工与职业健康管理措施 ………………………………(125)

第7章 设计与管理案例分析 …………………………………………(129)
7.1 道路设计案例——以深汕西高速公路道路设计为例 ………(129)
7.2 桥梁设计案例——以跨沪杭高速公路特大桥设计为例 ……(139)
7.3 道路施工管理实务案例——以深汕西高速公路改扩建工程为例 …(201)

参考文献 ……………………………………………………………(313)
后记 …………………………………………………………………(316)

第1章 绪 论

1.1 道路组成与分类

根据道路使用特点,道路可分为城市道路、公路、工厂道路、森林道路和农村道路等。

1.1.1 道路组成

道路是指城市间、城乡间、乡村间主要供汽车行驶的公共道路,主要包含路基、路面、桥涵、隧道、渡口、交通工程及沿线设施等。

①路基。路基是公路的基本结构,是支撑路面结构的基础,与路面共同承受行车荷载的作用,同时承受气候变化和各种自然灾害的影响。路基结构可分为填方路基、挖方路基和半填半挖路基三种形式。

②路面。路面是铺筑在道路路基上与车轮直接接触的结构层,承受和传递车轮荷载,承受磨耗,同时,更受气候变化和各种自然灾害的影响。对路面的基本要求是具有足够的强度、稳定性、平整度、抗滑性能、耐磨性等。路面结构一般由面层、基层、底基层与垫层组成。

③桥涵。桥涵是指道路跨越水域、沟谷和其他障碍物时修建的构造物。按照《公路工程技术标准》(JTG B01—2014)的规定,单孔跨径小于 5 m 或多孔跨径之和小于 8 m 的称为涵洞,大于这一规定值的则称为桥梁。

④隧道。隧道通常是指建造在山岭、江河、海峡和城市地面下,供车辆通过的工程构造物。隧道按所处位置可分为山岭隧道、水底隧道和城市隧道。

⑤渡口。渡口是指以渡运方式供通行车辆跨越水域的基础设施。码头是渡口的组成部分,可分为永久性码头和临时性码头。

⑥交通工程及沿线设施。交通工程及沿线设施是保证道路功能、保障安全行驶的配套设施,是现代道路的重要标志。交通工程主要包括交通安全设施、监控系统、收费系统、通信系统四大类,如信号灯、交通标志、路面标线、护栏、隔离

栅、照明设备、视线诱导标、防眩设施等。沿线设施主要是指与这些系统配套的服务设施、房屋建筑等。

道路包括线形组成和结构组成两部分。

线形是道路中线在空间中的几何形状和大小。道路的线形组成如图1.1所示。道路中心线在水平面上的投影称为平面线形,沿道路中心线垂直切割形成的平面称为纵断面,沿道路中心线上任何一点形成的正常截面称为横截面。

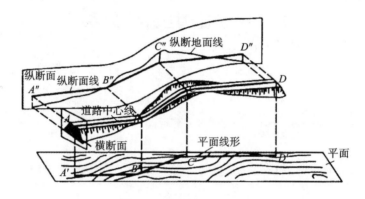

图1.1 道路的线形组成

路基是道路桥梁结构的基础。路基横断面示意图如图1.2所示。

公路与城市道路路基横断面的组成有所不同。公路路基横断面包括行车道(路面)、路肩、边沟、边坡、绿化带、分隔带、挡土墙等；城市道路路基横断面包括行车道(路面)、人行道、路缘石、绿化带、分隔带等。在高路堤和深路堑的路段,路基横断面还包括挡土墙。

(1)形式。根据道路的设计标高和路基横断面土石方的不同填挖情况,路基横断面有三种基本形式：路堤式、路堑式、半填半挖式。在地形平坦的城市道路,其路基横断面一般均贴近地面布置,地面的雨、雪水用地下管道排除。根据不同的交通组织设计,行车道在路基横断面上的布置有如下四种方式。①单幅式。所有车辆都在同一个行车道平面上混合行驶；用地较省,但对向行驶车辆的干扰多,多用于交通量不大的次要道路。②双幅式。由中间一条分隔带(或绿化带)将行车道分为单向行驶的两条道路,可避免对向行驶车辆的干扰,但机动车和非机动车仍为混合行驶。对单幅式、双幅式道路,如行车道较宽,可划出分道线,使机动车和非机动车分道行驶。③三幅式。由两条分隔带(或绿化带)将行车道分为三部分：中间为机动车道,双向行驶,路中间最好能划出分道线；两边为非机动车道,单向行驶。三幅式是一种使用效果较好的布置形式,也有利于绿化、地上

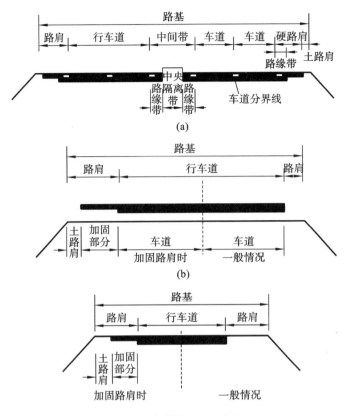

图 1.2　路基横断面示意图

杆线和地下管线的设置。④四幅式。由三条分隔带(或绿化带)将行车道分为四部分:靠近中间分隔带的两条车道为机动车道;靠近路边的两条车道为非机动车道。四幅式是渠化交通且完全分道行驶的最理想的布置形式,但用地较多。路基横断面的布置形式,根据地形、地物和交通组织的具体情况,可以对称布置,也可以不对称布置。

(2)行车道。行车道是指供各种车辆行驶的路面部分,包括机动车道和非机动车道。行车道的车道数,根据设计交通量、车道的通行能力、车辆交通组织的要求(如车辆混行、分行、超车、停靠等)确定;行车道的宽度等于各条车道宽度的总和。机动车和非机动车混合行驶的行车道宽度,根据交通量的大小、车辆的横向排列组合、车道相互调剂使用的可能性确定。①机动车道。机动车道是指供机动车行驶的路面部分。车道的宽度根据道路的等级和交通量而定。为适应现代交通高速、大型发展的要求,车道的推荐宽度为 3.75～4.0 m。在交通量不大、车速不高的次要道路上,可采用 3.50 m。②非机动车道。非机动车道是指供非机动车行驶的路面部分。各种不同车辆行驶带的宽度:自行车1.5 m;三轮车2.0 m;大板车2.8 m;小板车1.7 m。

(3)路拱。为了排除路面的雨、雪水,根据横断面和排水方向的设计,行车道的横断面形状可以做成单向坡面或双向坡面(由路中央向两边倾斜),形成路拱。路拱的基本形式有抛物线型、抛物线(或圆曲线)接直线型、折线型、倾斜直线型。前两种路拱形式主要用于柔性路面,后两种则主要用于刚性路面。从行车道边缘到路拱拱顶的高度,称为路拱高度。行车道的横向平均坡度,称为路拱坡度。

(4)人行道。人行道是指供行人步行和植树、立杆埋管的用地。人行道的总宽度,由步行道、地上杆线、行道树、绿地、埋设地下管线等所需宽度组成。步行道的宽度应能供两人并行,至少为1.5 m。在城市主要干道,单侧人行道上步行带的条数,一般不应少于6条;在次要街道不应少于4条;在住宅区街道不应少于2条。每条步行带的宽度,与行人的两手是否携带物品和携带方式有关,在一般的道路上取0.75 m;在携带物品的行人众多的地方,如车站、港口、码头、商业大街、全市性干道等,可取0.90 m。在经常积聚大量人群的路段,如大型商店、影剧院、体育场、公共交通停靠站等处,步行道宽度应适当放宽。人行道通常布置在街道两侧,高出行车道0.08~0.20 m。人行道的横坡采用直线型,向路缘石方向倾斜。横坡的大小与铺砌材料有关,在有铺砌的人行道上,横坡采用2%。

(5)路缘石。路缘石也称侧平石、道牙,是区分行车道、人行道、绿地的界线。其功用为:作为行车道(路面)两侧的支撑;分隔行人和车辆交通;用作街沟排水。路缘石可采用混凝土预制块(侧石和平石)、方块石、条石等材料铺砌而成。

1.1.2 公路分类

根据使用任务、功能和交通量不同,公路可分为高速公路、一级公路、二级公路、三级公路、四级公路和等外级道路。

①高速公路。高速公路是一条有4条或更多车道,具有中央分隔带、全立体交叉口、全控制通道,专门用于汽车分向、分车道高速行驶的公路。

②一级公路。一级公路的设施与高速公路基本相同。

③二级公路。二级公路是中等及以上城市的主要公路。

④三级公路。三级公路是县乡之间的集散公路。

⑤四级公路。四级公路是连接城镇和村庄的地方道路。

⑥等外级道路。等外级道路主要是村道和机耕道。

1.1.3　城市道路分类

根据城市道路系统的现状、交通功能和对沿线建筑物的服务功能,城市道路可分为以下四类。

①主干路。主干路是城市路网的主干道。

②次干路。次干路与主干路协同形成城市路网,是城市交通的主干道。

③支路。支路是一个区域(如住宅区)内的主要功能道路。

④快速路。快速路主要服务于城市的过境交通。

1.2　桥梁组成与分类

1.2.1　桥梁组成

桥梁可以理解为一种人工结构,其主要用于在道路遇到障碍物(如河流、湖泊、山谷、沟渠和其他线路)时保持道路的连续性。桥梁不仅保证了桥上的交通运行,还保证了桥下水流的疏导,船舶或车辆的航行。

1. 桥梁基本结构

桥梁基本结构包括桥梁跨度结构(上部结构)、支撑系统、墩台、桥台、桥墩基础等。桥梁的基本结构示例见图1.3。

(1)桥梁跨度结构(上部结构)。其主要作用是作为线路中断时障碍物的主要承重结构,可以为人、车的通行提供承载作用。

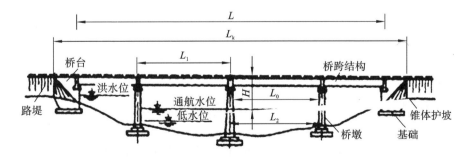

图1.3　桥梁的基本结构示例

(2)支撑系统。支撑系统是连接桥梁上部结构和下部结构的传力装置。其主要作用是作为传力装置,不仅传递很大的荷载,并且还保证桥跨结构不产生变位。

(3)桥墩。多跨桥梁的中间支承结构称为桥墩。其主要作用是支承桥跨结构,把桥面荷载传至地基。

(4)桥台。桥台是位于桥梁两端,支承桥梁上部结构并和路堤相衔接的部分。其作用是把路面荷载传至地基;与路堤相衔接、抵御路堤土压力;防止路堤土的滑坡和坍落。

(5)墩台基础。墩台基础是将桥梁所承受的各种作用传递到地基上的结构组成部分。其主要作用是支承上部桥跨结构。

2. 桥梁附属设施

桥梁附属设施包括桥面铺装、防排水系统、栏杆、伸缩缝、灯光照明等。

(1)桥面铺装:用沥青混凝土、水泥混凝土、高分子聚合物等材料铺筑在桥面板上的保护层。其作用是保护桥面板和分布车轮的集中荷载。

(2)防排水系统:污水的收集、输送、处理和排放等设施。其作用是收集污水并将其排放到指定位置,防止内涝等。

(3)栏杆:桥梁和建筑上的安全设施。其具有安全、分隔、导向等作用。

(4)伸缩缝:防止构件由于气候温度变化(热胀、冷缩),使结构产生裂缝或破坏而沿建筑物或者构筑物施工缝方向的适当部位设置的构造缝。其作用是防裂。

(5)灯光照明:人造光源。其作用是照明、创造环境气氛。

1.2.2 桥梁分类

(1)根据用途,桥梁主要分为铁路桥、公路桥、人行天桥、水运桥(渡槽)等。

(2)根据跨越的障碍物,桥梁可分为河桥、谷桥、天桥、高架桥、栈桥等。

(3)根据使用的材料,桥梁可分为木桥、钢桥、钢筋混凝土桥、预应力混凝土桥、砌体桥等。

(4)根据桥跨结构不同位置的桥面,桥梁可分为上承式桥、下承式桥和中承式桥。上承式桥桥面布置在桥跨结构顶面上,结构简单,桥上视线不受阻;下承式桥桥面布置在桥跨底部,建筑高度受到严格控制,桥跨结构较宽且复杂;中承式桥桥面位于跨度结构的中部,主要用于拱跨结构。

(5)根据受力特点,桥梁可分为梁桥、拱桥、悬索桥、斜拉桥、刚构桥和组合体系桥。

(6)根据不同的跨度等级,桥梁可分为特大桥、大桥、中桥、小桥、涵洞。根据多孔跨度的总长度分类:特大桥($L>1000$ m);大桥(100 m$\leqslant L \leqslant 1000$ m);中桥(30 m$<L<100$ m);小桥(8 m$\leqslant L \leqslant 30$ m);涵洞($L<8$ m)。根据单孔跨度分类:特大桥($L_k>150$ m);大桥(40 m$<L_k\leqslant 150$ m);中桥(20 m$\leqslant L_k \leqslant 40$ m);小桥(5 m$\leqslant L_k<20$ m);涵洞($L<5$ m)。

1.3 道路未来发展展望

目前,我国公路网已基本形成,但仍存在总量不足、结构性矛盾等突出问题。我国公路发展正处于加快形成路网的关键阶段,公路建设只能加强,不能削弱。要坚持适度超前,统筹规划,分步实施,优化结构,注重质量,充分发挥公路建设对经济发展的支撑和保障作用,带动投资,为稳增长、促改革、调结构、促发展做出积极贡献。在经济面临相当大的下行压力之际,适当增加公路建设投资将有助于稳定增长、促进就业,并加快改善路网结构。

1.3.1 我国公路建设前景预测

公路作为国民经济和社会发展的重要基础设施,在中华人民共和国成立后得到了迅速恢复和发展,尤其在实行改革开放政策以后,随着社会主义市场经济体制的建立和完善,中国公路交通事业进入了快速、健康的发展轨道。

改革开放以来,我国公路建设发展迅速。2021年末全国公路总里程528.07万千米,比2020年末增加8.26万千米。公路密度55.01千米/百平方千米,增加0.86千米/百平方千米。公路养护里程525.16万千米,占公路总里程比重为99.4%。2021年完成交通固定资产投资3.6万亿元,同比增长约4%。2021年1—12月完成公路货运量391.4亿吨,比2020年同期增长14.2%。2022年1—11月,完成公路货运量339.2亿吨,同比下降5.3%;完成公路客运量33.1亿人,同比下降29.8%;完成公路投资2.6万亿元,同比增长9.1%。

2022年7月4日,国家发展改革委和交通运输部印发《国家公路网规划》(发改基础〔2022〕1033号)发布,其中明确提出了国家公路网到2035年的布局方案,其总规模约为46.1万千米。其中,国家高速公路网规划总里程约16.2万千米，由 7 条首都放射线、11 条北南纵线、18 条东西横线，以及 6 条地区环线、12 条都市圈环线、30 条城市绕城环线、31 条并行线、163 条联络线组成，未来建设改造需求约 5.8 万千米，其中含扩容改造约 3 万千米。普通国道网规划总里程约 29.9 万千米，由 12 条首都放射线、47 条北南纵线、60 条东西横线，以及 182 条联络线组成，未来建设改造需求约 11 万千米。2022 年 9 月 21 日，交通运输部办公厅印发《综合交通运输标准体系（2022 年）》（交办科技〔2022〕52 号），其中明确提出，到 2025 年，基本建立覆盖全面、结构合理、衔接配套、先进适用的综合交通运输标准体系，综合交通运输设施、转运装备、运输服务、统计评价等领域标准供给质量不断提升，标准得到充分实施应用，在推动综合交通运输一体化融合发展方面的作用更加突出。到 2030 年，综合交通运输标准体系进一步优化完善，综合交通运输标准供给更加充分，标准体系及时动态更新，更加有力推动现代综合交通运输体系建设。2022 年 10 月 13 日，交通运输部、国家铁路局、中国民用航空局和国家邮政局联合发布了《关于加快建设国家综合立体交通网主骨架的意见》（交规划发〔2022〕108 号），其中提出到 2025 年，"71118" 国家高速公路网主线基本贯通，普通国道质量进一步提升。

1.3.2　我国公路建设发展机遇与市场潜力分析

"十三五"期间，"一带一路"倡议、京津冀协同发展、长江经济带发展三大战略进入协调发展新阶段。西部大开发、东北振兴、中部崛起、东部加快发展四大领域进入协调发展新阶段。城镇化率达到 60% 左右，"三个 1 亿人"的问题得到了很好的解决。大数据在公路设计、施工质量和安全管理中的应用将不断拓展交通运输发展的新空间，为公路建设行业带来难得的发展机遇。

近年来，国内公路建设行业发展稳定，预计未来公路建设市场将保持良好发展态势。基本完成国家高速公路建设，提升繁忙高速公路通行能力，打通落后地区对外运输通道。提高普通国省道等级和服务水平，加快低等级公路升级改造，完善城际干线公路网，推进沿线便民服务设施建设，加强安全隐患管理，提高国道和省道的抗灾性和驾驶舒适性。农村公路发展质量和服务水平进一步提高，建制村道路硬化，农村公路达标升级，农村路网有序完善。加强干线公路养护，加强公路安全隐患治理。建成"安全、可靠、便捷、高效、绿色、智能、优质服务"的公路运输网络，公路发展质量和效益显著提高，公路在综合运输体系中的基础地位和主体作用显著增强，适应全面建成小康社会的需要。

在公路建设初期，投资主体的多元化带来了管理的多元化。这种情况最初反映在社会上是收费站太多,影响了车辆的通行效率。但公路使用寿命的增长,交通量的增加,带来了更多的维护问题。一个地方或一段路段的维护、封闭,将使整个道路甚至部分网络无法运行。在公路养护管理中,不仅要根据运营的实际情况,完善和调整养护技术及政策,还要提升一定区域内的交通疏导和养护能力。这就要求在建立公路养护管理体系时,优先考虑集中统一原则,统一标准、统一规划、统一调度。

道路养护工程的特点是技术性强、机械化程度高、养护反应快、安全措施严格。因此,为了完成各种常规维护和紧急维修工作,维护团队必须具备精干的人员、全面的技术、配套的机械和完善的安全措施。公路养护涉及很多内容,如路基、路面、桥梁、各种交通设施和绿化等,在每一个分类中都涉及广泛,如桥梁养护,涉及混凝土工、电工、钢筋工、测量工、测试工等。这将导致队伍庞大,而每一种养护往往需要在事先不确定的情况下临时进行组织,因此公路养护人员必须是公路养护工作的多面手。

养护作业模式趋向于机械化、速度快、交通量大、昼夜不间断。应避免道路养护造成的交通拥堵,这是实施养护机械化的主要原因。此外,维护质量、操作安全、劳动效率等要求也是实现机械化的重要因素。养护机械化是保证公路快速安全运行的必要条件,是充分发挥经济效益和社会效益的重要保障。公路通车后,管理部门应根据需求,优先投入资金购买一些道路养护机械,如清扫车、坑洼修补车、填缝机、洒水车、除雪车等,以便及时养护受损路面。路基、路面、交通工程设施、绿化等方面的养护基本采用机械和人工辅助的方式。只有实现机械化,合理科学地安排施工程序和流水作业,才能实现高效、安全、畅通的基本要求。总之,公路的发展必须坚持建设、管理、养护的原则,不能因为高等级、高质量而放松正常的养护管理。多年的养护实践经验证明,只有科学规范的管理才能提高公路运营质量和经济效益。

1.3.3　我国高速公路行业市场规模及未来发展趋势

我国高速公路行业市场规模正在迅速增长。随着经济的快速发展和城市化的加速,我国对交通基础设施的需求也在不断增加。高速公路是有效的交通工具,可以大大缩短交通时间,提高出行效率。因此,我国在近年来大力投资高速公路建设,并且在国内外的资本市场寻找资金支持,使高速公路行业的市场规模得到了进一步的扩大。

未来,随着经济的持续增长,对交通基础设施的需求仍然将保持高速增长。

高速公路行业也将得到更多的投资，并在不断扩大的市场中产生更多的机会。同时，随着技术水平的不断提高，高速公路的建设成本也将逐渐降低，该行业的发展将变得更加经济高效。

总的来说，我国高速公路行业具有广阔的市场前景。预计未来几年，该行业将继续保持高速增长，并为中国经济的持续发展做出重要贡献。

根据市场调研在线网发布的《2023—2029年中国高速公路行业市场发展规划及投资趋势分析报告》，我国高速公路行业一直在以迅猛的速度发展。随着人们生活水平的提高，出行需求不断增加，高速公路逐渐成为人们日常出行的主要途径。因此，我国高速公路建设的需求也在不断增加，给高速公路行业的发展提供了巨大的机会。

目前，全国高速公路网络已经形成。我国政府也在不断加大对高速公路建设的投资力度，以满足人们日益增长的出行需求。此外，随着科技的不断发展，高速公路建设的技术水平也在不断提高，这对于高速公路行业的未来发展具有积极的影响。

尽管高速公路行业有着巨大的发展前景，但同时也面临着一些挑战。首先是环保问题，高速公路建设对环境的影响是不可忽视的。其次是资金问题，高速公路建设的成本非常高，政府和企业都需要付出巨大的资金投入。最后是技术问题，目前高速公路建设技术尚不完善，需要继续加强。目前，我国已经拥有了全球最长的高速公路网络，涵盖了国内大部分地区。预计未来几年，我国高速公路的建设仍将继续加快，并且高速公路的维护、管理和改造也将成为重要的发展方向。

1.4　桥梁未来发展展望

桥梁的发展与人类历史和文明的演变密不可分。在人类文明发展的早期，桥梁的形式主要受到环境、工具等因素的制约，如木桥和石桥。根据历史记载，2000多年前，古巴比伦王国在幼发拉底河上建造了一座桥，桥上有石墩和木梁，可以在夜间使用并移开以防敌人攻击。作为四大文明古国之一，中国在古桥的发展史上也留下了浓墨重彩的一笔，如公元前556年至公元前532年在汾河上建造的一座木梁柱桥。现代桥梁的发展始于工业革命。随着钢、混凝土和其他材料的出现，人们开始建造钢桥、钢筋混凝土桥等。特别是计算机和IT技术的应用，以及基础理论的研究和高强度材料的出现，为桥梁、斜拉桥、悬索桥和其他新结构形式的发展注入了新的活力,推动人们朝着建造更长、更安全的桥梁的目标迈进。桥梁的历史不仅是土木工程的历史,也是人类文明的发展历史。

1.4.1 桥梁发展的社会历史背景分析

1. 桥梁发展的社会需求

在原始社会,住所、食物和衣服是人们的基本需求,但当人类进入文明社会时,人们不再满足于被限制在有限的活动领域,交通的需要驱使人类征服大河、峡谷和海峡,建造各种桥梁,将世界人民联系在一起。

2. 桥梁发展的直接驱动因素

桥梁工程发展的内在动力是人类的需求,而推动其发展的直接因素是多方面的。

(1)运输工具的持续发展。一座桥是一条线路的重要组成部分。历史上,交通工具的不断变化是桥梁工程技术发展的重要动力。在古代,桥上的负载主要是人和动物,桥梁材料及形式相对单一。随着工业革命的进步,汽车和其他新型交通工具的出现,作用在桥梁上的荷载也在不断增加,这对桥梁的承载能力提出了新的要求,极大地促进了桥梁工程新技术的发展。

(2)新材料的出现和发展。桥梁的变化也与材料的发展有关。19世纪20年代以前,用于桥梁建设的材料主要是石头和木头、铸铁和熟铁。当时的桥梁主要是砖石结构,如中国的赵州桥。钢和混凝土材料的出现使钢桥和钢筋混凝土桥梁走进人们的生活。20世纪70年代末,以碳纤维为代表的新型复合材料出现了,这类材料具有高稳定性等特点,可有效提高桥梁强度,降低桥梁自重,促进桥梁向大跨度、轻量化方向发展。

(3)桥梁工程及相关学科基础理论的发展。桥梁工程的发展基于基础理论的发展。1660—1765年是基础理论发展时期,有三个里程碑式的成就:1638年,意大利科学家伽利略阐述了材料的强度和力学等概念;1678年,胡克建立了反映材料应力应变关系的胡克定律;1687年,英国科学家牛顿发现了力学三定律。正是这些基础理论的不断发展,让我们开始理性地理解和设计桥梁,摆脱了古代人们只能依靠生产经验来建造桥梁的局限性。

(4)建造桥梁的困境。进入18世纪后,现代桥梁工程师所熟知的结构力学在众多学者的共同努力下开始萌芽并发展成为一门系统的学科。应用力学体系更加完善,促进了桥梁工程体系的进一步发展。19世纪中叶,人类发明了钢铁生产工艺,用于钢结构计算的内力分析法和许用应力法逐渐被桥梁工程师掌握。利用现代结构理论建造桥梁开始进入人们的视野。20世纪初,奥地利工程师米兰提出了悬索桥的挠度理论。1912年,移居纽约市的立陶宛工程师莫西夫首次使用挠度理论设计曼哈顿大桥取得了成功。这在桥梁工程发展史上具有重要意义,人们已经朝着建造跨度更大、重量更轻的桥梁的目标迈进坚实的一步。

1.4.2　计算机的驱动效应

20世纪中期,第二次世界大战结束,迎来了经济复苏和发展时期,大量受损的交通设施需要修复。计算机出现后建筑计算理论和方法的飞跃使工程师们迸发出了巨大的创造力,为一些关于复杂和超静定结构形式的早期想法注入了新的生命力,人们开始进入以计算机和信息技术为标志的现代土木工程的新时代。桥梁跨度的增加和结构系统的复杂性使得桥梁计算的工程量越来越大,计算机将人们从结构的复杂计算中解放出来,在分析和绘图方面开辟了更多的可能性。20世纪50年代,西方发达国家开始制订公路建设和城市化计划,以及ABAQUS等有限元分析软件的开发和应用极大地促进了现代桥梁工程的进步和发展。其中预应力技术及相关施工方法、斜拉桥的复兴和流线型扁平钢箱梁悬索桥的出现是现代桥梁工程最重要的三项标志性成就。现代桥梁工程的标志性成就与计算机的快速发展密不可分。

1.4.3　桥梁发展对经济、社会和环境的影响

通过现代桥梁的历史,我们可以看到桥梁工程在经济、社会和环境的发展中发挥着重要作用。建立连接所有方向的交通网络,大力发展现代交通,对发展国民经济、团结各族人民、巩固国防具有重要意义。现代公路蜿蜒的高架桥、数千米的海湾大桥、新开发的轻轨交通高架桥,犹如地平线上的一道道"彩虹",把世界打扮得特别美丽。世界各地的大都市,常将宏伟的桥梁作为城市的标志性建筑。桥梁工程直接促进了当地经济、政治和文化的发展。然而,在桥梁建设过程中,消耗了大量的自然资源和社会资源,基础挖掘、桥墩灌注等一系列直接或间接的活动破坏了生态环境,加剧了生态系统的退化。

1.4.4 桥梁人才培养

1. 桥梁工程师的任务和使命

随着经济社会的发展和人民生活水平的提高,21世纪桥梁工程师肩负着更加艰巨的任务。

(1)桥梁工程师不仅是项目的规划者、设计者和建设者,也是整个生命周期的操作员和维护者。

(2)桥梁工程师应具有可持续发展的理念,成为自然环境的保护者和节约资源的倡导者。

(3)桥梁工程师应保护人们免受重大自然灾害、工程事故和其他社会风险的影响。

(4)桥梁工程师还应具有良好的团队精神和高尚的职业道德,成为抵制不良行为的模范执行者。由此可见,现代桥梁工程师肩负着创造可持续世界和提高全球生活质量的神圣使命。

2. 桥梁工程师的素质

要培养优秀的桥梁工程师,必须加强桥梁工程师的素质培养。当代桥梁工程师的素质主要体现在三个方面:专业知识的学习、专业能力的培养和职业态度的塑造。这里的专业知识包括理论、定律和基础知识,如几何、微积分、向量、动能、应力和应变、流体动力学等。专业能力是指完成工作任务的能力,例如使用计算机软件的能力;继续学习的能力;解决问题的能力;严谨、全面或系统、创造性思维能力等。

只有加强桥梁工程师综合素质的培养,才能促进桥梁事业的健康稳定发展。桥梁工程未来材料技术的不断提高是桥梁工程发展的重要推动力。目前,钢和混凝土仍然是桥梁的主要材料,混凝土已从C30发展到C150,钢材已从S343发展到S1100。在原材料的性能得到极大改善的同时,各种新型智能材料和轻质高强度材料已经被开发出来并开始应用于桥梁工程。在可预见的未来,生物技术和纳米技术可能是21世纪桥梁工程技术创新的关键驱动力。它不断进入桥梁工程的应用领域,成为新一代建筑材料的载体。基于计算机的桥梁设计计算系统在现代桥梁的发展中发挥着重要作用。IT技术的发展、计算机CPU性能的提高,以及结构分析软件的不断进步将使未来的桥梁设计更加精细,从而为更精确的数值模拟和"虚拟现实"技术创造条件。对这些新工程技术的风险评估和结构耐久性的研究,为现代桥梁工程师开辟了新的思路和方向。

目前,桥梁的施工、监测和维护主要是人工的,若操作人员水平参差不齐,则难以保证施工、监督和检查的质量。随着大型智能施工设备和自动监控系统的发明和创造,桥梁的施工、监督、维护和维修以及一系列现场工作都可以实现远程管理,这将大大提高桥梁工程施工的效率和质量。桥梁现行规范和标准是桥梁设计人员和施工人员的主要参考依据。现行规范和标准主要基于容许应力法和极限状态法,存在一些固有缺陷,例如没有充分考虑到全生命周期、可持续发展和其他因素。未来,应研究基于性能的设计规范,以强化桥梁施工基于寿命设计和可持续发展的理念,制定新的设计规范和标准是 21 世纪桥梁工程师的主要任务之一。

桥梁作为通信线路的重要组成部分,在人类社会和经济发展中发挥着极其重要的作用。随着科学技术的进步,桥梁工程的发展越来越快。中国新一代桥梁工程师必须继续努力,艰苦奋斗,勇于创新,为桥梁事业发展做出更大贡献!

1.4.5 计算机新技术在道路桥梁设计中的应用

目前应用比较广泛的计算机新技术有人-机交换技术、实时拖动技术、可视化技术等。人-机交换技术指计算机本身能够将声音、文字、图像等信息综合处理,并以其形象、方便的交互性使人机界面得到改观,从而使得使用程序更加容易。实时拖动技术使用直观的操作方式,通过设备的实时相对位移来表示特定自变量的数值变化。在此过程中,设备实时地与其他相关的因变量产生连续的拖动位移,并以平滑而连续的动态变形过程在可视化图形上展示。可视化技术采用图形的输出和输入的方式来实现计算机自建立模型到结果的输出,从而把工作人员从烦琐的数据当中解脱出来,将复杂的数据交给计算机去处理。

1. 新技术在道路程序设计中的应用

在道路程序设计中,利用实时拖动等技术,以实现路线与互通式立交的动态可视化设计与修改为核心,并可智能化地完成各种平面、纵断面接线计算,使用户完全摆脱以往路线和互通立交的设计中琐碎繁杂的具体计算与绘图,而通过宏观地控制各参数与指标,直接在 Windows 图形界面下轻松完成项目的设计与修改。用户采用交互式定制的方法进行平面、纵断面的设计与绘图。

(1)平面动态可视化设计与绘图。用户可在计算机屏幕上交互进行定线及修改设计,在动态拖动修改交点位置、曲线半径等参数的同时,可以实时监控其交点间距、转角、半径等技术参数。

(2)纵断面交互式动态拉坡与绘图。系统支持动态交互式拉坡与竖曲线设计。用户可实时修改变坡点的位置、标高、竖曲线半径等参数。

2. 新技术在桥涵程序设计中的应用

(1)桥梁制图设计软件。如桥梁通,这套软件具有桥梁下部计算、设计、制图功能,其界面可视化比较成功,使用者可以方便地通过人机交互方式进行设计,设计成果可实时地体现在界面上。同时这类软件对使用者的计算机知识的掌握程度要求不高。

(2)桥梁结构分析软件。如桥梁博士(Dr. Bridge),该软件具有集可视化数据处理、数据库管理、结构分析、打印为一体的综合性桥梁结构设计与施工计算系统。依托于 Windows 平台,系统全部数据输入均采用标准界面并以人机交互方式进行。Dr. Bridge 系统重点在于结构分析与计算,故能做到简便、正确地进行结构简化及模拟成为软件成功的先决条件。可视化编程、人机交互、三维建模等新技术的应用,较好地解决了结构简化与输入问题。该软件具有强大的数据编辑和自动生成工具,使原始数据的输入更加明了和方便。

3. 虚拟现实技术的应用

虚拟现实技术是近年来发展起来的一种尖端技术,通过在计算机中建立真实世界中的物体模型、设计中的虚拟物体模型及其他多维物体模型,用户可通过特制的头盔、手柄等传感器身临其境地去听、去看、去感受。虚拟现实技术可以说是提供了一种最直接、全面、有效认识现实空间和虚拟空间的途径,未来虚拟现实技术必将在道路桥梁设计领域引发一场新的革命。

4. BIM 技术的应用

BIM(building information modeling)即建筑信息模型,具有可视化、协调性、模拟性、优化性、可出图性五大特征。BIM 技术所创建的建筑信息模型并不局限于一个图形,而是通过对建筑的数据化、信息化模型整合,实现工程建设各阶段参与方的信息交互,最终为工程建设管理提质增效。BIM 技术在道路桥梁工程设计、施工中的应用如下。

(1)道路设计可视化。在传统的道路设计流程中,主要依靠纸质图纸来演示设计方案,对于上跨下穿的路线方案在平面图上体现得不够明显,特别是匝道环绕的互通区域。2D的平面图纸时常让人难以想象路线走向与互通匝道之间的上下关系,一般还要根据纵断面和横断面综合想象路线设计方案,而BIM技术的可视化特征可以完美地表达各个道路立体交叉的关系,在汇报交流时可以提高沟通有效性,减少了过多的方案解释时间,使时间更多地运用在方案的探讨上,对促进项目进程及方案优化效果显著。

(2)提高工程量计算的准确性。由于沿着路线的地形一直处于变化状态,传统的计算工程量的方法只能按照相近段落分段,再取段落内的平均值计算,然后汇总每段的工程量即为一段道路的工程量值,这样的计算方法不仅费时费力,且准确性难以保证,人为主观性过重,而采用BIM技术可将地膜微小化,将其分割成一个个三角形平面,利用其所在位置的数据计算并汇总。此种方法划分更为细致,且参数更加密集准确,大大提高了工程量计算的准确性,还可以生成土方调配表,比传统的人工结合简单软件的调配更加经济准确。

(3)自动关联减少工作量。传统道路桥梁设计方案需要变化时,常出现一处变动需要多个专业结合平、纵、横三个方向进行修改,这样的方式不仅浪费时间、容易出现疏漏,且易让设计人员排斥新的优化方案,阻碍了项目朝更好的方向发展。应用BIM技术发生修改情况时,只需要修改相关参数,其他受到影响的模型因素随之自动变化,当修改次数增多且任务紧急时,BIM技术的优势显而易见,这一过程显著提高了设计品质,为后期施工打下良好的基础。

(4)多领域协作。道路桥梁设计项目涉及众多专业,设计任务进行时,由于时间及办公场所的限制,各专业间的交流甚少,各自在限定的时间内抓紧完成任务是首要事件,难免会有所疏漏。因此在利用BIM技术进行碰撞检测时,会出现不同专业间的设计发生矛盾的情况,BIM技术完美解决了不同专业间的沟通障碍问题,加强了各专业的协同工作水平,并使得很多碰撞问题在设计前期就被发现,避免了遗留到施工阶段才被发现而带来的一系列设计变更工作量。

1.4.6　GIS技术在道路桥梁设计中的应用

随着GIS(geographic information system,地理信息系统)技术的发展,软件功能日趋多样化,其应用范围逐渐扩大到道路桥梁设计领域,在一定程度上推动着道路桥梁设计的发展。下面分析GIS若干功能在道路桥梁设计中的应用。

1. 利用空间插值功能生成工程地质等值线

工程地质等值线图是一种应用非常广的图形,它是在二维平面上把一种空间分布现象中具有相同数值(如土层厚度、基岩埋深等)的离散点连接而成的图形。它是工程地质数据的图像化表达,使人能够很好地看到工程地质数据变化的趋势,直观地看到计算机模拟的结果,因此是反映区域地质情况的重要图件之一。

2. 泰森多边形在岩体类型分布图编制中的应用

自然界中广泛存在着相近相似原理,即距离相近的事物比距离远的事物具有更大的相似性。在地质现象中,这种思想也普遍得到了印证并反映在各类工程地质图件中,比如由钻孔柱状图得到的工程地质剖面图,以及绘制基岩埋深等值线时采用的反距离权重插值,离插值点越近的样本点赋予的权重越大,均反映了这种原理。同样,在编制岩体类型分布图过程中,当离散采样钻孔点有限时,应用相近相似原理推断其他位置的岩体类型也是比较合理的。泰森多边形是根据已知点集对平面施行的一种分割,又称 Voronoi 图,是荷兰气候学家提出的一种根据离散分布的气象站的降雨量来计算平均降雨量的方法,即将所有相邻气象站连成三角形,作这些三角形各边的垂直平分线,于是每个气象站周围的若干垂直平分线便围成一个多边形。用这个多边形内所包含的一个唯一气象站的降雨强度来表示这个多边形区域内的降雨强度。泰森多边形的原理和特点很好地反映了这种相近相似原理。因此在岩体类型分布图的编制过程中,采用 Voronoi 思想是科学合理的。一些大型 GIS 软件,如美国 ERSI 公司推出的 ArcGIS,中国中地数码集团研发的 MapGIS 等,均可完成泰森多边形的剖分和分析。

1.4.7　GPS 技术在道路桥梁设计中的应用

GPS(global positioning system,全球定位系统)可为用户提供精准的三维空间坐标、运动物体的三维空间速度以及标准时间,具有连续性、全球性和全天候等特点。

1. GPS 技术在道路设计中的应用

(1)绘制大比例尺地形图。高等级公路选线多是在大比例尺(1∶1000 或

1∶2000)带状地形图上进行的。用传统方法测图,首先是要建立控制点,然后进行碎部测量,绘制成大比例尺地形图。这种方法工作量大、速度慢、花费时间长。而用实时GPS动态测量可以克服这个缺点,只需在沿线每个碎部点上停留一两分钟,即可获得各点的坐标、高程。结合输入点的特征编码及属性信息,构成所有碎部点的数据,在室内即可用绘图软件成图。由于只需采集碎部点的坐标和输入其属性信息,而且采集速度快,大大降低了测图难度,既省时又省力,非常实用。

（2）道路的横断面、纵断面放样和土石方量计算。纵断面放样时,先把需要放样的数据输入电子手簿中（如直线正负坡度值、竖曲线半径）,生成一个施工测设放样点文件并储存起来,这样就可以随时到现场放样测设。横断面放样时,先确定出横断面形式（填、挖、半填半挖）,然后把横断面设计数据输入电子手簿中（如边坡坡度、路肩宽度、路幅宽度、超高、加宽、设计高程）,生成一个施工测设放样点文件并储存起来,可以随时到现场放样测设。同时相关软件可以自动与地面线衔接进行"戴帽"工作,并利用"断面法"进行土石方量计算。通过绘图软件可绘出沿线的纵断面图和各点的横断面图。由于所用数据都是测绘地形图时所采集的,无须到现场进行纵断面、横断面测量,大大减少了外业工作。而且必要时,可用动态GPS到现场检测复核。这与传统方法相比,既经济又实用。

2. GPS技术在桥梁设计中的应用

对于在江、河上修建的大跨径桥梁,采用传统光学仪器和全站仪来定位是比较困难的,GPS在这方面发挥了一定的优势。因为GPS采用的是空间三点后方距离交会法原理来定位,不受江面外界情况干扰,点与点之间不要求必须通视,两三分钟即可测1个点,简捷方便,精度高,大大提高了作业效率。它的平面坐标定位精度在（5±10）mm。基线长度有几米到几十千米不等,这完全符合桥梁控制网的要求。另外,在隧道工程中,GPS测量无须通视,从而减少了常规方法中的中间环节,操作速度快、精度高,经济和社会效益也非常明显。

近些年我国的道路桥梁建设取得了重大的成就,但与发达国家相比仍存在一定的差距,因此我国要在新技术领域多加以研究和应用,提高工作效率,降低工作成本,促进我国道路桥梁建设事业的长远发展。

随着我国桥梁建设的快速发展,当前桥梁的结构设计方法已经相对成熟,与此同时也有不良的"快餐化"设计倾向在坊间流传,想要设计出更好的桥梁,编者认为应打破常规的设计理念,要让在计算机和网络时代成长起来的工程师们利用强大的计算机辅助设计,将优化设计的理论与方法充分引入桥梁结构的设计,设计出真正"安全、实用、经济和美观"的桥梁。

1.4.8 我国现阶段桥梁结构优化设计理念

目前我国已有数百种桥梁结构优化算法。优化算法是指以可靠度为约束条件,以整体结构功能或整体动力性能与整体经济指标最优为目标的优化方法。优化算法可大致分为最优准则法、仿生学法和数学规划法三种。最优准则法是指根据工程经验、数学规划、力学概念的最优性条件,先建立一种准则,再通过相应的迭代方法来获得问题的最优解或近似最优解。仿生学法具有适应性广、解题能力较强等特点,主要有模拟退火法、遗传算法和神经元网络法等,近几年发展较快。数学规划法的理论基础较严格,由于某些特性而较难适用于大型结构优化问题。

桥梁结构设计的基本原则是安全、适用和经济。传统的桥梁结构设计主要是采用定值设计的方法,既不能描述和处理桥梁结构中客观存在的各种不确定性因素,也不能定量地分析计算安全、适用及经济的各项指标,更无法科学地协调它们之间的矛盾,使它们达到合理的平衡。事实上,传统设计方法追求的是一种满足设计规范条件下的最低水平设计,因而提出新思路、研究新方法是十分必要的。当前,结构优化设计在桥梁工程领域日益受到重视,但其应用的范围和程度还很不理想。其原因除桥梁工程设计取费标准不利于推动优化技术之外,还可归结为桥梁工程结构优化问题的如下特点。

(1)桥梁工程结构设计中的大量不确定性。如外部环境(荷载和结构所处场地类型等)的不确定性、结构本身的不确定性(结构材料性能、截面几何参数和计算模式的精度等不确定因素导致的结构构件抗力的不确定性)、结构整体分析中由于模型简化的误差而导致的不确定性等。为了充分考虑所涉及的各种不确定性因素(目前主要考虑随机性因素),必须采用结构可靠度理论。

(2)桥梁工程结构设计准则的多重性。桥梁工程结构设计准则包括承载能力极限状态设计、正常使用极限状态设计以及与其他特殊功能要求相联系的极限状态设计。

(3)结构优化目标的多样性。对桥梁工程结构优化目标来说,人们既要考虑结构造价,还要考虑不同功能的失效概率和失效损失造成的失效损失期望、结构运行和维修费用等经济指标,以及某些特定结构功能要求等。另外,目标函数的性质也很复杂,既有设计变量的显式函数(结构的重量或造价),又有设计变量的非线性、高度隐式函数(结构的失效损失期望);而且由结构造价和结构损失期望的加权和所构成的统一目标函数不具有对设计变量的单调性。

1.4.9 桥梁结构设计现状

桥梁结构体系的发展经过了漫长的历程。一般来说,传统的桥梁结构分为五大类:梁式桥、拱式桥、刚构桥、斜拉桥和悬索桥。桥梁结构与理论研究的进展、生产技术水平的提高及结构材料的进步密切相关,因此其结构形式随着社会的进步不断变化。而近年来,信息和交通运输业越来越成为推动地区国民经济发展、提高综合国力的主要力量,各类城市都加大了对基础建设的投入。架桥铺路使得桥梁建设蓬勃发展,促进了桥梁结构设计的改良和更新。目前桥梁结构设计现状如下。

(1)首先桥梁的组合或混合结构体系在不断地更新。城市桥梁中,不同体系的组合结构已经开始显现,例如部分斜拉桥、斜拉拱桥及拱梁组合桥等。其中部分斜拉桥的应用较为成功,其构造特点是在连续梁中支点处设置短索塔,其塔高只有斜拉桥索塔高度的一半左右,斜拉索通过矮索塔上设置的转向块索鞍对主梁产生竖向支反力和水平压力。主梁承受大部分荷载,而斜拉索只承担小部分荷载,对主梁起到一定的支撑作用,它克服了连续梁结构受力方面的弱点,使连续梁支点处负弯矩大大降低。

(2)其次是新材料及材料组合应用非常多。我们知道,新材料的发展会带来新设计思路,利用材料组合进行设计便是一种途径,根据结构不同部位受力情况配置不同材料,以便充分发挥各自特性,取得较好的经济效益。近年来,高强度纤维材料以其优良的特性开始应用于桥梁维修加固之中,效果显著,相信随着成本的降低,会不断扩大应用范围,与其他材料一起建造更为经济有效的桥梁。

(3)最后是美学因素将会对桥梁结构的选择产生绝对性的影响。除传统的拱桥以外,斜拉桥和悬索桥由于造型优美、标志性强,迅速加入城市桥梁建设之中。城市内建造的斜拉桥,其独塔形式的视觉冲击力很强,单索面的应用会使全桥更加简洁壮丽。

1.4.10 桥梁结构优化设计研究方向

基于可靠度的桥梁结构优化设计,应重点研究和解决以下问题。

(1)研究符合桥梁结构特点的、实用可行的优化模型。

(2)研究桥梁结构各构件的逻辑功能关系。在结构体系可靠度理论中,研究较多、较成熟的是"串联系统",因此,如何将桥梁结构划分为若干具有串联关系的单元(单元可以是单个构件,也可以是构件的组合,这种组合可能出现并联关系或混合关系),也是一个十分有意义的问题,可使问题得到简化。

(3)研究单元(构件)失效之间、失效模式之间的相关性问题。可靠度计算是结构优化过程中非常关键的环节,为此,合理考虑各单元(构件)失效间的相关性及失效模式间的相关性是非常重要的。

1.4.11　基于可靠度的结构优化水平的划分

基于可靠度的结构优化方法按其设计变量的特性可划分为如下四个优化水平。

水平一:截面优化,以截面尺寸作为设计变量。

水平二:形状优化,以截面尺寸和描述形状的几何尺寸作为设计变量。

水平三:结构优化,以截面尺寸、描述形状的几何尺寸和结构特性参数作为设计变量。

水平四:总体优化,以截面尺寸、描述形状的几何尺寸、结构特性参数和材料参数作为设计变量。

第 2 章 道路设计理论

2.1 平面线形设计

道路平面线形设计是指在道路规划和建设中,通过线条的巧妙运用和布局,以创造美学价值和提升交通环境品质为目的的设计形式。通过对道路线形的设计和改善,可以提高行车的舒适性和安全性,同时也为行人提供更美观、便捷的出行环境。道路线形设计的核心是通过线条的安排、组合和空间的处理,打造出具有视觉冲击力和流畅感的道路形态。在道路线形设计中,线条的排列和组合可以呈现出各种各样的形状和图案,如弯曲线、直线、折线等。这些线条的组合不仅仅是为了交通的流畅和安全,更重要的是为了营造出道路的美感和艺术性。通过精心设计的线条形态,道路可以成为城市的一道亮丽风景线,给人们带来的不仅仅是出行的方便,更是一种美妙的感受。

道路线形设计的优点在于,它可以通过线条的变化和排列,传递出不同的情感和主题。例如,使用流畅的曲线线条可以让人感受到柔和、优雅的氛围,适用于景观道路和休闲区域的设计。而使用直线和折线则可以呈现出坚实、稳定的感觉,适用于主干道和高速公路的设计。合理地运用不同类型的线条可在道路设计中创造出丰富多样的艺术效果。

在实际的道路线形设计中,还需要考虑到交通的功能性和安全性。设计师需要根据道路的用途和车辆的流量,合理选择路线的形状和宽度,以保证车辆的顺畅通行和行人的安全。同时,线条的颜色和材质选择也是道路线形设计的重要考虑因素,它们不仅可以增加道路的可视性,还可以为道路增添一些艺术的元素。

总之,道路平面线形设计是一门综合性的学科,旨在通过线条的巧妙运用和艺术性的表达,提升道路的美感和交通环境品质。合理的道路线形设计能够为人们创造出舒适、安全和美观的出行环境,同时也是城市发展和建设的重要组成部分。

2.1.1 平面线形设计的基础原则

(1)平面线形应直捷、连续、均衡,并与地形、地物相适应,与周围环境相协调。

(2)各级公路不论转角大小均应敷设曲线,并尽量选用较大的圆曲线半径。公路转角过小时,应设法调整平面线形,当不得已而设置小于 7°的转角时,则必须设置足够长的平曲线。

(3)两同向曲线间应设有足够长度的直线,不得以短直线相连,否则应调整线形使之成为一个单曲线或复曲线或运用回旋线组合成卵形、凸形、复合形等曲线。

(4)两反向曲线间夹有直线段时,以设置不小于最小直线长度的直线段为宜,否则应调整线形或运用回旋线而组合成 S 形曲线。三、四级公路两相邻反向曲线无超高、加宽时可径向衔接;无超高有加宽时,中间应设有长度不小于 10 m 的加宽缓和段。工程有特殊困难的山岭区,三、四级公路设置超高时,中间直线长度不得小于 15 m。

(5)曲线线形应特别注意技术指标的均衡与连续性。

(6)应避免连续急弯的线形,可在曲线间插入足够长的直线或回旋线。

2.1.2 S 形平曲线设计

有些设计师在 S 形平曲线设计中,未能满足两条曲线之间最短直线长度的要求。根据《公路路线设计规范》(JTG D20—2017)的规定,当必须插入局部形状和其他条件的短线或两条圆曲线相互重合时,短线或重合段的长度应满足公式 $l \leqslant (A_1 + A_2)/40$。建议 S 形平曲线之间的最小直线长度不应小于计算行驶速度(以米为单位)的 2 倍。当两条曲线之间的直线距离不能满足计算行驶速度的 2 倍时,编者认为应首先考虑曲线的反向连接。

2.1.3 缓和曲线长度和超高缓和段长度的应用

在线路设计中,一些设计师对于《公路工程技术标准》(JTG B01—2014)中各级公路缓和曲线的最小长度存在一定的误解。他们错误地认为,只要缓和曲线的长度符合标准规定,就可以忽略平曲线的半径大小。然而,缓和曲线的重要功能不仅是修正部分圆曲线的轨迹,还可以作为路面超高渐变交叉段的一部分。

这个创新的设计变化旨在提升道路的功能性,改善线路的外观,并满足驾驶员的感官和心理需求。这种设计不仅能够确保车辆的安全和舒适行驶,还能提升乘客的舒适度。

根据缓和曲线功能和公路路线设计原则,缓和曲线必须具备足够的长度,以避免离心加速度增加过快,使驾驶员的方向盘转动过速,从而确保驾驶的安全和舒适。考虑此种情况下的缓和曲线最小长度为:

$$L_{\min}=0.0214v^3/(Ra_s) \tag{2.1}$$

式中:v——汽车行驶速度,km/h;

R——圆曲线半径,m;

a_s——离心加速度的变化率,m/s²。

对于在缓和曲线上的超高缓和段,若长度过短,则路面坡度变化急剧,对行车不利;若长度过长,则导致路面排水不畅。考虑此种情况下的缓和曲线最小长度为:

$$L_{\min}=B\Delta i/P \tag{2.2}$$

式中:B——旋转轴至行车道外侧边缘的宽度,m;

Δi——超高横坡与路拱横坡代数差,m;

P——超高渐变率,即旋转轴至行车道外侧边缘线之间的相对坡度。

另外,在缓和曲线上车辆的行驶时间不宜过短,考虑此种情况下的缓和曲线最小长度为:

$$L_{\min}=v/1.2 \tag{2.3}$$

式中:v——车辆行驶速度,km/h。

综合考虑以上因素,缓和曲线的设计长度应选择式(2.1)～式(2.3)计算结果中的最大值。

根据《公路路线设计规范》(JTG D20—2017),在确定环岛线的参数时,应选择满足 $R/3 \leqslant A \leqslant R$($A$ 为回旋线参数,R 为圆曲线半径)。当平面圆曲线半径小于 100 m 时,取 A 等于或大于 R;当平面圆曲线半径接近 100 m 时,取 A 等于 R;当平面圆曲线半径较大或接近 3000 m 时,A 应等于 $R/3$,而当平面圆曲线半径大于 3000 m 时,A 应小于 $R/3$。

基于公路线路设计的机械条件、结构条件和美化条件,以及标准和规范的要求,编者认为公路等级应根据任务用途、功能和交通量进行划分。一旦坡度确定,线形设计就成为关键,因此在公路线路设计中,缓和曲线的长度应灵活运用。

编者认为,公路线形设计应按照《公路工程技术标准》(JTG B01—2014)和《公路路线设计规范》(JTG D20—2017)的要求和指导思想进行。

①有利于公路的长期改造。随着当地国民经济的发展,对交通的需求越来越迫切,交通量的增长速度也越来越快。原有公路将无法满足日益增长的交通需求,因此有必要提高公路等级,避免造成大量投资浪费。

②有利于驾驶安全。公路等级确定后,应严格按照相关标准和规范进行建设,以确保交通安全和交通服务水平。

③有利于环境保护。公路线形设计的关键是充分利用地形、地物合理布线,随着科学技术的不断发展,人们充分认识到环境保护的重要性,按照相关等级指标的要求进行建设,可避免对环境造成更大的破坏。

④与时俱进。规范的更新应与社会发展相结合。现代汽车性能的提升以及人们对高效生活的追求,使得对行车安全的指标要求更严,以便进一步降低发生事故的风险。

2.1.4　高速公路平面线形设计

大半径曲线应通过圆形缓和曲线与直线段连接,并连接成柔软光滑的线形;避免太平的长直线,以免造成视觉疲劳并导致交通事故。例如,德国和日本规定,直线长度(以 m 计)不得超过计算运行速度(以 km/h 计)的 20 倍。对此,编者认为,要因地制宜,从实际出发,而不是制定硬性规定。京津塘高速公路平曲线长度仅占道路总长度的 44%,最长直线段超过 3000 米。沪嘉高速公路曲线段长度仅占线路总长的 44.6%。总体而言,直线更适合平原丘陵地区或重型车辆较多的路段。对于山区和丘陵地区以及通往风景名胜区的线段,应以弯曲段为主。

2.2　纵断面线形设计

道路纵断面线形是指道路中心线在垂直水平面方向上的投影,反映道路的垂直走向、高程和纵坡,即道路的起伏。道路纵断面设计的主要内容是根据道路性质、坡度、行车技术要求、当地气候、地形、水文、地质条件、排水要求、城市竖向设计要求、现状特征、土方平衡等,合理确定连接相关竖向控制点(或特征点)的平滑起伏线。具体包括:确定沿斜坡的纵向坡度的大小和长度以及坡度变化点的位置;选择符合行车技术要求的竖曲线;计算每个桩点的施工高度,确定桥涵结构的标高。

所谓合成纵坡指的是道路弯道超高的坡度与道路纵坡所组成的矢量和。为了保证汽车在小半径弯道路段上安全而不降速行驶，必须使该处道路设计纵坡比直线段上允许的纵坡有所减少，使其在规定范围内。纵坡是指道路的中心线纵向坡度，而坡长是指道路中心线上特定纵坡段的起点和终点之间的长度。道路的最大允许纵坡设计应考虑驾驶技术要求、工程经济性和其他因素。道路的最小纵坡是指容纳路面雨水排水和防止雨水排水管淤积所需的最小纵向斜率值。最小纵坡设计应考虑道路类型、交通性质、当地自然环境和临街建筑布局的要求等。

2.2.1 道路排水

城市路面排水系统根据结构特点可分为明式系统、暗式系统和混合系统。明式系统道路及其邻近区域的地表水根据道路设计的垂直和水平坡度流向车道两侧的街道集水沟，然后沿着街道集水沟的纵向坡度流入沿街道集水沟设置的雨水出口。这是一种明沟和暗管的组合形式。城市中的雨水排放可以采用暗管，也可以采用明沟。使用明沟可以降低成本。然而，在建筑密度高、交通频繁的地区，明沟的使用往往会给生产、生活和运输带来不便，增加桥梁和涵洞的成本，占用更多的土地，并影响环境健康。因此，应在这些区域使用暗管。而在郊区城镇或其他建筑密度较小的地区，以及交通稀疏的地区应首先考虑使用明沟。

2.2.2 锯齿形沟槽

当道路纵坡小于0.3%时，为了便于道路雨水的排除，应在一定宽度内改变街道沟渠附近的道路横坡，使其大于0.5%。山区道路排水时，通常沿山坡和洼地设置弯道，但其易被大雨、山洪冲刷，造成水害，因此，宜尽量在靠近山体的弯道一侧增加侧沟或设置沟渠，以快速排水。

2.2.3 竖曲线基本要素

为了使路线平滑柔顺，行车平稳、安全和舒适，必须在道路纵坡转折点设置平滑的竖曲线，将相邻直线坡段衔接起来。竖曲线因坡段转折处是凸形或凹形的不同而分为凸形竖曲线和凹形竖曲线。

竖曲线基本组成要素包括竖曲线长度、切线长度和外距。竖曲线设计的关键在于半径的选择。一般而言，应根据道路交通要求、地形条件，力求选用较大半径,至于凸形、凹形竖曲线的容许最小半径值,则分别按视距要求及行车不产生过分颠簸来控制。

2.2.4 凸形竖曲线半径

凸形竖曲线半径的确定,是以在凸形变坡点,前进的车辆能看清对面的来车、前方的车尾或地面障碍物为原则的,可按以下两种情况分析。

①竖曲线长大于行车容许最小安全视距的情况。

②竖曲线长小于或等于行车容许最小安全视距的情况。

当车辆沿凹形竖曲线行驶时,为了不致产生过大颠簸,汽车支架弹簧超载过多,一般应对离心力及离心加速度加以限制。通常认为,为保证行车条件适应乘客舒适的要求,离心加速度不宜超过 0.7 m/s^2。

一般竖曲线半径应按100的整数倍取值,其值约为极限最小半径的1.5倍;有特殊困难时,竖曲线半径应大于或等于极限最小半径值。

2.2.5 道路纵断面线形设计原则

(1)保证行车的安全与迅速。

(2)与相交道路、街坊、广场以及沿街建筑物的出入口有平顺的衔接。

(3)在保证路基稳定、工程经济的条件下,力求设计线与地面线相接近,以减少路基土石方工程量,并避免破坏自然地理环境。在地形起伏较大或为主要道路时,应适当拉平设计线,以消除过大纵坡与过多坡度转折,即使这样会增加一些填挖方量和其他工程构筑物工作量,也往往是适当的。

(4)应保证道路两侧街坊和路面上雨水的排除。

(5)在城市滨河地区,往往要求滨河道路起到防洪堤的作用。

(6)道路设计线形要为城市各种地下管线的埋设提供有利条件。

(7)综合纵断面设计线形,妥善分析确定各竖向控制点的设计标高。

在具体设计过程中,机动车道的最大纵坡多不超过8%;适合自行车骑行的道路纵坡宜为2.5%以下;适合平板三轮车骑行的纵坡宜为2%及以下;一般平原城市道路的纵坡应尽可能控制在2.5%以下;城市机动车道的最大纵坡宜控制在5%以下。道路纵坡大于5%时,应对坡长宜加以限制,并设置缓和坡段,城市交通干道的缓和坡段长度不宜小于100 m,对居住区道路及其他干道,亦不得小于50 m。最小纵坡要求:一般道路最小纵坡应大于或等于0.5%,困难时可大于或等于0.3%,遇特殊困难纵坡小于0.3%时,应设置锯齿形边沟或采取其他排水措施。

2.2.6 公路平纵线形设计中的注意事项

(1)小半径的平曲线不应设置在凸形竖曲线的顶部或凹形竖曲线的底部;最大平曲线半径应控制在10000 m左右。

(2)小半径平曲线和竖曲线不应相互重叠。当平曲线半径为1000 m时,重叠的竖曲线半径应至少为平曲线半径的10倍,前者应包括后者。

(3)直线或平曲线段不应包括波动过大的小半径竖曲线;小半径平曲线不适用于经常变化的陡坡或纵断面上。

2.3 横断面设计

高速公路横断面由中央分隔带、路缘带、行车道、硬路肩、土路肩等部分组成。中央分隔带一般有3~5 m宽,铺以不妨碍视线的草、常绿灌木或花卉绿化带等。在山区、城市地区和土地使用困难的桥梁上,中央分隔带宽度可以适当减小。在中央分隔带的两侧设置外部倾斜的路缘带(宽约0.75 m);双向车道的每条车道的宽度为3.75 m,车道外侧还设有平头型路缘带(宽0.25~0.5 m)。路缘带外侧为硬路肩,宽度不小于2.5 m;当穿过山区和重丘的路线有困难时,可以为1.5~1.75 m(附有相应的禁止停车标志)。

公路路基路段一般倾向于低路堤的形式,并采用平缓的路基边坡,有利于节省土方量。鉴于公路经常经过一些人口密集的居民区,考虑到跨越公路修建的立交通道的最低净空要求,路堤不宜太低,太低的路堤也会给通行、道路排水带来困难。我国已建成的高速公路的平均路堤高度为2.5~2.7 m。一般来说,四车道高速公路的宽度为26~27 m,在丘陵地区、城市高架路段和跨桥路段,道路宽度可缩小至20~23 m。

第 3 章　互通式立体道路设计

交叉口是交通点,一方面方便车辆和行人调整行驶方向,另一方面,由于交叉口交通灯的管理,或多或少地减少了道路的通行能力。虽然环形交叉口的方式可以缓解交通停滞的问题,但在交叉口交通流量非常大的情况下,环形交叉口仍然束手无策。据分析,当路口的车流达到每小时 4000~6000 辆时,需要以"立体交叉"的形式解决,也就是我们常说的"天桥"。它最大的优点,是避免了红绿灯的时间限制,不同方向的车流可以各行其道,互不影响。立交桥也称为立体交叉口,通过匝道与各种道路相连,车辆可以通过匝道轻松地在不同高度和方向的道路上改变方向。互通式立交的容量很大,但面积很大,投资也很大。有时根据实际交通特点,如限制车辆向某一方向转弯,以确保主要道路上车辆的畅通;或者减少一到多个用于转弯的匝道,并修建不完整的立交桥。根据设计形式和功能,互通式立交可分为多种类型。例如,苜蓿叶互通式立交适用于高速公路或郊区环路;喇叭形立交适用于三岔路;具有多条专用车道的定向立交,通常用于高速公路;环形交叉口通常用于延长左转车辆的路线。环形立交更适用于多条岔路,可以保证主干道上直行车辆的畅通。由此可见,不同形式的互通具有不同的功能,应根据实际交通情况进行设置。目前,我国许多城市已经建成了互通式立交,这对解决日益拥堵的城市交通问题起到了很大的作用。

3.1　互通式立交的交通组织分析

互通式立交是高速公路不可或缺的一部分。通过设置互通式立交,主干道之间的交通量可以得到分配和转换。由于其技术复杂、形式多样、面积大、造价高,是高速公路规划的重点和难点。在互通式立交设计中,互通位置、互通类型、互通水平和垂直技术指标的选择对互通式立交的服务功能有很大的影响,互通设计直接影响到主干道的交通安全和服务水平。

互通式立交的位置选择应根据待互通公路的等级、规划路网的作用、拟建公路的服务功能、互通式立交合理间距、互通区的地形条件和其他因素确定。同时,我们应该注意以下因素。

(1)规划路网中交叉点的位置。在规划路网中,应在高速公路与沿线主要道路的交叉点设置互通式立交,以组织和服务沿线交通流。

(2)道路转移条件。在互通范围内,主线交通量需要从相交道路转换而来,匝道与相交道路的相交位置应为相交道路等级较高的路段。

(3)互通区的地质和地形条件。互通场地通常占地面积较大,应尽量避开不良地质带。同时,应选择适合互通展线的地形及拆迁较少的区域,控制互通工程规模。

(4)互通式立交间距。互通式立交之间的合理距离以及互通式立交与隧道等重要结构的距离也会影响互通式立交的位置选择。

互通式立交施工期交通组织与高速公路整体施工期交通组织原则保持一致,要求尽量减小施工期对周边经济发展和社会活动的影响,主要应遵循降低影响、经济性高、安全适用3个方面的原则。

针对高速公路路段施工期的交通组织,《公路工程技术标准》(JTG B01—2014)中规定:高速公路施工期,为避免过度分流对区域路网的影响,维持通车路段的服务水平可降低一级,但不应低于四级服务水平。而对于互通式立交的保通要求,《公路工程技术标准》(JTG B01—2014)以及《高速公路改扩建设计细则》(JTG/T L11—2014)并没有明确提及。参照广东省交通运输厅编制的《广东省高速公路改扩建工程交通组织及交通安全防护技术指南》,施工期对于互通式立交的保通提出如下要求。

(1)相邻互通式立体交叉宜交错施工。

(2)宜根据互通式立体交叉设计方案、转向交通量等条件,采用临时匝道、临时安全设施和管理设施等工程措施,实现交通转换。

(3)匝道和匝道跨线桥改建应先建后拆,修建的临时匝道、便桥的设计标准应满足通行要求。临时匝道的设计速度不宜低于30 km/h。条件特别时,经论证认为不致严重影响保通效果后,可采用20 km/h。

(4)跨线桥的架设和拆除施工宜选择交通低谷时段,实行单幅双向双车道保通。

(5)统筹考虑主线及匝道的施工时序,为保证施工组织与交通组织相匹配,主线路基、路面改扩建的同时可统筹考虑进行匝道与主线连接部的施工。

对区域路网现状交通流分析是把握区域交通流向和出行特征的重要环节,也是制订施工期交通分流方案的基础工作,主要内容包括对项目本身交通流量和服务水平的分析,对区域拟考虑作为分流路径备选的平行高速公路、国省道、被交城市主干道及其他平行的城市主干道路等的通行能力和运行饱和度进行分析计算。施工期互通式立交的分流组织方案往往需要结合路段的交通分流方案共同研究制订,以下以某高速公路段改扩建施工期交通分流方案为例,重点分析说明如何通过交通流量及流向的分析,来制订施工期互通式立交的分流方案。

现状交通流向及特征的分析是判定交通发生源和目的地的基础,也是规划制订分流路径的依据。2019年某高速公路段匝道端部交通组织见图3.1。

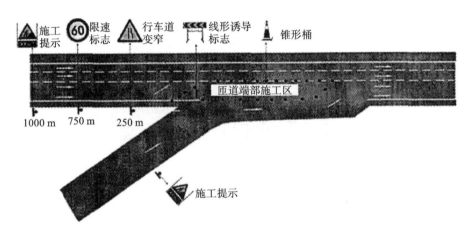

图 3.1　匝道端部交通组织

此外,在分析互通立交匝道改扩建施工顺序时,应该合理安排立交范围内车流的转向路线,新互通的匝道需要移位的,可以利用原互通对应的旧匝道正常通行。对匝道原位重建的,可以修建临时便道来代替相应的匝道,保证交通的转换正常。临时便道建议采用装配式路面,路面材料可以采用钢板或混凝土板,临时便道的线形应该良好,并设置一定交通标志,保证不降低便道的通行能力。另外在临时便道通车时应当注意临时便道路面的日常维护,安排紧急值班人员,以便发生事故时拖救事故车辆。图3.2为改扩建施工区基本布置。

随着我国社会经济的快速发展,交通量逐年增长,既有公路尤其是高等级公路的服务水平却逐年降低,道路的扩建扩容已是势在必行。作为交通转换节点的互通式立交是高速公路改扩建工程中重要的组成部分。在改扩建工程施工期间,互通式立交的施工期交通组织更是关系到改扩建高速公路所在路网运行效率、沿路的经济发展和对社会所产生的影响。

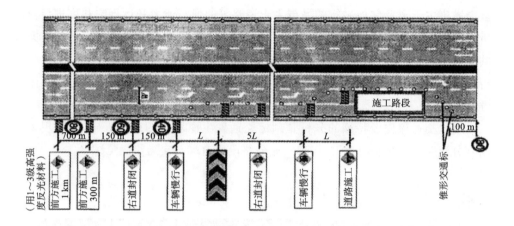

图 3.2 改扩建施工区基本布置

3.2 互通式立交的选型

互通式立交的选型要充分考虑相交道路的等级、互通所承载的功能和地位、互通立交的交通量分布、高速公路的地形特点、车辆绕行距离、行车安全性、互通场地地形条件、地质条件、征地规模和环保景观等因素，做到匝道线形设计与互通范围地形、主线线形相适应。

3.2.1 匝道的形式

根据匝道的功能及与相交道路的关系，可将互通式立体交叉的匝道划分为右转匝道和左转匝道两大类。左转匝道又可分为直接式、半直接式和间接式三种类型。

3.2.2 互通式立交形式

互通式立交形式按照相交道路的条数可划分为三路立体交叉、四路立体交叉及多路立体交叉。三路立体交叉中常见的有喇叭形立体交叉、子叶式立体交叉及Y形立体交叉。四路立体交叉中常见的有苜蓿叶式立体交叉、X形立体交叉、定向式立体交叉、涡轮式立体交叉及组合式立体交叉。多路立体交叉一般为五路和六路相交的立交形式，一般为苜蓿叶式组合、苜蓿叶式与Y形组合及苜蓿叶式与喇叭形组合。

在进行互通式立交综合设计过程中,需要注意以下几个方面。

1. 匝道设计速度的确定

匝道的设计速度根据匝道类型、立交类型、每个转弯匝道的交通量、立交面积规模和建设成本来确定。匝道设计速度直接决定了匝道平整度和纵向技术参数、匝道曲线高程。环形匝道的设计速度是互通式立交的所有匝道中最低的,环形匝道设计速度不能超过 40 km/h。直接和半直接左转匝道应参考规范使用上限或中间值。右转匝道也应使用上限或中间值。

2. 匝道设计通行能力

匝道的设计通行能力取决于匝道基本路段、匝道末端和匝道交织区的通行能力,取设计通行能力的最小值。匝道的设计通行能力也受到主线交叉区通行能力的影响。因此,应注意主线变速车道长度、渐变段转向点曲率半径、转向点竖曲线半径等技术指标。环形匝道设计通行能力一般在 800~1000 pcu/h,环形匝道需要根据交通量选择不同的半径,以满足匝道服务水平,避免形成交通瓶颈。

3. 互通式立交主线设计

互通区的主线是互通的重要组成部分。基于易于识别、速度和安全的原则,互通区主线水平面和垂直面的技术指标高于主线正常路段的标准,如平曲线半径、横坡、纵坡、竖曲线半径和汇流点视距。主线的水平和垂直技术指标直接影响匝道的总体布局和主线交界区车辆的安全。

4. 互通式立交设计

作为公路或公路处理时,匝道的交叉位置应选择水平和垂直指标较高的路段,同时考虑是否有重建计划,如在互通范围内需要根据长期标准在项目实施中进行重建,应避免第二次实施造成的项目浪费。在选择交叉口位置时,应充分考虑与相邻道路交叉口的间距以及交叉口的水平和垂直指标。如果技术指标较低,则应进行调整。

3.3 立交主线横断面设计

公路互通匝道的横断面由行车道、路缘带、硬路肩和土路肩组成,对向分离双车道匝道还应有中央分隔带部分。匝道横断面选取依据匝道交通量、匝道长度等因素。主线和匝道曲线部分的加宽值,应根据圆曲线半径采用规范规定数值。高速公路、一级公路加宽缓和段按高次抛物线过渡;二、三、四级公路加宽缓和段按线性过渡。若匝道设计速度不大于 50 km/h,匝道多按线性加宽;若匝道设计速度大于 50 km/h,匝道多按与主线加宽方法一致的高次抛物线加宽法过渡。

3.4 立交主线平纵线形设计

匝道的平面线形应结合匝道功能、匝道设计速度、匝道设计通行能力、互通区主线线形、各转向交通量、互通区地形、工程造价等因素综合确定。互通匝道平面线形主要由直线、缓和曲线和圆曲线构成。缓和曲线一般采用回旋线,回旋线应根据地形条件及相接圆曲线的半径来选取。

分流鼻处匝道平曲线的最小曲率半径要满足规范规定,同时要保证回旋线长度应不短于超高过渡所需的长度。

匝道的纵断面设计中首先要确定匝道起终点的纵坡,然后方能对匝道进行拉坡。通常在匝道设计线上距分或合流点 5 m 或 10 m 取一点,通过主线横坡计算出该点的设计高程,将该点与分或合流点的设计高程差除以两点间的距离计算出一个坡度,并将此坡度作为匝道的起点或终点纵坡。匝道之间的分或合流点对应的匝道接坡方法与此相同。纵断面设计除遵循规范规定的原则外还应注意以下两点。

(1)分流处鉴于主线速度较高,同时为保证匝道具有较好的通视条件,匝道竖曲线半径应尽可能大。一般应满足:主线设计速度为 120 km/h,T 宜不小于 45 m,主线设计速度为 100 km/h,T 宜大于 37.5 m,主线设计速度为 80 km/h,T 宜不小于 30 m;同时匝道竖曲线的最小半径及最小长度要满足规范规定,竖曲线的半径取两者中较大值。

(2)匝道纵坡应平缓,尽量避免反坡;同时要注意平纵组合,最小的坡长要满足设置竖曲线的需要。匝道竖曲线的最小半径及最小长度要满足规范规定。

3.5 立交匝道设计

3.5.1 互通立交变速车道设计

变速车道为单车道时,减速车道宜采用直接式,加速车道宜采用平行式。变速车道为双车道时,加、减速车道均应采用直接式。变速车道长度应根据主线平均纵坡进行修正。除满足规范要求外,还应结合主线计算速度和行程关系图进行变速车道长度验算。

匝道的超高应与匝道上变速过程中的行驶速度相适应。如收费站附近匝道车辆行驶速度有所降低,超高应取小值,接近分、合流处的超高就应大一级。因互通选型及用地规模的限制,匝道的纵坡往往较大。为保证行车安全性和舒适性,避免出现平面指标不高时其纵坡和横坡均较大的不利组合,应对最大超高值做出限制。公路路线设计相关规范规定,高速公路及一级公路的圆曲线最大超高值一般地区正常情况下采用8%,交通组成中小客车比例较高时可采用10%,其他各级公路一般地区采用8%,且积雪冰冻地区不宜大于6%。在一些大型货车比例较高的高速公路设计中应按运行速度验算超高值,最大超高值应兼顾中小客车行驶舒适性,同时保证货车的行驶安全性。在我国东南区域沿海、沿江高速公路中互通匝道的最大超高值宜采用6%。

3.5.2 合理的超高取值

合理的超高取值决定着在变速车道和匝道平曲线上的行驶车辆的安全性和舒适性,目前执行的设计规范未对匝道圆曲线超高的具体取值进行规定,仅指出各圆曲线半径所设置的超高值应根据设计速度、圆曲线半径、公路条件、自然条件等经计算确定。如互通范围内主线为平曲线并设置超高,匝道在分、合流附近和主线的路面横坡相反,形成反向路拱,在设计中应控制好匝道超高过渡段长度和渐变率,确保不影响主线车辆行驶。

3.5.3 城市互通立交设计要点

互通立交方案选址选型关系到整条高速公路的通行能力和运营水平,互通匝道的细节设计如技术标准、线形设计等决定了互通的技术合理性和工程规模的经济性。

城市互通立交是当前道路的重要组成部分,只有了解和把控好互通立交的结构,才能更好地达到城市交通畅通无阻的目标。目前来看城市互通立交使用率较高,无论是从人流量还是车流量来说,其具有广泛的适用性。为了更好地实现城市的现代化,我们应该切实考虑到城市的结构特点以及设计方案的可行性,进行科学周密的考虑和判断,进而使互通立交的便利性和现代性能在城市中完美地展现。城市互通立交设计要点如下。

(1)满足交通功能需求。道路设计的基本要求是满足交通运输需要,确定互通立交的方案时要全方位地考虑道路结构、交通流量特点以及周边环境的影响。互通立交项目的规划和安排一定要做到主次分明,这样才能确保整体道路交通网络的合理性和安全性以及道路交通的畅通无阻。

(2)与周边环境协调性。城市道路的建设不仅受土地利用程度的影响,还受其运营的影响,同时会对居民的生产和生活以及其他市政环境造成影响,如建筑结构、土地布局和公共交通等,以上便是城市道路建设需与周边环境进行协调的原因。

(3)考虑城市混合交通流需求。部分城市立交必须考虑非机动车和行人的通行。不能以提高机动车的通行效率为由减少非机动车的通行,以免增加行人的交通风险。

(4)地上及地下管线的影响。当排水、污水和供水管道敷设于城市规划区的地下时,立交桥的施工也将与上述管线的敷设相冲突。所以,互通式立交设计时应该充分考虑管线的危害,并通过调节跨径组合方式和改进墩柱的布局设计,以最大限度地保护桥下建筑设施。

(5)交通流量的确定。对交通流量的确定,必须充分考虑当地交通状况、经济社会发展、政府政策等因素;此外,人们还应该客观地评估互通式立交在整个城市交通中的地位,从而更合理地确定其所能够承受的最大交通流量。根据确认的互通式立交的交通流量,进一步选择合适的立交桥的造型与规格。

3.5.4　城市互通立交设计选型与特征

城市互通立交设计的关键是确定互通立交的形式,而互通立交形式的确定又受环境、道路用途、地理条件等因素限制,因此要从多方面分析和评定,以质量为基础,其他利益及要求为目标,通过草拟方案进一步选出最优方案。

1. 苜蓿叶形立交

苜蓿叶形立交主要应用在左转车辆比较少的地方。从道路构造形态考虑，即使在十字路口附近没有设置横向结构物，相邻的两条环形匝道之间也会形成一个交叉区域，需要设计集散车道来充分利用该区域的价值。

2. 菱形立交

如果把城市互通立交设计为菱形立交，可增大土地利用率，有效减少土地利用面积，同时还能够减少对所有匝道的不良影响，在保证主线行驶稳定性同时还减低了道路阻塞率。城市快速路在各车道路口均可设菱形交流道，即使受地势条件影响，也可以有效减少对快速路的不良影响，使车辆以平稳速度通过。

3. 定向 Y 形立交

定向 Y 形立交最主要优点就是可以有效降低地面使用面积，适用于车辆数量很大而且左转车辆较多的情况。但此种立交形式的主要交通线和匝道都必须满足特定的技术标准。

4. 定向式枢纽

此类互通式立交的应用要求匝道设计具有高标准和良好的交通分配能力，输入和输出设置应该遵循相同的模式，以实现有效的驱动效果。然而，目前的情况显示，在多层次立交设计中，结构跨度的复杂性增加，其在实际施工中的成本需求也增加了。一般而言，当两条快速路交叉时，可以采用定向枢纽的处理方法。该方法在交通流量较大时同样适用。

3.5.5　互通式立交设计方案的优化

互通式立交设计首先要考虑的就是其安全性能，而其安全性能以视距及纵坡为影响要素，在安全基础上再考虑其经济效益，对成本进行有效控制，而控制成本过程以桥的长度、高度及其拆建方式为影响要素，最后结合地形、地势、车流量等特点，制订优化原则。

1. 优化原则

（1）以正常通行以及安全性为基础：保证能满足正常车流量的通行基础，同时驾驶视距能在安全范围之内,为了避免行人安全受到影响,需要设立行人专用道。

(2)尽量利用已有工程:尽量利用已有互通立交,避免过多对现有工程的拆除,造成资源浪费。

(3)降低造价成本:通过方案的对比进行最优方案的选择,主要考虑因素有占地、拆建、施工等。

(4)最大限度地结合当地地理以及环境条件:合理利用其地形优势,最大限度地保护当地生态环境,因此建立的互通立交需要与当地环境具有协调性,形成相辅相成的和谐关系。

2. 设计方案评价

设计方案评价可与可行性研究同时进行。通常有如下三种评估立交设计的方法。①评估道路安全。基于匝道线形和不同的线形标准,寻找影响交通安全的要素,并且进行评价和调整。②社会经济评估。在满足安全性能要求的基础上,实现效益最大化。③环境影响评估。不破坏周围的生态环境,并且要对其美学、协调性等因素进行研究。

3.5.6 部分设计内容——以某互通区主线设计为例

1. 路基横断面布置

某互通区主线范围道路路基宽度标准段为 39 m,双向六车道。断面构成:10.25 m 行车道+0.5 m 路缘带+1.5 m 侧分带+3.0 m 人行道+3.5 m 非机动车道+10.25 m 行车道+0.5 m 路缘带+3.5 m 非机动车道+3.0 m 人行道+0.5 m 双黄线+1.5 m 侧分带+0.5 m 路缘带+0.5 m 路缘带。

其互通 A、B、C、D 匝道路基宽度标准段为 9 m,单向双车道。断面构成:0.5 m 土路肩+0.5 m 路缘带+3.5 m 行车道+3.5 m 行车道+0.5 m 路缘带+0.5 m 土路肩。

相关互通 E、F 匝道路基宽度标准段为 13.75 mm,单向双车道。断面构成:0.5 m 土路肩+0.5 m 路缘带+3.5 m 行车道+3.5 m 行车道+0.5 m 路缘带+3.0 m 非机动车道+2.0 m 人行道+0.25 m 护栏。

G 改路路基宽度一般段为 6.5 m。断面构成:0.5 m 土路肩+5.5 m 路面+0.5 m 土路肩。

G改路路基宽度挡墙段为6.25 m。断面构成:0.5 m挡墙+5.25 m路面+0.5 m土路肩。

2. 路基设计

在"安全、耐久、节约、和谐"新理念的基础上,按照相关技术规范、规程等,对沿线地质、水文、地形、地貌、气象、地震等自然条件进行全面调查研究。遵循因地制宜、就地取材、以防为主、防治结合、安全经济、造型美观、顺应自然、与环境景观相协调的原则,结合路基填挖及填料情况以及施工、养护、运营等因素,综合制订路基设计方案。根据道路排水的需求,互通区主线范围路基双向机动车道采取双向路拱,横坡为2.0%,非机动车道横坡为2.0%,方向向外侧,人行道横坡为1.5%,方向向内侧;互通匝道单向机动车道及停车带采用单向路拱,横坡为2.0%,方向向右侧,人行道横坡为1.5%,方向向左侧。该互通区路面排水按城市道路排水设计,路面水汇入道路雨水井中统一排出,设计行车道路拱横坡为2.0%,满足排水要求。

3. 路面设计

路面设计按道路等级、交通量、交通组成等使用要求,沿线气候、水文、地质及筑路材料的分布情况,本着因地制宜、合理选材、施工方便、利于养护及积极采用新技术、新工艺的原则,同时在结合本项目周边道路路面结构、材料组成以及使用状况的基础上,进行路面技术和经济比较。设计荷载以双轮组单轴100 kN为标准轴载,沥青路面设计年限15年。

3.6 辅助车道设计

3.6.1 侧接分流路口辅助车道设置方法

在上游互通式立交入口和下游互通式立交出口鼻端之间,上游匝道为单车道或双车道入口,下游匝道为单车道或双车道出口。

相邻互通和连续转向辅助车道两端之间的最小距离应满足《公路路线设计规范》(JTG D20—2017)的要求。通常,在转向鼻或指定位置之后,渐变以不超过1/40的坡度率和大约160 m的长度开始和结束。

辅助车道的长度应满足分流传输和出口警告的要求。当主线基本车道数大于三车道,或出入口有两车道时,辅助车道的长度应按一般值控制,在其他情况下,可采用极限最小间距。

入口和出口车道应为单行道,变速车道应平行,辅助车道应从分流鼻端到末端逐渐变窄。如果设计速度为 100 km/h,一般车道的最小长度为 1100 m,加速车道长度为 200 m,减速车道长度为 125 m,纯辅助车道最小长度为 775 m,行程约 27.9 s。建议当辅助车道较长且分流交通量接近饱和时,辅助车道可以从转向点逐渐改变到终点。

当一条车道进入,两条车道退出时,入口的加速车道应处于平行模式,出口的减速车道应处于直接模式。辅助车道应从"一车道宽度"缩窄至末端。若入口匝道交通量较小,出口双车道可采用平行模式。若主线交通量较大,建议辅助车道延长分流鼻端。

当两条车道进入,一条车道退出时,入口的加速车道采用直接模式,出口的减速车道采用平行模式。当交通量较小时,辅助车道应从分流鼻后逐渐变窄。当双车道入口的交通量接近通行能力时,如大于 1500 pcu/h,或辅助车道的长度较短时,辅助车道应延伸至分流鼻后 150 m。

3.6.2 增加或减少基本车道数的方法

当变化节点发生在基本车道上时,一般转向交通量的主要和次要流更加明显,应位于具有路网集散和分流条件的路网重要节点。

当出入口车道为双车道,次合流交通比例不高,主匝道交通量较大时,宜采用平行辅助模式完成互通外交叉口路段车道数的增减。合流时,建议将入口匝道的左侧车道延伸至增加的车道,入口匝道的右侧车道应加速并切断,加速车道的终点位置应为主车道的起点。

当主流向为双车道出入口,次流向为单车道出入口时,主流向的基本车道数为增加后的车道数,次流向的基本车道数为增加前的车道数。

当出入口车道为单车道,分、合流交通量较大,或上游驶出和下游驶入交通量差异较大时,如匝道主要和次要流量之比大于 1.3,则基本车道数的增加或减少宜在互通中心完成。被减去的基本车道应延伸至分流鼻下游 150 m,在渐变段之后设置合流鼻;次流匝道分流、主流汇入,建议在互通内合流鼻之前先增加 1 个基本车道,独立设置加速车道,也可在互通外侧增加 1 个车道,加速车道延伸为增加的车道。此时互通范围内,主流向的基本车道数为增加后的车道数,次流向的基本车道数为增加前的车道数。

3.6.3 渐变率或渐变段长度

随着基本车道数的变化，辅助车道路面宽度变化的渐变率不大于 1/50，所需的渐变段长度一般为 200 m。变速车道＋辅助车道连续转向时，规定转向鼻端后的渐变率不大于 1/40，所需的渐变段长度一般为 160 m。上述渐变率是与辅助车道相关的渐变率，它们都小于变速车道渐变率的平均值。独立互通辅助车道的渐变率对应于变速车道的渐变率，与主线的设计速度有关，最小长度通常为 60 m。在独立交叉口或距离较大的交叉口中，辅助车道的渐变率与变速车道相同。建议参考独立互通辅助车道的渐变率变化规律。基本车道和连续分合流辅助车道的渐变率是固定值。当匝道相互分合流时，车道数变化时的渐变段长度不应小于 50 m，渐变率不应大于 1/14.3。当设计速度较高时，建议选择较长的渐变段。

第4章 桥梁设计理论

4.1 桥梁选型

桥梁作为公共建筑承载着越来越丰富的文化心理需求,做好桥梁造型和景观设计显得尤为重要和迫切。桥梁的形状和选择受到技术、经济和美学的影响,这些都是创新的集中体现。本节讨论了桥梁选择和建模的几个关键问题,以促进我国公路桥梁设计风格的大转变。

桥梁选择是指选择一个简单的结构力学系统(如梁、拱、索结构)或由两个简单系统组成的结构力学体系(如系杆拱、斜拉悬挂结构、斜拉拱桥等),以及满足功能要求并符合结构设计原则的初步形成的桥梁空间结构。桥梁造型设计是指在桥梁选择基本确定后,根据建筑美学规律,对初步构思的桥梁进行整体或局部的改造或调整,以优化结构的空间布局、配置和尺度变化,并根据环境因素定位桥梁造型风格。桥梁选择和建模属于概念设计的范畴。它们相互关联、相互影响,是结构设计中最具创造性的阶段,也是体现桥梁力学和美学的重要环节。合理的桥型会使结构本身既能满足使用功能,又能呈现出不做或少做装饰的美感,给人精神上的享受。相反,一座桥梁的选择并不合理,形状不当,虽然桥梁建成后可以满足使用功能,但是可能由于过度投资和浪费,或由于其混乱、沉闷,以及环境与外部形象不兼容而受到批评。因此,如果设计师想要设计一座既能满足使用功能又能给人美感的桥梁,就必须认真对待桥梁的选择和造型。

4.1.1 拱桥的选择

作为最古老的桥梁类型之一,拱桥因其刚度和柔性的结构美而受到设计者的青睐。随着科学技术的进步以及新材料和新技术的应用,拱桥的结构形式在世界范围内得到了极大的发展。影响拱桥选型的系统因素如下。

(1)拱结构类型。包括止推拱、无止推拱、组合拱(如菜园坝长江大桥)。

(2)桥面位置。包括上承式(如万州长江大桥)、中承式(如卢浦大桥)和下承式。

(3)拱轴线形式。包括弧形拱桥(如赵州桥)、抛物线拱桥(如悉尼海港大桥)、悬链线拱桥等。

(4)拱肋数量。包括单肋、双肋(如卢浦大桥)、三肋。

4.1.2　斜拉桥的选择

斜拉桥以其优异的跨越能力、简单有力的结构形式受到人们的青睐,已成为现代桥梁特别是标志性桥梁最受欢迎的结构形式。影响斜拉桥选型的系统因素如下。

(1)塔的布置。单柱(如昂船洲大桥)、倒V形(如米卢大桥)、反Y形(如苏通长江公路大桥)、人字形(如南京长江大桥)、菱形(如杭州湾跨海大桥)等。

(2)线缆布置。单索面(如东海大桥)、双索面(如鄂东长江大桥)、三索面(如天兴洲长江大桥)和四索面(如香港汀九桥)。

(3)孔跨布置。两塔三跨(如多多罗大桥)、一塔两跨、一塔一跨(如阿拉米罗大桥)和多塔多跨(如米卢大桥)。

4.1.3　桥梁造型

1. 影响桥梁形状的基本因素

优秀的桥梁设计应具有以下特点:在应用中,充分满足功能需求;在安全性方面,应满足承载力和耐久性的要求;在技术方面,应反映科学技术和工程的最新发展成果;在造型上,要与建筑艺术相结合;在施工中,要合理使用材料,并与实际相结合。桥梁设计者应在以上基本前提下确保结构合理,并考虑当地的社会、历史、自然环境,充分利用建筑美学规律。

2. 桥梁美学和形状设计

通过回顾国内外桥梁工程的历史,不难发现前人对桥梁作为建筑的美学特征十分重视。然而,近几十年来,由于国内基础设施建设速度较快,一方面,大多数中小跨径桥梁的美学处理没有得到足够重视;另一方面,由于过分强调桥梁造型的重要性或对造型原理存在误解,一些投资巨大但美学效果不理想的桥梁已经建成。桥梁设计师不仅应该具备广泛的科学技术知识及一定的工程设计能力,同时也应具有一定的审美艺术修养和创造性思维能力,以便根据现代社会的需要,更好地实现技术与艺术的结合。

桥梁造型设计的内容和基本方法如下。

(1)桥梁造型设计的内容。力学性能和形态构成是桥梁造型设计的两个基本出发点。从总体布局到细部结构,桥梁造型设计力求实现不同层次的形式与功能的融合,表现力与美感的统一。桥梁造型应与桥梁所在地的地理特征、景观特征和地域风俗文化相适应,并满足结构形式中比例、平衡、节奏、韵律等技术美学基本原则的要求。建模设计的内容和深度应根据桥梁建设的规模、桥梁的区域特征和桥梁建设的目的而有所不同。

(2)桥梁造型设计的基本方法。在桥梁造型设计过程中,应根据设计理念、环境特点和桥梁的设计条件确定主要配置,并以其他配置为基调进行协调,以突出重点。通过必要的集成形成结构单元后,可以将其在整个桥的范围内进一步扩展。基本造型设计方法包括单元造型、整体造型、线性设计、比例设计、拓扑优化等。桥梁仿生造型设计是实现桥梁建筑造型创新的常用手段。

3. 桥梁仿生造型设计

仿生学是一门模仿生物系统特征或相似特征的新兴前沿学科。仿生学作为应用生物学的一个分支,是生物进化对人类在仿生学概念领域的研究和实践的启发。仿生学研究生物系统的结构和性质,为工程技术提供新的设计思路,广泛应用于工业设计、建筑设计等领域。

长期以来,结构决定形状的设计原则一直是桥梁设计领域的共识。然而,设计者掌握的桥梁结构形式类型有限,有限的桥梁结构形式限制了桥梁造型的创新。桥梁造型的发展迫切需要设计师为其注入新的灵感和创造力。鉴于仿生学设计方法在建筑设计中的卓越表现,我们将其引入桥梁设计中。创造性思维和对生物结构特征的认知能力是桥梁仿生设计的基本要求。虽然仿生设计的研究领域非常广泛,但可应用于桥梁的仿生设计主要包括三个方面:模仿自然现象的桥梁设计、模仿生物形态的桥梁设计和模仿生物结构的桥梁设计。

(1)模仿自然现象的桥梁设计。如波浪、彩虹等自然现象呈现曲线,对每个人来说都不陌生。这些自然状态不仅外形美观,而且可使结构受力合理,这是桥梁造型设计的灵感来源。

(2)模仿生物形态的桥梁设计。生物形态的设计强调生物形态美感的感受和灵活运用。在桥梁设计中适当模仿生物的外部形态,可以使造型更加新颖、生动,也可以增添桥梁功能(如观光、休闲等)。

(3)模仿生物结构的桥梁设计。人类社会中所有结构的存在都直接或间接源于自然。只有充分了解生物结构,才能将其合理应用于桥梁的造型设计。生物要生存,必须有强度、刚度和稳定的结构支撑。一棵草、一个蜂巢、一个蜘蛛网、一个看起来很脆弱但可以抵抗强大力量的外壳,这些都是科学合理的生物体结构。在现有的结构仿生设计中,设计者主要关注植物结构和动物结构的研究。

桥梁的选择和造型是结构设计中最具创造性的阶段,是桥梁力学和美学的重要组成部分。随着人们对建筑承载力和文化心理的要求越来越高,公路桥梁的设计也必须与之相适应。现代公路桥梁设计工程师肩负着建筑师和结构工程师的双重责任。

4.2 上部结构设计

4.2.1 桥梁上部结构组成

1. 桥面

桥面是车辆和行人直接行走的部分。道碴桥面由道碴槽板、道碴、轨枕和轨道组成;无碴桥面带有直接连接到桥面板或主梁的轨道。

2. 主梁

主梁是桥梁的主要承重结构,也是桥梁上部结构的主体。小跨度的主梁间距不大,桥面可以直接铺设在主梁上。主梁可为实心腹板梁、刚性框架或桁架、箱形梁等。

3. 支架

支架是桥梁上部结构的支撑部分。其作用是将上部结构支撑反作用力(包括垂直力、水平力)传递到桥墩上,并确保上部结构在荷载和温度变化的影响下,满足设计要求的静态条件。轴承有活动轴承和固定轴承两种,可由钢、橡胶或一定等级的钢筋混凝土制成。橡胶轴承是一种新型轴承,重量轻、高度低、结构简单、易于加工制造、成本低、安装方便。

4.2.2 桥梁上部结构与桥台连接的抗震设计

1. 整体连接

桥台和上部结构之间的整体连接适用于一到两跨桥梁,很少用于大型桥梁。由于桥台的刚度比跨内桥墩的刚度更高,通常假设所有抗震能力都由桥台提供。因此,跨内墩柱设计为仅受重力作用,柱顶部和底部的潜在塑性铰区域应满足延性构造细节,以确保适当的位移能力。

2. 引桥沉降

桥台后材料的沉降在地震中很常见,应采取适当的岩土工程措施加以避免。最有效的方法是在桥台后墙顶部使用沉降板,以防止桥梁填料受损,并防止沉降板从后墙下沉。沉降板可以提供一个连接坡道,供救援车辆在地震后立即通过。

3. 横向反作用力

当使用支撑细节时,上部结构和桥台之间设置剪力键,以便于将剪力传递到桥梁。虽然这可能更适用于一到两跨的短桥,但在长结构中,桥台相对于桥墩框架的高刚度会导致其向桥台传递非常大的力。可以预测,剪力键在中等地震中会受到破坏,通常采用两种不同的方案来设计横向抗力系统。一种是在桥台处设置位移约束,另一种是设置无位移约束,即对应于剪力键的失效。可通过伸缩缝将引桥结构与桥梁端梁分离,并将其支撑在钻孔桩上,从而为桥台提供纵向和横向柔性约束。

4.2.3 上部结构类型

上部结构形式应结合桥梁的具体情况,综合考虑其受力特点和经济性。在预应力混凝土连续直线桥中,温度变化、混凝土收缩和徐变、预应力、梁自重和活荷载可引起弯曲和扭转作用力。平板弯曲预应力在梁中产生水平径向力,而垂直截面上的径向力偏心会对梁体产生扭转作用。除自重和预应力产生的扭矩外,车辆荷载的偏心布置和行驶过程中的离心力也会在曲梁上产生向外偏转扭矩。因此,抗扭能力强的整体封闭箱成为曲线桥的首选类型。对于大跨度桥梁,悬臂浇筑箱梁桥是一种最佳的桥型。然而,对于中等跨度桥梁而言,无论采用何种施工方法,箱梁桥的造价都很高,与预制拼装多梁式 T 梁相比,处于弱势地位。

预制拼装多梁式 T 梁在中等跨度桥梁中具有成本低、施工方便的特点。它的造价比整体式箱梁低,是中等跨度直梁桥的常见类型。但对于曲线桥,T 梁是开放截面,梁体的抗扭能力和平衡能力比箱梁差。弯曲梁的弯曲和扭转作用对下部产生较大的不平衡力。当曲线桥的曲率较小时,曲线 T 梁桥采用直梁设计。通过调整翼缘板宽度调整平面线形,可以减少弯曲梁的弯曲和扭转作用,在一定程度上弥补了曲线 T 梁桥受力和施工的不足。直梁曲线桥虽然存在恒载、活载和曲线位移的不平衡效应,但其不平衡效应小于曲梁。此外,可以采取措施加强水平连接以提高结构的整体性能。另一种常用于穿越冲沟的桥梁是拱桥。拱桥具有较大的跨越能力和较低的成本。传统拱桥通常是简单的支撑结构,但作为高速公路桥梁必须具有更好的结构完整性和行车舒适性。为了适应高等级公路桥梁的要求,供上建筑可采用连续钢构体系以提高结构的完整性。为避免曲拱桥主拱肋局部应力的不利影响,在允许范围内可采用直拱肋和曲线形拱上建筑的结构设计。

4.2.4　桥梁上部结构扣件式模板支撑的稳定性设计

1. 扣件式钢管脚手架

扣件式钢管脚手架具有安装拆卸方便、尺寸组合灵活、经济实用、可重复使用等特点,是我国应用最广泛的脚手架形式。自《建筑施工扣件式钢管脚手架安全技术规范》(JGJ 130—2011)颁布实施以来,越来越多的扣件式钢管用于梁板模板支撑。然而,这种模板支撑的失稳和倒塌事故仍时有发生。大多数原因是支架在负载下失去稳定性。因此,许多文献提出,规范中的相关内容和规定应进一步明确和完善。

2. 支架稳定性设计

一些项目中安装的钢管支架为模板支架。这种支架的机械性能不同于脚手架支架。然而,目前我国对脚手架支架、模板支架均采用相同的规范。使用相同公式计算模板支架的稳定性是不安全的。

3. 支架稳定性计算

模板支架的机械性能与空间框架系统相似。稳定性计算最终归结为杆的计算长度。在采取相应的结构措施以确保支撑系统成为"几何不可移动的杆系结构"的同时，还可以参考其他方法来计算特定工程的支撑系统的稳定性。

从国内外经验来看，混凝土梁主要有 T 梁和箱梁两种形式。我国普通铁路桥梁常用 T 梁，重量轻，安装方便。然而，对于铁路客运专线，体积小，横向连接太弱，因此必须在架设梁后增加体积并施加横向预应力，这进一步增加了施工难度。混凝土箱梁是国外高速铁路桥梁最常用的形式，其形式简单、外形美观、整体性好、刚度高、受力情况清晰。但其重量大，框架的施工难度大，需要大型框架设备。

4.3　下部结构设计

4.3.1　下部结构内力计算方法

1. 盖梁内力计算

在桥墩内力计算中，当荷载对称布置时采用杠杆法，当荷载偏心布置时采用偏心压力法，取两种内力分布的较大值控制设计。这种算法只是针对两种荷载条件下的内力计算，而不是针对每个截面的最不利状态进行内力计算，内力计算存在不安全因素。正确的方法应首先绘制影响线的每个截面的内力，然后用杠杆法和偏心压力法绘制最不利横向荷载的相应影响线，计算每个截面的最大和最小内力，最后绘制结构钢筋的内力包络图。近年来，一些设计单位在进行多支承板、箱梁桥墩帽计算时，将直接作用在桥墩上的活荷载简化为连续梁计算，不考虑活荷载和两阶段的横向恒载分布。

2. 桥墩内力计算

采用柔性桥墩理论的综合刚度法计算桥墩桩顶的水平力。桥面的汽车制动力和梁体混凝土的收缩、徐变、温差和地震产生的水平力分布在整个桥墩中。根据不同组合的水平力、弯曲距离和相应的桩顶垂直力，计算出每段桩基的内力。

3. 桥台内力计算

桥台内力计算应注意以下几点。

(1)软土地基上钢筋混凝土薄壁平台的土压力计算应深入考虑。

(2)埋入式桥台的土压力一般根据填土前的原始地面或冲刷线计算。对于较差的土壤质量,需要根据实际土壤质量检查计算,以确定是否考虑地下深层土壤对桩的水平压力的影响。平台后方必须使用透水、高强度和稳定性良好的材料。否则,渗水后土壤的摩擦角和黏结力将减小,自重将增加,平台的实际土压力将远大于设计值,使桥台不稳定。

(3)地震土压力随桥梁等级的增加而增加,计算时应考虑活载作用。

(4)在安装板条桥台时,还应考虑板条对土压力的影响,以及板条作用于桥台后活载对土压力的影响。

(5)桥头路基沉降及滑移验算。路基沉降过大时易出现桥头跳车、平台背和梁端过早损坏;随着竖向土压力和负摩阻力的增加,桥台盖梁开裂,桩基不均匀沉降;路面开裂和路基渗漏导致路基失稳。路基滑移对桥台造成严重破坏,使桥台的水平土压力大大增加。对于桥头路基加宽段或在河流、沟渠填充路段或距离路基沟渠、河流不远的路段,应更加重视深部滑移验算。如果上述两项验算不符合要求,应采取切实可靠的措施进行处理,尤其是桥头软基粉喷桩处理效果最好。

4.3.2 极限法和许用应力法的应用分析

由于当前桥梁一般采用承载极限状态设计(即极限法),人们往往对许用应力法的关注不足。实际上,极限法是在等截面简支梁试验的基础上得出的,其应用范围有限,某些方面还必须采用许用应力法,设计者应注意根据实际情况进行合理选择。

1. 覆盖梁钢筋时的注意事项

(1)等截面连续盖梁可以采用极限法,但应用时不能全部套用,负弯矩应留有余量。

(2)许用应力法只能用于具有可变截面的连续盖梁。

(3)盖梁的弯曲钢筋不受这两种方法的控制,主要受裂缝宽度的控制。

(4)剪切设计。这两种方法都明确规定了混凝土和箍筋承受的剪力比例。

这样,梁体往往需要设置大量的斜向剪力筋,这给梁的内部加固带来了困难。在钢筋中,可以设置更多的箍筋,使混凝土和箍筋承受更大的剪力比例,从而使钢筋的自由度更大。

(5)盖梁钢筋应注意"强剪弱弯",大部分梁体损伤是剪力不足造成的,弯曲钢筋可以满足要求,剪切钢筋一般留有余量。

(6)施工阶段的应力计算通常采用许用应力法。

2. 桩加固和桩长设计注意事项

(1)对于每段基桩的配筋,理论上应根据桩弯矩包络图进行计算和布置。通常根据最大弯矩进行加固,从桩顶延伸至最大弯矩一半以下的某个锚固长度,将钢筋减少一半并延伸至弯矩低于零的某个锚固长度,然后是素混凝土截面。对于软基,桩的主筋最好穿过软土层。

(2)桩长计算与桩加固不同,仍采用许用应力法,最大竖向力应根据许用应力法的要求计算,不考虑极限荷载组合系数。设计中应适当增加桥台盖梁抗剪、扭的箍、斜筋,并在盖梁前表面布置部分抗弯钢筋;增大后墙和耳墙的尺寸和钢筋数量;增大平台主体和钢筋的尺寸;加固桩基根部。

4.4　附属结构设计

4.4.1　桥梁支撑耐久性设计

1. 板式橡胶支座耐久性设计

板式橡胶支座因其结构简单、造价低廉、安装方便、水平力分布均匀、几乎无需维护等优点,在各类公路桥梁中得到广泛应用。鉴于海洋环境的特点,采用板式橡胶支座必须注意以下几个方面。

(1)应使用耐久性相对较好的氯丁橡胶支座。橡胶支座本身具有良好的耐海水性,其主要受氧气、臭氧、紫外线和外力的影响而形成裂纹。根据我国橡胶支座生产技术水平,在正常条件下使用50年应该没有问题,但我们必须注意橡胶材料的老化。

(2)橡胶支座的许用应力不应太高。每个橡胶支座都具有允许的压缩应力。

当静载和动载之和长期超过支座允许应力的上限时,支座将发生永久的非弹性变形,直至严重损坏。国内外一些试验数据表明,对于橡胶支座,当压应力大于6 MPa时,开始出现微裂纹,因此设计压应力过高,容易导致支座早期损坏。此外,必须考虑施工造成的不均匀承载力。特别是当在一块预制梁下设置了四个支架时,很难确保对应的四个支点处于同一平面,这将不可避免地导致其中一个支架的实际压力过大(相应地,如果施工和安装质量太差,可能会出现支架架空的现象)。基于上述原因,为了避免支座因实际压缩应力过高而过早失效,建议选择合适的橡胶支座类型,并确保在恒定活载和长期效应的组合下,压缩应力控制在6 MPa之内。

(3)聚四氟乙烯(PTFE)滑动支座应注意在海洋环境中选择不锈钢材料,应使用0Cr17Ni12Mo2或0Cr19Ni13Mo3等优质不锈钢板。

(4)除考虑支座材料、最大支座压力(建议不要采用设计上限)、最小滑动压力等外,还应仔细选择板式橡胶支座的类型和规格。

(5)当支座调平楔块安装线纵坡较大(大于1.5%)时,应注意梁底调平楔的设计和制作。

2. 大吨位支座耐久性设计

目前,对于桥梁的设计寿命已经提出了100年的要求,大型支座几乎无法更换,即使可以更换,但难度大、成本高,因此一般要求大型支座的设计寿命达到100年以上。对于大吨位支座,由于形状和应力状态的限制,不再使用板式橡胶支座,应考虑盆式橡胶支座或球形钢支座。

(1)大吨位支座结构方案选择。在大型桥梁中,一般使用盆式橡胶支座,但盆式支座在道碴和角位移的关键部位存在橡胶块老化问题,使得盆式橡胶支座的使用寿命受到严重限制(一般大气条件下只能达到30~40年的使用寿命,海洋环境更短)。近年来,球形钢支座得到了广泛的应用,它已成为项目的首选对象。球形钢支座具有以下优点。①力通过球体传递,因此支撑混凝土上的反作用力更均匀。②小扭矩,特别适用于大角度支座旋转。③旋转性能一致,适用于曲线桥和宽桥。④避免使用橡胶块,完全避免了更换和维护问题,没有橡胶硬化或老化对支座旋转性能的影响。⑤倒球结构可以避免海水在飞溅区域积聚。

(2)支座摩擦副防腐。球形钢支座由钢件和滑板组成,钢件一般不易损坏,支撑寿命主要取决于平面滑板的使用寿命和球形滑板的耐磨性。不锈钢作为摩擦副的关键部件,其耐腐蚀性将直接影响支座在100年的使用寿命中的正常工作,建议使用防风雨不锈钢作为基础材料,例如 GH169 不锈钢和 316L 不锈钢(前者的强度高,可用于承受 1000 t 支座材料的压力)。

(3)球形滑动耐磨板材料。长期以来,球钢支座主要采用四氟滑板作为耐磨板。近年来,改性超高分子量聚乙烯已用于桥梁支座。国内外相关试验数据表明,其性能,特别是耐磨性能,远优于四氟滑板。

(4)支座基质材料。在海洋工程环境中,应选择低合金耐腐蚀钢作为桥梁支座的主要材料,以确保支座的 100 年使用寿命。根据多年在海洋材料方面的科研成果,特别是黄海青岛试验站、东海厦门试验站和南海三亚试验站的耐腐蚀试验数据,经过综合比较分析,可选用低合金耐腐蚀铸钢 604。604 钢是我国海军舰艇上研制的一种耐海水腐蚀的特种铸钢。在厦门海域 16 年的海上试验中测得的地面铸钢的年平均腐蚀量仅为普通碳钢的 $1/8 \sim 1/5$。由此推断,100 年内的腐蚀量仅为 3.2 mm。设计中增加的腐蚀裕量不会影响支座的使用寿命。

4.4.2 伸缩缝耐久性设计

1. 膨胀节的选择

随着公路的快速发展,人们对桥梁伸缩装置的要求越来越高。除适应结构的各种变形之外,膨胀装置还需要更好的耐久性和舒适性,并且需要简单的构造和低廉的维护以及经济成本。许多旧的伸缩装置不能满足高等级公路桥梁的要求。近年来,由侧梁、中梁、横梁、位移控制系统、密封橡胶带等部件组成的一系列模块化膨胀装置在我国得到广泛应用。模块式伸缩缝的伸缩体由中梁钢和 80 mm 单元橡胶密封带组成,适用于伸缩能力为 $160 \sim 2000$ mm 的公路桥梁工程。这种类型的膨胀节质量稳定可靠,应优先考虑。

2. 保证伸缩缝基层的耐久性

沿海桥梁和跨海桥梁伸缩装置用异型钢应为 Q355NHD 级钢(高强度耐候钢),其力学性能和质量要求应符合《耐候结构钢》(GB/T 4171—2008)的规定。用于伸缩缝密封带的橡胶材料应为耐久性相对较好的氯丁橡胶,不允许使用再生橡胶或压碎的硫化橡胶。伸缩缝钢构件采用"热浸镀锌+涂层"等表面防腐处理,以确保其耐久性。

3. 伸缩缝耐久性详细设计

（1）设置伸缩装置的桥面板端部处于最薄弱的环节，设计时应考虑满足锚栓锚固和预应力加固的需要。根据编者的经验，建议在桥台端部沿梁宽方向埋设 20 cm 宽、10 mm 厚的钢板和预制构件，代替预埋钢筋，既简化了设计，又减少了钢筋之间的相互干扰，方便了施工。

（2）为了使伸缩装置的锚固更安全，在预制桥面板时，应将伸缩锚固部件嵌入梁端，以便均匀地传递车辆荷载，避免伸缩装置的连接部件开焊和脱落。由于各种荷载可引起桥梁结构收缩和弯曲变形，在选择膨胀装置时还应考虑实际温度对膨胀装置的影响，并调整初始位移，以满足安装温度对位移的要求。

（3）在纵向坡度较大的情况下，结构的设置应考虑垂直变形，以避免缺陷和损坏。

（4）设计应对膨胀装置两侧后浇混凝土和铺筑层的材料选择、配合比、密实度和强度提出严格要求或规定。后浇混凝土材料应采用具有良好抗裂性、耐磨性和高强度的钢纤维混凝土或环氧树脂混凝土。

（5）对于梁端伸缩缝的安装，应仔细设计细节，根据伸缩缝规范的要求预留伸缩缝安装槽，较大尺寸的伸缩缝应设置托梁，以避免伸缩缝槽在梁板处受损。

4.5 其他方面的设计

4.5.1 安全性和耐久性

1. 公路桥梁安全性和耐久性的影响因素

1）设计因素

结合现阶段我国的公路桥梁设计现状来看，普遍存在一种现象：重视理论研究，忽略实际施工情况。这种不合理的设计行为导致施工单位在实际施工时，面临诸多突发性的问题。公路桥梁设计过程中必须要结合实践经验进行设计，这里提及的实践经验主要是指公路桥梁的设计经验与施工经验。只有在设计人员具有足够的经验以后，其才能够不断地提高自身的设计水平，确保道路桥梁的安全性与耐久性满足规范要求。结合实际情况而言，大部分的设计人员在设计公路桥梁时,基本上都是侧重于理论知识,对于实际施工过程中所存在的客观性影响因素并不会进行考虑,进而导致公路桥梁的质量受到一定程度的影响。

2)施工因素

严格来讲,其实从设计层面就可以发现对公路桥梁安全性与耐久性造成影响的各种因素。首先,施工单位的施工能力有限,在实际施工的过程中各种理论知识未得到有效发挥,促使施工情况与实际设计方案存在一定的偏差;其次,施工过程中部分施工人员未严格的按照施工规范进行作业,加之施工现场的监管力度不够,促使公路桥梁的质量受到影响。

2. 公路桥梁安全性和耐久性存在的问题

1)设计方案不合理

诚然,安全性与耐久性是桥梁交付使用以后的重要考核指标,所以必须要保证公路桥梁竣工交付以后的安全性与耐久性,而公路桥梁设计的合理性则是保证公路桥梁安全性与耐久性合格的前提基础。设计作为整个建设工程项目周期中较为关键性的一个环节,对最终的施工质量有直接影响。结合实际情况而言,大部分的施工人员在实际施工的过程中,往往都是单一地关注桥梁的结构安全,在很大程度上忽略了施工与实际需求之间的关联性,这种不合理的现象也会在一定程度上影响到公路桥梁的施工质量。

2)施工单位能力不足

近年来,桥梁坍塌安全事故时有发生,这类安全事故使社会大众的生命安全与个人财产受到了巨大的威胁。在2014—2019年间,国内公路桥梁安全事故中至少有30例事故是公路桥梁坍塌导致的,公路桥梁坍塌会造成大规模的伤亡,同时还会造成巨额经济损失。在对事故爆发的原因进行调查以后发现,公路桥梁质量与施工单位的施工水平密切相关。

3)忽视道路桥梁养护工作

进一步调研发现,公路桥梁的后期养护工作不合理也会使公路桥梁的质量受到一定的影响。所以为保证公路桥梁的安全性与耐久性,必须严格按照规范要求对道路桥梁进行养护。结合实际情况而言,现阶段,大部分的施工单位都缺乏精益求精的养护意识,仅仅是简单地对道路桥梁进行养护,且养护措施不符合规范要求,导致公路桥梁的耐久性在一定程度上有所下降。

3. 提高公路桥梁安全性与耐久性的措施

1)钢筋质量控制

结合现有的研究文献来看,钢筋质量对于公路桥梁的安全性影响最大,所以必须要保证钢筋原材料的质量合格率达到90%以上。实际施工的过程中,必须要加大对原材料的监管力度,严格按照现行的规范标准对原材料进行验收,对于不符合设计要求的钢筋应该退还厂家,不得进入施工现场。

部分施工单位对原材料的保管工作不理想,在钢筋进入施工现场以后随意堆放,导致钢筋长期与空气接触,在淋雨后,钢筋表面出现锈蚀现象。若钢筋发生锈蚀,则桥梁的整体承载能力必然会降低,且钢筋自身的抗压性能也会受到一定的影响。所以,为了避免钢筋出现锈蚀现象,施工人员应该加强对钢筋的管理力度,妥善保管钢筋。在施工过程中,可以适当增大钢筋保护层的厚度,这样可以有效保证钢筋不会出现腐蚀、锈蚀现象。

2)涂装设计控制

在现代化的公路桥梁建设项目施工过程中,常常会将各种各样的新型施工技术与产品运用到公路桥梁项目中,这种新元素的加入会对涂装施工造成一定的影响。考虑到钢筋可能会与空气内的部分物质发生化学反应,促使钢筋出现锈蚀现象,在实际施工的过程中,施工人员应该在各个涂层间涂刷防锈蚀涂料,确保钢筋的性能不会受到外部影响。

3)充分利用先进技术手段和管理方法

目前,我国的计算机信息技术已经发展成熟,在实际施工的过程中完全可以借助先进的计算机应用技术来加强对施工现场的管理力度,提升施工信息的传播效率。对于公路桥梁建设项目而言,应以传统管理方法与先进技术相互结合的方式进行管理,尽可能发挥出计算机应用技术的效能。

管道施工法不但能够有效保证桥梁的线形满足设计要求,同时还可以在一定程度上保障公路桥梁的施工质量,但是在实际施工过程中,必须要加强对相关技术参数的调整。在这个环节内,可以适当借助计算机应用软件来对施工过程进行模拟,科学、精准地确定出施工技术参数。此外,对于公路桥梁的下部结构施工问题而言,应该明确指出具体的施工工序与流程,结合施工现状制订出合理的施工方案,确保施工人员严格按照施工方案进行施工。

4）汲取国外有利经验

目前我国的公路桥梁建设工程在安全性与耐久性方面还存在一定的不足之处，必须要尽快解决这个紧迫的社会问题，因此，我们必须要总结既往施工案例的成功经验与惨痛教训，还可以适当借鉴学习国外的成功经验与先进施工工艺，从而高效地推动我国的公路桥梁建设水平不断提升。综合而言，在设计公路桥梁时需要不断加强对工程造价的管理力度，同时还应该加强对公路桥梁整体结构安全性与耐久性的重视程度。

4.5.2 设计荷载

与公路桥梁相比，城市桥梁在服役期间处于风、温、湿等温和环境下，其工况主要受交通负荷的影响。城市桥梁的状况直接影响到市民的安全，因此往往受到更广泛的关注。近年来，随着城市扩张和城市建设，城市交通负荷急剧增长。超载卡车带来的交通量增加会加速城市桥梁的退化，甚至可能导致桥梁倒塌，实施车辆、人员重量限制是解决这一问题的有效且实用的方法。因此，本节针对不同荷载类型，对公路桥梁和城市桥梁的荷载标准进行对比分析，以期为不同类型桥梁的抗震设计提供参考。

1. 公路桥梁和城市桥梁设计荷载发展对比

1）选择设计荷载的必要性

城市桥梁与公路桥梁在设计荷载上存在一定差异。比较两者的荷载标准，可以有效避免设计上的混乱，选择的荷载标准应符合相应的要求。只有这样，才能保证桥梁结构的承载力、稳定性和耐久性，最终充分保证桥梁的质量。

2）设计荷载标准变革

我国最早的公路桥梁设计标准为《公路桥涵设计通用规范》（JTJ 021—1989），其中汽车荷载分为 10 级、15 级、20 级和超 20 级，这也是我国公路桥梁设计标准开始规范化的标志。之后，我国在桥梁设计方面进行了大量的实验，以确定桥梁荷载的标准，其中汽车 10 级、15 级标准已较少使用。我国于 2004 年重新发布《公路桥涵设计通用规范》（JTG D60—2004），首次引入车道荷载标准来计算公路桥梁荷载。随着社会经济的发展，特别是在 2009 年之后逐渐取消二级公路的收费，交通流动量、车辆载重开始增长，桥梁垮塌、塌陷、震动的事故陆续引起广泛的关注，因此，为了适应公路交通的发展，我国在 2015 年出台《公路桥涵设计通用规范》(JTG D60—2015),将公路桥梁设计规范更进一步完善,并一直沿用至今。

相比公路桥梁,我国城市桥梁设计规范起步相对较晚,最早的城市桥梁设计规范为《城市桥梁设计准则》(CJJ 11—1993)。随着城市的快速发展,设计规范不断更新换代,我国又于1998年发布了《城市桥梁设计荷载标准》(CJJ 77—1998),城市桥梁的设计也变得更加标准化、现代化。目前,我国城市桥梁设计规范已更新为《城市桥梁设计规范》(CJJ 11—2011)。

2. 公路桥梁和城市桥梁设计荷载标准对比

1)车道荷载

车道荷载是桥梁荷载分析中最基本的类型,车道荷载在公路桥梁和城市桥梁设计标准中的模式相同,为均布荷载+集中力,可以将公路分为Ⅰ、Ⅱ级,城市分为A、B级,如图4.1所示,分别取相同的车道荷载,以及横向、纵向分布系数与折减系数,用于计算桥梁的总体构架。

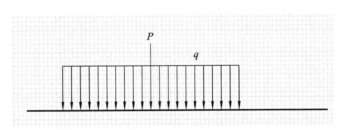

图 4.1 车道荷载模式

2)车辆荷载

在公路桥梁和城市桥梁设计标准中的车辆荷载有较大的差异,本节这里假设在公路桥梁设计中采用55吨的五轴车,在城市桥梁设计中采用70吨的五轴车,两种类型的参数对比见表4.1。

表 4.1 公路桥梁与城市桥梁上车辆荷载差异性统计

类型	车轴	1	2	3	4	5
公路桥梁	轴重/kN	30	120	120	140	140
	横向中距/m	1.8	1.8	1.8	1.8	1.8
	着地(长×宽)/m	0.3×0.2	0.6×0.2	0.6×0.2	0.6×0.2	0.6×0.2
	轴距/m		3.0	1.4	7.0	1.4

续表

类型	车轴	1	2	3	4	5
城市桥梁	轴重/kN	60	140	140	200	160
	横向中距/m	1.8	1.8	1.8	1.8	1.8
	着地(长×宽)/m	0.25×0.25	0.6×0.25	0.6×0.25	0.6×0.25	0.6×0.25
	轴距/m		3.6	1.2	6	7.2

3)人群荷载

当面对北京、上海等特大人口城市时,不仅要考虑汽车荷载对桥梁的作用,还要考虑人群对于城市桥梁的作用力,尤其是在过街天桥、跨河道桥梁等主要用于人群行走的桥梁。相关的标准中有对于人群行走载荷的规定,当人群在桥梁上行走时产生的荷载值为 5 kPa,人群和汽车同时作用时为 4.5 kPa,人群荷载和桥梁跨径的关系分析见表4.2。

表 4.2 人群荷载和桥梁跨径的关系分析

跨径/m	公路桥梁人群荷载/(kN/m²)		城市桥梁人群荷载/(kN/m²)	
	人行天桥(非专用)	人行天桥(专用)	人行天桥(非专用) 宽2.5 m	人行天桥(专用) 宽3 m
8	3.00	3.5	3.9375	4.2500
13	3.00	3.5	3.9375	4.2500
20	3.00	3.5	3.9375	4.2500
25	3.00	3.5	3.8281	4.1438
30	3.00	3.5	3.7188	4.0375
50	3.00	3.5	3.2813	3.6125
60	2.95	3.5	3.0625	3.4000

人群荷载的计算公式参考《城市桥梁设计规范》(CJJ 11—2011)相关规定,梁、桁架、拱以及其他跨度较大结构的人群荷载 $W(\text{kPa})$ 根据加载长度 $L(\text{m})$、人行道宽度 $w_p(\text{m})$ 计算,具体如下。

当加载长度 L 小于 20 m 时:

$$W = 4.5 \times \left(\frac{20 - w_p}{20}\right) \tag{4.1}$$

当加载长度 L 不小于 20 m 时:

$$W = \left(4.5 - 2 \times \frac{L-20}{80}\right)\left(\frac{20-w_\mathrm{p}}{20}\right) \quad (4.2)$$

在公路桥梁计算中,主要考虑的是汽车荷载对桥梁荷载设计的影响,人群荷载对公路桥梁的影响采用公路桥梁荷载中的标准值计算。当人群密集或同时通过非机动车时采用公路桥梁荷载标准值的1.15倍计算。

4)组合荷载

当同时有车道荷载、车辆荷载及人群荷载存在时,需要重新计算桥梁设计荷载,主要参考《公路桥涵设计通用规范》(JTG D60—2015)进行计算,公路荷载和桥梁荷载的不同组合模式最主要的区别就是安全系数的不同,需要在大量的实验数据的基础上加以确定,以保证桥梁设计的安全性。

不同类型的桥梁在不同荷载模式下的荷载标准存在较大差异,在桥梁荷载设计中应充分考虑车道荷载、车辆荷载、人群荷载及组合荷载,根据实际情况选取不同的设计方案,综合计算公路桥梁和城市桥梁设计载荷标准。此外,城市由于人群聚集会产生湿热、风聚等特殊环境,要在城市桥梁设计中充分考虑,区别对待。在桥梁的建设中一方面要考虑桥梁的安全性,另一方面更要考虑桥梁的承载力,在保障安全的基础上实现良好的交通运输能力,为城市的经济社会发展建设奠定良好的基础。

第5章 施工项目管理组织

5.1 概 述

建设项目管理组织是指为实施建设项目管理而设立的组织,以及该组织为实现建设项目目标而开展的组织工作。组织是由一定的领导体制、部门设置、层级划分、职责分工、规章制度、信息管理制度等组成的有机整体,合理有效的组织架构所形成的利益体系和信息系统是实施建设项目管理和实现最终目标的组织保障。作为一项组织工作,它是指组织人员通过自身赋予的权力,具有组织力、影响力,在建设项目管理中,合理配置生产要素,协调内外部和人员关系,发挥各种业务职能的积极作用,确保信息畅通,推进建设项目自我目标优化等。只有建设项目管理组织及其管理活动有机结合,才能充分发挥建设项目管理的作用。

公路桥梁建设项目管理过程是一个目标控制的动态管理过程。公路桥梁施工企业通常采取组织、管理、技术、经济等措施控制项目目标,其中组织措施是控制项目标准的重要措施。项目的组织结构主要有职能型、项目型、矩阵型等,这些类型的组织结构是从企业的角度和管理部门的角度来组织的。如何在几种可选的组织结构框架下构建工作区域的配置和项目管理的组织模式,是企业和项目管理者面临的问题。公路桥梁建设项目的现行管理由施工企业指定的项目经理部进行,由项目经理领导,负责项目从开工到竣工的全过程施工、生产和运营管理。项目经理部也是一个弹性的施工和生产组织,可以根据工程任务的变化进行调整。建设项目管理组织通常包括两个方面的任务:①将项目管理部门要完成的任务划分为不同岗位和部门要承担的具体工作,即"差异化";②在分工的基础上,实现各岗位、各部门、各层次的协调运作,即"一体化"。因此,建设项目管理机构需要调整项目组织结构、管理职能部门、任务分工、工作流程组织和项目管理团队人员。

5.1.1 当前公路桥梁建设项目管理组织存在的问题

1. 信息传输和通信问题

在道路和桥梁项目的实施过程中,项目经理部需要进行纵向和横向的信息传输和沟通,例如项目经理向工程技术部门发送进度、质量要求指令,技术部门到计划合同部门沟通了解进度计划等。纵向沟通(上下沟通)由于个人理解偏差、强调程度不同、过程延迟等原因形成"信息漏斗",导致信息在流通过程中失真。例如,技术部门在向劳务分包团队进行技术交底时,往往会偏离初衷。横向沟通也是由于部门之间的专业水平、组织障碍的存在以及信息渠道的缺乏,导致信息传递效率低下。

2. 效率不高

根据亚当斯的公平理论,当一个人做了某件事并获得了报酬时,他不仅关注报酬的绝对数额,而且还关注报酬的相对数额。因此,他必须进行比较,以确定他的奖励是什么、是否合理,比较的结果将直接影响他未来工作的积极性,进而影响他的工作效率。而现在部分劳务公司对核心劳务人员工资没有公开等级,相互之间的平衡、比较冲突仍然存在,这在一定程度上降低了组织的效率,削弱了项目经理实现进度、质量和成本目标的能力。主要是缺乏有效的激励机制、利益分配机制,导致了效率问题。

3. 团队建设有待提高

适当的团队机制可以在项目管理团队成员之间建立沟通和解决冲突的渠道,营造一种可以改善项目管理团队成员关系的氛围,进而提高效率。团队建设得好,能形成整体实力的汇聚和放大效应;反之,力量相互抵消。应努力使个人目标与组织目标一致,个人目标与个人目标一致,实现组织之间的最大协作。

5.1.2 公路桥梁建设项目管理组织的影响因素

1. 工程任务的复杂性、工程特点和外部环境

工程范围广、工程规模大、结构复杂的道路桥梁工程,需要设置大型职能部门,配备更多人员,分工细化;小型技术难度低的分包道路桥梁项目,无须设置更多的职能部门,只需设置职能人员。外部环境直接影响项目管理组织模式的设计,包括岗位和部门的项目管理组织的分工与合作模式、控制流程和计划。随着外部环境的复杂性增大,项目管理组织中的职位和部门数量随之增加,从而增加了项目管理组织的复杂性。

2. 人员素质

人员素质对项目管理的组织模式有着广泛的影响,主要涉及以下几个方面。

①管理权集中和分散。项目管理人员具有较高的专业水平、全面的管理知识、丰富的经验和良好的职业道德,可以更多地下放管理权;反之,权力应该更加集中。

②管理范围。如果项目管理人员的专业水平、领导经验和组织能力较强,管理范围可以更大。相反,应缩小管理范围,按照精简和高效的原则组织一个精干高效的组织。

③分配的人员数量。项目管理人员素质高,一人可以担任多个岗位,可以减少人员数量,提高效率;如果人员素质低,就需要将复杂的工作分解给多人完成。

3. 项目经理的经验和管理风格

项目经理由企业法定代表人授权组织项目的施工管理活动,在项目管理组织中处于核心地位,在项目施工过程中起主导作用。项目经理的经验和管理风格对项目管理组织的任务分工、管理职能和工作流程的系统设计以及下属管理者的行为具有决定性影响,直接影响项目管理组织目标的实现。

5.2 管理组织结构设计

目前,建筑企业的组织结构一般采用直线职能模式。这种模式是在计划经济的历史条件下形成的。其优点是责任明确,以纪律和服从为特点。这是因为在计划经济时期,任务由国家计划安排,企业只需要高效地管理和组织生产。这种组织结构模式在当时确实发挥了更好的作用。然而,在社会主义市场经济条件下,企业作为市场主体,为了自身利益和生存进行激烈竞争,这种模式的弊端日益暴露。一是管理层次多,管理范围窄,导致组织臃肿、职能重复。这种管理容易造成过度拥挤、管理成本高、企业效益低。二是职能部门间横向联系差,相互协调困难,推诿、扯皮事情多,上下部门重叠使高层领导人陷入日常事务之中,不能集中精力考虑和研究企业的重大问题,造成生产经营决策迟缓,工作效率不高。三是因为管理层次多,组织森严,下级和个人的能力和创造性往往无法得到体现和发挥。这是造成施工企业人才流失严重的重要原因之一。随着经济的发展和企业内部、外部环境的变化,目前建筑企业普遍采用的直线职能模式的组织结构已不适应市场经济需要,建筑企业的发展需要进行管理组织的创新。

根据目前建筑企业项目法施工的特点和建筑企业向多元化、专业化、小型化发展的趋势,越来越多的建筑企业建立新矩阵和事业部相结合的新型管理结构模式(matrix or multidivisonal structure,MMS)。MMS管理结构模式的内容是:对企业总部区域的工程项目采用矩阵式管理,由企业总部各职能部门对口管理工程项目;对离企业总部较远并承担多个工程项目的经营区,以及企业总部内的多个实体和专业化分公司(每一个利润中心)均采用事业部制。事业部拥有较大的独立经营权,实行"政策制订与行政管理分开"的原则,公司负责制订各种政策,只行使政策监控、财务控制、监督等权力,并利用利润指标对事业部进行控制,事业部可在公司总部的政策指导下,积极主动地开展自己的生产经营活动。公司总部各职能部门互相协调,管理控制着本区域内的项目,使之产生效益,同时制订公司的方针政策,履行职能作用。采用MMS管理组织结构模式的优点如下。一是管理层次少,呈扁平式管理结构,避免了管理机构臃肿、人浮于事的现象,加之机构精简,人员精干,适应能力强,符合建立现代企业制度的要求。二是有利于发挥职工的主观能动性和创造性,多个事业部有利于为优秀人才提供广阔的创业舞台和市场。三是符合项目法施工的要求和发展。由于公司直接管理项目,强化了"项目是成本中心、企业是效益中心"的原理。四是合理的分权经营,符合建筑业专业化、小型化的发展趋势,有利于公司最高管理层摆脱日常事务,成为强有力的决策机构,还有利于增强事业部领导人的责任心,发挥其积极性,增强创新应变能力。建立MMS管理组织结构模式需要建立健全规范的规章制度。因此,企业必须建立起以责任制为基础,以效益考核为中心的具有可操作性的考核制度、跟踪监督检查制度、综合协调制度和奖惩制度,推动和促进矩阵式和事业部制管理组织结构模式的建立和发展。建立MMS管理组织结构模式还应建立相应发现人才、重组人才的激励措施,建立与事业部项目法施工相适应的业绩量化考核以及与动态管理相结合的用人机制和竞争机制,切实做到以人为本,充分发挥职工的积极性和创造性。

5.3 管理组织机构设置

1. 主要部门的设置

根据道路桥梁施工项目管理实践经验,项目经理部一般下设工程技术部、安全环保部、计划合同部、物资设备部、测试中心、财务部、综合部(办公室)等部门,包括项目管理所必需的技术、施工、质量、安全、环保、预算、成本、合同、进度、场所机械、材料、财务、档案、后勤等多种职能。

2. 工区设置

工区是根据工程任务及工程特点设置的,道路桥梁施工项目一般是线性结构物,施工地点分散,若道路桥梁施工项目任务单一,无须设置工区,如单纯的路面工程合同段;若道路桥梁施工项目任务繁多、工程特点突出、分界点明显,则一个项目往往要分成几个区段施工,设置工区时,可按施工区段配备人员,在一定程度上可减少人员在施工区段的流动,提高工时利用率。如:某高速公路合同段长 20 km,中间有一座大桥,两边路线分别长 10 km、9 km,为合理安排施工,可从大桥处分界,将其分为 2 个工区。当工程规模大、专业性强时,也可按地理位置将不同的专业性强的分项工程划为一个工区。如:道路桥梁项目中包括一个长 500 m 的隧道,可将其划分为一个隧道工区。

3. 职能部门与工区的匹配模式

按照道路桥梁项目的项目规模、复杂程度及其特点,以及职工素质、项目经理管理风格等因素,工区与职能部门的配备情况不同,道路桥梁施工项目管理组织主要有两种模式。

(1)第一种模式。

①模式框架。

各工区接受职能部门的管理、指导,工区纯粹是一个施工生产单位,工区内再按项目的复杂程度及特点设置不同的施工队伍,如工区下设土石方施工队、桥涵结构物施工队等专业施工队伍。其组织模式见图 5.1。

②特点。

在这种组织模式中,职能部门将所有具有与特定活动相关的知识和技能的人安排在一起,如:在工程技术部中,所有与施工和技术有关的工程师都安排在其中,从而为组织提供了纵深的知识链。当深度技能对于组织目标的实现至关重要,或者当组织需要通过纵向层级链进行控制和协调,以及当效率是成功的关键因素时,这种模式是最佳的模式。这种模式可以实现职能部门内部的效率最大化,工区作为施工生产单位,有利于集中精力进行施工生产。这种模式的主要缺点是:由于组织需要大量的跨部门协调,它对外界环境变化的反应迟钝。这会使纵向层级链出现超载,从而使决策堆积,项目经理不能做出足够快速的反应。

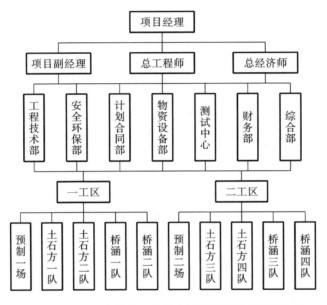

图 5.1 工区配备的第一种道路桥梁项目管理组织模式

③适应情况。

当工期稍长、项目任务不太复杂、人员素质一般、项目经理的管理风格倾向于集权时,管理幅度宜小些,此时,可按第一种模式组织道路桥梁施工项目管理。由于工期稍长,即使人员素质一般,也可组织项目内相关知识人员集思广益,沟通时间稍长也并不影响道路桥梁项目的实施。

当需要加强跨部门的协调,提高组织生产的快速反应能力时,一个解决方法就是由项目副经理兼任工区长,同时将工程技术部的职能调配到各工区。这样,由于项目副经理的权威的存在和负责技术管理职能的工程技术、质检、环保也融合到工区,组织的横向协调能力就能得到增强,从而能加快对环境变化的反应速度。

(2)第二种模式。

①模式框架。

在这种组织模式中,设立带职能部门的工区,工区下按项目复杂程度和特点设立专业施工队伍,工区不仅仅负责施工生产,项目经理部的一些职能部门也并入工区,成为一个类似事业部式的组织模式,项目经理下的职能部门只设计划合同部、财务部及综合部,对整个项目的综合管理、进度计划、资金计划、调度、合同管理、预算控制等进行统一安排,其他的职能部门并入工区。在这种模式中,工区类似于小型项目经理部,要求工区长的素质很高,一般由项目副经理兼任工区长,其组织模式见图5.2。

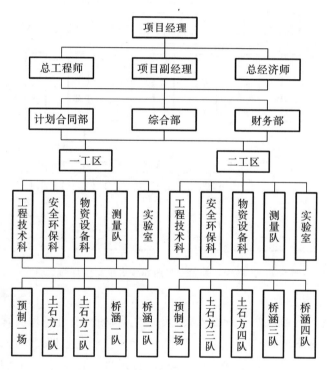

图5.2 工区配备的第二种道路桥梁项目管理组织模式

②特点。

在这种组织模式中,跨部门的沟通与协调有很好的效果,实现了跨职能的高度协调。当组织通过传统的纵向层级链不再得到合适的控制,或者需要组织快速适应外部环境需要的突击任务、项目经理倾向于分权方式时,这种组织模式就非常适用。这种模式使项目经理的工作量大大减少,项目经理可将部分精力集中于项目重点工作,同时使工区内部的工作效率大幅提高。这种模式的主要缺点是:失去了职能部门内部的规模经济,原属项目经理部的职能部门分成几套班子,不利于能力的纵深发展和技术的专业化,工区间的协调差。

③适应情况。

当工程任务重、工期短、环境复杂、人员素质较高、项目经理倾向于分权的管理风格或需要兼顾其他项目时,可按第二种组织模式组织道路桥梁施工项目管理,由于将大部分职能部门合并到工区内部,工区内的沟通及组织协调能力增强,工区有一定的自主权,积极性得到了提高。由于项目经理的权力受到一定程度的削弱,这种模式一般需要项目经理的充分授权。在现有道路桥梁项目施工过程中,由于项目经理倾向于集权,项目可用资源也较为有限,主要使用的仍然是第一种模式;但在一定条件下,第二种模式有更强的活力。

道路桥梁施工项目有很强的地域特点和专业特征,从上述两种项目管理组织模式的分析来看,应该针对道路桥梁施工项目情况的不同,选择不同的组织模式。道路桥梁施工项目组织模式的设计因人而异,因项目特点、环境而异,因项目资源而异,不能一成不变,只有针对项目特点来进行项目管理组织模式的设计,才是最有效的项目管理组织模式。

4. 部门、主要人员岗位职责

项目经理部在公司的组织和协调下实施项目管理。项目经理部按照公司综合管理体系要求,做好各项管理工作,确保能够达到预定的管理目标。

(1)项目经理。

①主持项目经理部全面工作,对本单位的生产效益、工程进度、工程质量、安全生产、环境保护、职业健康负全面责任,分管计划合同部。

②确定项目经理部的机构设置、职能分配和资源配置,负责人力资源的配置及人员培训计划管理。

③负责向员工传达满足顾客要求和法律法规要求的重要性;确保员工理解和配合公司综合管理体系。

④负责项目成本目标的确定与控制,根据授权审批采购、分包工程供方和合同,主持材料供应商、分包工程的评审,根据公司授权签订对外经济合同。

⑤负责内外部沟通工作,确保顾客满意。

(2)项目总工程师。

①对项目经理负责,负责施工生产管理和技术工作,分管工程技术部、测试中心。

②负责工程施工全面质量管理,负责质量检查、工程最终检验和试验评定的组织与实施。

③参与分包工程的评审,主持施工图纸会审,组织典型施工,解决施工技术问题。

④负责综合管理体系的重大决策和管理评审决定,确保综合管理体系持续有效运行和持续改进。

⑤审核施工策划文件,负责新结构、新技术、新材料、新工艺的策划使用。

⑥负责策划和实施工程设计变更工作,组织对不合格品的评审和处置,参与分包工程的评审。

⑦接受管理体系审核,对工程的质量负责。

(3)项目副经理。

①对分管工作全面负责,对分管部门的工作负直接领导责任,向项目经理报告工作,协调施工生产管理中存在的问题,分管安全环保部、物资设备部,协管工程技术部。

②负责机械设备、材料的调配,对项目经理部的进度、安全生产、职业健康安全和环境保护负责。

③主持重要环境因素和重大危险源的评价,参与对一般不合格品的评审和处置。组织分包工程的评审,接受管理体系审核。

(4)总经济师。

①负责项目的预算统筹、资金分配计划等,分管财务部。

②对项目成本管理工作进行统一的组织、领导与策划,以可靠的成本管理责任保证体系,保证项目预算目标的实现。

(5)工程技术部。

①编写施工组织设计,编制工程施工方案与作业指导书,组织施工技术交底,提出具体技术质量标准。

②深入现场及时发现、解决施工中出现的各种问题,若发现设计文件或施工措施不能保证工程质量,应及时主动提出改进意见并监督执行。

③落实"三检"制度(即项目经理部内的自检、互检、专检),按检查范围和项目进度进行检查验收,填写各项施工检查记录。

④组织编制和修订项目质量保证计划,监督质量保证措施的有效实施,验证措施执行的有效性。

⑤实施质量计划,参与施工和服务的控制点、停工待检点的验证和最终验收

工作,制订不符合报告及整改措施,并采取后续行动保证其得到正确及时的执行,对不满足质量要求的工程采取行动,包括停止施工并向项目总工报告。

⑥定期向本单位主管部门和项目经理报告质量情况,协助项目经理审查和评价综合管理体系运行的有效性。

⑦参与对供应商的资格评审工作。

(6)安全环保部。

①负责安全标准、安全操作规程(规定)的控制管理。

②负责组织和开展安全生产工作,结合项目经理部的生产情况,制订安全生产的规章制度和实施办法,并组织实施。

③负责制订防台、防汛和降温防暑的措施方案并检查、监督执行。

④负责组织安全生产检查、开展安全学习工作,负责编制劳保、环保措施计划。

⑤负责节能、环保工作。

⑥向安全生产负责人报告工作,负责安全生产工作的监督管理。

(7)计划合同部。

①制订施工生产计划并下达到各部门贯彻执行。

②负责本工程项目合同评审,与顾客进行沟通。

③负责工程预算和定额管理工作。

④负责本工程计划统计管理等。

⑤负责顾客满意度调查、分析和处理。

(8)物资设备部。

①负责设备的进场、购置、租用及维修、保养和改造。

②保证现场设备技术性能良好,装置安全可靠。

③负责施工现场设备的防风、防台及设备事故的处理。

④参与编制工程施工方案。

⑤对主要原材料、构件、设备的供应商进行调查、评价,并做出科学合理的选择,上报项目经理批准。

⑥依照采购计划收集购货信息,查询供方档案,索取有关资料,编制供方能力调查表。

⑦对到场的物资进行抽样检验,会同见证人员将所取样本送有资质的当地有关部门检验。

⑧保证施工现场物资标识明确,摆放有序,并建立各种台账,以便于追溯并跟踪控制。

(9)测试中心。

①贯彻执行国家和部颁的测量标准、规范,负责设计单位移交的导线点、水准点及书面资料的复核、复测工作,并采取有效的保护措施。

②及时提供测量数据和成果,归口收集和整理测量资料,以备交工验收。

③做好测量设备的检测工作,使之保持正常的技术状态,确保测量准确度和精密度能满足使用要求。

④做好测量仪器和设备的保养维护、校准工作,建立测量设备台账及填写履历卡。

⑤对建筑原材料及其配合比进行检测、试验。

⑥定期对检测人员进行专业培训,使其可以熟练掌握各项检测技术,正确操作检测设备,进而提高道路桥梁工程的检测水平。

(10)财务部。

①编制财务管理文件,提出经济技术指标。

②负责处理与业主的文件,组织资金调配。

③负责施工中必要的财务开支,确保施工所需资金的正常运作,监督各项资金使用。

(11)综合部。

①负责项目经理部行政管理和后勤生活保障工作。

②负责项目经理部文秘工作,配合有关部门处理与业主的日常往来文件。

③协助项目经理安排各种会议,负责项目经理部与业主的日常往来。

④负责项目经理部的保密工作和文件的收藏保管。

⑤负责对外协调工作,包括与业主、材料供应单位等有关各方的联系协调。

⑥负责与当地各部门的联系和沟通,为工程部门提供必要的信息。

⑦负责项目经理部劳动纪律管理,执行考勤制度和请假、销假制度,对严重违纪人员提出处理意见。

⑧对综合管理体系的建设和运行负责任,组织制订项目经理部的目标。

⑨编制和实施综合管理体系的管理程序和实施细则,并监督各部门编制和实施本部门的管理程序和实施细则。

⑩负责综合管理体系和质量检查的归口管理工作。

5.4 施工准备及部署

5.4.1 主要的施工准备工作

1. 技术准备

(1)审核施工图纸,编写审核报告。
(2)开展临时工程设计,编制实施性施工组织设计,编制可操作性施工工艺标准和保证措施,制订质量技术管理办法和实施细则。
(3)进行岗前技术培训。

2. 现场准备

(1)复查和了解现场的地形、水文、气象、水源、电源、料场、交通运输以及城镇建设规划、农田水利设施、环境等有关情况。根据施工图纸和临时工程确定用地范围,并与地方政府有关人员到现场一一核实,绘出地界、设立标志。
(2)办理各项施工许可证、土地临时占用等有关手续,为工程按期开工打好基础。
(3)按照施工总平面布置图结合实地考察情况搭设工棚、料库、钢筋加工场,安装供水管线、架设供电线路,设置堆料场、停车场及拌和站,整修临时道路和临时排水设施等。
(4)大型机械车辆和设备进出场时,原有道路及桥涵能否承受此种重载,需要进行调查、验算,不符合要求的报交通管理部门进行加宽、加固处理或采取其他解决办法,保证道路安全畅通。

3. 测量、试验准备

(1)根据建设单位提供的平面控制点和高程控制点,在施工区域内布置并测设施工基线和水准点。具体如下。
①复核建设单位提供的平面控制点和水准点。
②布置并测设施工基线和水准点,基点布设在通视良好、不易被干扰和损坏的地方,并能有效覆盖整个施工区域,基点用混凝土墩做成,点位用钢十字标示,

并设明显的保护标志。

③整理测量报告和绘制施工测量平面图,报监理工程师审批。

④施工期间定期对基线及水准点进行复核。

(2)项目经理部设有工地试验室,尽可能取得检测试验资质或委托具有检测资质的企业或事业单位开展如下工作。

①试验仪器安装调试与计量标定。

②料源合格性测试分析及试验报告编写。

③开工前90天,由工程技术部负责填写"混凝土配合比设计"等委托单,委托单应按标准表格填写,经项目总工审核后交试验工程师或委托商品混凝土拌和站进行砂浆、混凝土配合比设计。

5.4.2 施工总体部署

1. 施工段落划分及施工顺序

总体上按线性工程的特点,结合重点工程采用分工区部署模式,在各工区内部安排上采用分工点作业统一管理模式,工程可划分为给排水工程、道路工程、桥涵工程、隧道工程、交通照明工程、防护工程及绿化工程等。施工顺序总体安排体现了流水作业及避免相互干扰,使施工资源发挥最大效能,避免施工资源浪费。

2. 临时设施布置

临时设施布置以少占地、方便施工、便于管理、减少污染为原则。项目经理部及工区办公室、管理人员宿舍、食堂、实验室、文化福利、工棚、钢筋加工场、机修房、车库、材料仓库及半成品加工场均以租赁或新建的方式解决,先遣人员考虑暂时租用附近民房,以保证管理人员、施工人员尽快进驻现场并开展工作。

办公设施:包括办公室、会议室、保卫传达室。

生活设施:包括宿舍、食堂、厕所、淋浴室、阅览娱乐室、卫生保健室。

生产设施:包括材料仓库、防护棚、加工棚(站、厂,如混凝土搅拌站、砂浆搅拌站、木材加工厂、钢筋加工厂、机械加工厂和机械维修厂)、操作棚、施工用水电设施。

辅助设施:包括道路、便桥、现场排水设施、围墙、大门、供水处、吸烟处。

3. 建筑材料供应、存储

根据施工组织设计需求，通过现场调查以及建设单位供应方案制订材料供应计划，综合考虑材料的体积、重量、长度，采用铁路、公路、水路等方式运输至现场。

在搬运易碎、易燃物品时，不应高垛，严禁火种。装车后应码放平稳，用绳拴牢，防止坠落及容器破损；有包装的物品严格按照标志作业，保证物品的包装完好无损，以确保物资在搬运过程中不受损坏。凡入库物资，保管员必须进行认真检验，若在验收中发现短、缺、残、次、变质、不配套及无合格证或质保书的物资，必须另行堆放，不得入库。物资验收入库后要做到堆放整齐，井然有序，不同型号、规格的物资应有明显间隔，并挂有标识，注明材料名称、规格，易受潮物资要做好防潮工作。

4. 三通一平

工程的"三通一平"主要是施工现场通水、通电、通路及场地平整等。施工用水从自来水公司管网接入，现场自行布设管网接入供水系统，特殊困难地区需自建蓄水池。施工用电由架空电缆就近接入附近的电网，现场布设电箱。工程技术部负责安全用电方案的实施，安全环保部负责施工用电的安全检查和监督，电工负责电气设备的安装、检修，临时施工用电必须符合规范要求。施工现场的所有作业人员应严格遵守安全用电的有关规定，电工须取得合格证书后方能上岗。场地内外需修筑施工便道以便材料及设备的出入，同时需满足安全、环保要求，通常采用混凝土路面、稳定土路面，个别地区可采用泥结碎石路面。

第6章 施工项目控制措施

6.1 施工项目成本控制措施

道路桥梁施工企业的项目成本控制能力是企业竞争的一项核心能力。道路桥梁施工企业在进行项目成本控制时,主要是控制企业生产过程中成本超标的情况,采取改正措施,降低项目生产成本,增加项目盈利,提高企业经济利润水平。

在施工前工程项目的成本控制措施应从工程控制系统入手,加强道路桥梁项目的成本管理责任制的执行,重视对道路桥梁工程施工的合同管理。道路桥梁施工企业项目的成本控制应集中在对工程项目材料的控制,加强控制工程项目的直接费与间接费,建立工程进度奖励政策,以确保工程项目的实施。在工程完成阶段,要保障工程结束后的交付工作,同时施工企业要建立合理的签证赔偿机制,完善工程资料,确保项目顺利完成。道路桥梁施工企业要不断创新成本控制管理的工作机制,为成本管理工作带来新的方案,使自身能在时代的潮流中不断发展。

6.1.1 道路桥梁工程成本控制存在的问题和控制原则

1. 道路桥梁企业工程项目中成本控制存在的问题

我国道路桥梁企业施工项目的成本控制依旧存在某些问题,这些问题影响着工程项目给企业带来的利益。首先,很多工程项目人员的成本意识薄弱是一大问题,很多项目管理从表面上看职务合理,分工明确,但是深层意义上缺乏员工之间的交流,整体成本控制思想不够深入。例如项目成本管理控制体系不完善,项目责任体制落实不到位,工程中没有具体安排各岗位的管理责任分工,很多企业中项目经理没有将项目管理人员的实际利益与项目成本相联系,没有落实成本控制责任制到管理体系。其次,工程项目人员对质量成本缺乏管理,造成返工现象,增加材料投入,进而导致成本增加,这也是工程项目实施中的一个重大问题。同时,材料采购过程中的不法行为、供应商的压价行为,管理过程中的过度损耗、偷盗丢失,材料供应不及时等,也会使项目工程进度受到影响,进而增加项目成本。

2. 道路桥梁工程成本控制的原则

道路桥梁施工项目成本控制的基本原则如下。

(1)因地制宜原则。道路桥梁施工项目具有独一性,材料、成本、周围环境均有不同的差异,项目施工的企业要针对实际情况制订合适的成本管理和控制系统,因地制宜地进行成本管理。

(2)全员参与原则。企业的领导层应有强烈的成本控制意识,并影响员工加强成本控制意识,这样才可以达到项目成本控制的最佳效果。企业的领导和员工都要积极配合,加强员工参与,发挥成本控制的最大效果。

(3)全程应用原则。道路桥梁施工项目都是一次性的,因此对道路桥梁项目的成本控制应落实到施工的整个阶段,项目的成本控制应贯穿工程全过程并时刻保持变化,以达到成本控制的利益最大化。

(4)利益最大化原则。要坚持成本控制中的多个原则,如成本最低、动态控制、利益多元化等。当前的道路桥梁施工市场竞争激烈,只有降本增效,才能使道路桥梁施工企业获得较大的利益,在竞争中获得更大的优势。

项目成本控制工作流程如图 6.1 所示。

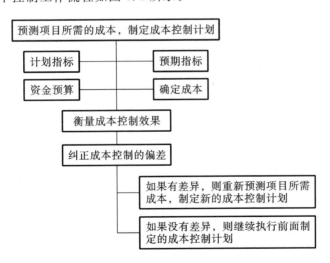

图 6.1 项目成本控制工作流程图

6.1.2 施工前工程项目的成本控制措施

1. 加强投标前的预算管理

施工企业的有关部门,在投标前期工作中可依据有关文件对工程的投标问题进行招标评判,通过数据确定是否投标。有关工作人员通过专业设备对项目进行审查,并将得到的重要信息上报,以供公司领导层对工程信息进行判断。依据当地市场的有关分析和企业的经营目标,制订投标文件。对于工程中频繁的工程变更现象,可能会影响工程成本支出,企业应及时办理工程签证,加强对工程合同条款的分析管理,成为施工前施工企业要重视的问题。施工企业应培养管理人员的合同分析能力,力求管理人员能对合同条款的每一项都充分理解,在施工进行中可防止建设单位由于各种原因进行工程扣款。在合同分析过程中应充分考虑工期因素,防止因工期提前,使工程费用增加,杜绝工程项目成本费用的各种风险。

2. 建立工程标前项目经理深度参与制度

道路桥梁施工项目管理中的一项主要特征是项目经理负责制。在施工过程中项目经理要把握好工程的进度,对工程的成本、质量、现场管理等各个环节做出把控。道路桥梁工程中项目经理的认知需要受到企业的重视,复合型人才才能胜任项目经理工作。项目经理必须要了解施工图纸、工程合同、工程预算和政策有关规定,合理安排工程进展,同时可以根据上述材料与施工难度、工程周期、市场劳务、具体施工情况等因素,制订出工程保本价,提供道路桥梁市场的合理利润值,以供企业高层领导确定工程标价。由此可见,工程施工前成本控制中,建立以项目经理为核心的工程控制体系尤为重要。但事实上,往往在投标阶段,项目经理未确定,不能深入参与;投标人员为确保市场,压价投标,造成项目成本与实际脱节。

3. 建立项目成本管理责任制

道路桥梁施工项目中,成本责任必须要求项目经理落实。成本责任要与工作责任一同有效完成,为工程成本节约开支,降低成本的同时确保工作责任落实,保障施工前期的成本控制工作。在道路桥梁施工企业内部,应将成本控制责任制落实到每个工程管理人员的工作观念中。工程的技术部人员在负责工程施工技术工作中,落实工程质量,完成单位时间内的工作任务,同时创新工程技术,降低工作成本。计划合同部人员在进行合同实施的工作中,对工程进度款的催款工作加强落实,及时申报工程进度款,及时处理施工中遇到的问题;应加强项目合同的预算管理,提高工程财务收入。主管工程财务工作的财务部人员,应做好工程财务收支的分析,合理分配资金用度。总之,应将成本控制落实到企业中的每个岗位,落实成本管理责任制,每个环节都做好成本控制。项目经理应做好成本控制人员的管理,在工期内要合理安排,将成本责任分配到每个岗位,成本控制工作要项目全体管理成员共同努力。

6.1.3 施工过程中的成本控制措施

1. 加强工程项目中材料管理

在道路桥梁施工的材料费控制方面,做好工程造价的量价分离计算,工程材料的采购成本应受工程投标价格的控制,应通过限额领料单控制工程材料的消耗。工程施工期间的工作报表应与施工任务单结合起来,尤其要做好工程完成时材料消耗验收工作,对工程的人工消耗、材料消耗等数据进行管理。通过严格的审查,确保施工任务单和限额领料单的核算正确,提供准确的成本控制数据,将工程施工预算材料与实际结算材料进行对比,分析计算工程项目的成本差异,对差异产生原因进行调查,采取有效的措施避免差异产生。

2. 控制好直接费与间接费

工程的施工过程中,直接费和间接费的控制是成本控制的主要项目。直接费是道路桥梁施工项目的主要成本。在人工费控制方面,可以通过改善劳动力组织,减少人才浪费;实施工程奖惩策略;加强人员培训,增强员工技术能力;控制非生产劳动力的人数;加强施工建设中劳动人员组织工作等方法有效控制人工费支出。在材料费用的控制管理上,应建立严格的材料采购和使用制度,减少项目材料的浪费,减少材料在购买、运输、储存等环节中的损失,减少材料的搬运次数等,做好材料费用的控制管理工作。机械设备的合理使用在成本控制中也很重要,应做好机械设备的维修保障,对工程中使用的机械设备进行定期保养,加强机械设备的管理,提高机械使用效率,减少机械设备的直接费用。同时,在间接费方面,施工过程中做好项目的管理工作,精简项目管理机构,对于项目管理工作做好规划,减少施工过程的项目管理费。

3.实施工程项目进度激励政策

在道路桥梁施工项目进行过程中,管理层可以设置合理的评估标准,对项目工作完成卓越的个人或小组给出奖励,以激励项目中工作人员的积极性。可以根据项目小组内部成员的互评,来鉴定小组内成员对项目工作做出的贡献,也可以根据内部成员的评议进行讨论,有利于下一步工作的进行。工作人员的表现可以由管理层评估,上级管理部门对员工的工作进行评价,对于工作优异者给出奖励,奖励包括奖金、表彰证书等,这种奖励措施是对工作人员的工作能力进行的肯定及认可。激励政策在一定程度上给员工带来刺激,使单位中每个成员都能更有效率地完成工作。

6.1.4 工程完成阶段的成本控制措施

1.确保工程完成后的顺利交付

在道路桥梁工程竣工验收阶段要确保工程顺利交付,及时办理项目核算,高质量地完成工程结束后的收尾工作,顺利交付工程项目。在很多情况下,道路桥梁工程的最后阶段,会将主要施工人员抽掉,导致工程结束阶段的工作效率很低,将收尾工作"拉"得很长。机械设备没有及时转移,机械设备的占用一定程度上造成成本费用的损失,使工程的经济效益降低。因此,在工程完成后的工程交付阶段要合理安排,及时结束工程,把竣工工作的收尾阶段时间压缩,保证工程质量的同时降低工程成本。

2.建立合理的签证赔偿制度

道路桥梁施工企业经常是低价中标,企业应提前建立完善的变更索赔制度。在工程施工的合同管理与索赔方面很多企业都相对薄弱,应减少固定价合同的使用,建立施工合同中的合理索赔制度。在当前的社会环境中,市场竞争激烈,施工企业常常处于不利地位,部分业主可能会提出一些不合常理的要求,还可能出现拖欠工程费用的现象,面对这样的业主,项目施工过程中的施工记录显得尤为重要,可以作为向业主提出赔偿的依据。施工企业在施工过程中要对工程中的数据进行收集整理,对施工赔偿的材料要善于收集、及时收集。将工程施工赔偿事项通知业主时,应以书面的形式,内容结合实际,理由充分,语言直接明了,态度应当委婉恰当,突出重点,让业主充分理解赔偿事件的原因。

3.完善工程资料

道路桥梁工程完成以后要及时进行工程结算工作,做好道路桥梁工程最后的收尾工作。在工程验收以前,工程验收的各种资料需要相关工作人员及时准备好,包括验收合同、甲方签证、竣工图等。在施工过程结束以后,应按照施工图的预算完善工程结算工作。由于各种原因,部分经济业务是由财务部门直接支付施工中的工程结算款,如果结算员不能够充分掌握工程资料,就会造成项目预算不准确,在工程结算时容易出现遗漏现象。因此,在工程结束以后的工程结算工作中,要求项目的成本工作人员和预算工作人员进行全方面的核对审查。完善的工程资料使工程的结算工作更加准确。

6.2 施工项目安全控制措施

道路桥梁工程施工危险性高、难度较大,安全控制一直以来都是施工企业的红线,坚决不能逾越。但是,正是道路桥梁施工危险性高和难度大的缘由,受到各种客观因素的影响大,加之施工企业为了赶超施工进度,也给各类安全事故的发生带来了可乘之机。因此,如何在保证施工质量和进度的同时杜绝安全事故的发生是施工企业需要重点解决的问题之一。施工人员在道路桥梁施工过程中要严格遵守各项规章制度,采取有针对性的安全控制措施,提升道路桥梁施工水平,降低安全事故发生概率,确保道路桥梁施工安全有序推进。

6.2.1 道路桥梁施工安全现状

道路桥梁施工的周期长、露天作业较多、极易受到周围自然环境和当地气候的影响,使得露天施工作业的难度急剧增加的同时产生一些安全隐患。由于一些内部可变因素,而且不同道路桥梁工程的施工条件也存在巨大差异,工作地点和工作环境更是千差万别。道路桥梁工程施工涉及很多立体交叉作业和高空作业,并且同一作业面中可能存在着多个不同工种的交叉作业,这些因素都大大增加了施工时安全管理的困难程度。道路桥梁工程中存在大量人工作业,对劳动者的身体素质、职业素质都有着较高的要求,导致在施工过程中极容易发生安全生产的突发事故。道路桥梁施工是一项极为复杂的工程,在施工过程中存在着众多安全隐患和诱发多种安全事故的因素,所以处理好道路桥梁工程的安全管理问题是施工的前提。道路桥梁工程施工中有如下三种常见问题：施工设备或运输机械失稳、倾翻对作业人员造成伤害；高处意外坠落，包括从挖方段边缘、结构上或重型机械设备等处坠落都对施工人员的安全构成了极大的威胁；施工现场结构物、临时设备的坍塌，挖方地段边坡塌方等问题也存在极大的安全隐患。除这三大类安全问题以外，物体打击、烫伤事故、意外火灾、触电、粉尘等，在道路桥梁工程施工中也经常会导致安全隐患。

6.2.2 道路桥梁施工安全控制方面存在的问题

1. 管理体系不完善

在大部分的道路桥梁施工企业中，管理体系的不完善是安全管理缺失的一个重要因素，导致人员无法进行有效的安全管理工作。道路桥梁施工企业安全管理制度的缺失，使施工人员无法进行有效的风险评估，导致安全隐患频频出现。

2. 施工人员安全意识薄弱

目前我国从事建筑行业的部分人员，他们的知识结构、工作方式、习惯意识等不能够适应建筑业的特殊工作条件和环境，部分人受教育和培训的机会较少，缺乏应有的安全知识和安全防范意识，无法正确认识到道路桥梁施工中可能存在的风险，在施工过程中"三违"现象频发。应对施工人员进行定期培训，让其深入了解和掌握施工安全控制的主要内容，不断提高施工人员安全意识。

3. 缺乏规范的安全监督

项目施工过程中，进行规范化的安全监督，是施工企业加强对项目安全风险管控的有效手段。然而项目施工单位在组织安全监督方面存在许多不足，主要表现在监督人员的选用、数量和工作经验、执行等方面，从而使得相关人员在安全监督工作中无法及时发现问题、纠正问题和提高安全管理水平。

4. 安全管理工作受到工期的制约

随着道路桥梁施工项目业务量的不断增加，虽然在施工过程中采用了先进的施工工艺和大量施工设备、人员，但是生产任务仍然繁重，进度压力巨大，使得安全管理工作受到制约。主要表现在安全管理工作被动,安全监管力度不足,安全生产细节工作无法落到实处等。

5. 道路桥梁施工管理市场参差不齐

当前的道路桥梁施工建设中,大部分采用项目承包责任制,形成了一个项目应对各种不同分包单位的形式,无形中给了一些管理不规范的分包单位在竞标中采用非法途径和不良手段包揽工程的机会,给工程运作造成不良的影响,也给项目带来了许多安全管理上的问题。

6. 缺乏确保环境因素识别和危险源辨识真实性的措施

环境因素识别和危险源辨识是安全管理的基础性工作,也是运行环境与职业健康安全管理体系建立的前提。实际情况往往是企业开工前夕根据最初的设计来进行,随着施工的深入,施工工艺、施工设备等各种因素发生了变化,最初开展的环境因素识别和危险源辨识往往无法保证其真实性和合理性,造成企业无法准确有效地开展危险源管理工作,进而导致项目在以后的生产经营过程中产生安全隐患。

6.2.3 道路桥梁施工安全总体目标

根据项目特点制订有针对性的安全总体目标。一般设定如下。

(1)消除事故隐患。深入开展隐患排查治理工作,做到提前想到、提前发现、提前消除,并监督运用好安全隐患排查治理平台,实现隐患排查治理的超前性、全面性、真实性和有效性。

(2)遏制险性事件。无较大生产安全险性事件,主要包括:模板、支架垮塌;支立钢筋结构倒塌;大型机械、起重设备倾覆;在施边坡滑塌;深基坑坍塌;生产、生活区火灾;交通事故;危爆物品丢失、爆炸等。

(3)杜绝伤亡事故。无各类人员伤亡事故(包括与生产有关的生活、交通、消防等);杜绝发生一般及以上生产安全责任事故。

6.2.4 危险源辨识及风险评价

1. 桥梁施工危险源识别

危险源识别是施工安全管理的重要内容,其作用是明确项目经理部安全管理重点,做到有的放矢,有效控制事故。

1)危险源识别的依据

桥梁施工现场进行危险源识别的主要依据有现行的国家法律法规、国家标准、行业规范、操作规程、事故案例等。

2)危险源识别的主体

除了识别方法,识别主体首先要明确,即"谁"去识别危险源,主体是谁。只有确定主体职责,才能切实进行此项工作。从实际工作情况来看,施工现场危险源的识别主体可以分为四类:第一类,安全管理岗位人员,即专门负责全过程安全管理的人员;第二类,设备设施的维修人员,即在设备设施出现故障后对设备进行维修操作的人员;第三类,单人单机人员,即只负责操作一台设备的人员;第四类,多人单机人员,即多名员工按照固定顺序操作同一台设备。这四类主体的划分,是以设备为主还是以岗位为主的辨识主体选择问题,其选择没有统一标准,而应当按照施工的具体情况加以确定。在工程实践中,一般是采用岗位与设备相结合的识别主体,例如专门从事设备维修的人员,因其工作都是在设备设施出现故障后进行的,因此他们无法与机器设备一一对应,只能以其岗位作为识别的主体,全面分析其在工作中所有可能面临的危险,其结果将会是多种设备危险源的组合,但不会是多种设备危险源辨识结果的并集;再如对于单人单机人员,操作人员将作为对该设备及其工作结果安全性负责的主体,一旦出现危险因素,将作为主要负责人。

除了以上这种按照岗位和设备结合的划分方式,还可以按照梯度负责的方式进行划分。即由安全管理部门及组成人员负主要责任,他们负责危险源识别的主体工作,例如确定识别内容、选择识别方法等,并监督具体实施者的安全行为。而被监督的实施者负有次要责任,其职责是认真落实上级安全管理部门交代的任务,在执行过程中不得出现差错。

3)危险源识别的内容

施工中危险源识别的内容划分有如下两种方法。

(1)按照事故发生的部位进行划分。

道路桥梁施工中,安全事故发生的部位通常有深基坑工程、超高跨模板工程、脚手架工程、起重机械装拆工程、施工临时用电工程、"四口五临边"等。

(2)按照事故发生的类型进行划分。

工程中的安全事故主要涉及高空坠落、触电、机械伤害、物体打击、坍塌、淹溺、起重伤害、火灾、爆炸、中毒等。一般来讲,公路桥梁工程常见危险源可分为9个类别。分别是:桩基施工(钻机移位安装、泥浆池、护筒、挖孔桩井孔、平台船舶撞击);基坑施工(防护不到位、坑壁坍塌);墩柱盖梁施工(脚手架搭设和拆除、钢筋笼倾倒、吊装模板、模板倾覆、混凝土浇筑);支架现浇施工(满堂支架搭设和拆除、支架顶压、箱梁施工、钢筋施工、预应力张拉、千斤顶);移动模架施工(模架安装和拆除、模架前移、高空作业平台、钢筋施工、混凝土施工、预应力张拉、千斤顶);挂篮悬臂施工(挂篮安装和拆除、挂篮行走、模板安装和拆卸、钢筋施工、混凝土施工、预应力张拉、千斤顶);预制梁施工(人员高处作业、机电设备、模板倾覆、交叉作业、预应力张拉、箱内拆除、梁体存放);预制梁架设(起吊设备、提梁和运梁、架梁、架桥机行走、高处作业、交叉作业);跨线桥通道安全防护(行驶车辆撞击通道架设、物体打击)。在具体的施工过程中,应根据工程实际,对每一个项目都制订专业的危险源内容表,而不能将其他项目的危险源识别表拿过来套用。

4)危险源识别的方法

(1)经验分析法。经验分析法是最直观也是最常用的方法,又可以分为对照法和类比法。

①对照法。对照法就是根据危险源识别的依据(如法律法规、标准、规程和案例等),结合识别主体的观察、经验和判断等,对危险源进行识别。其优点是方便快捷,适合施工现场危险识别,缺点是容易受到主观意识的限制。为消除其弊端,可以采用安全检查表进行弥补。安全检查表是为检查某些系统的安全状况而事先制订的问题清单。为了使检查表能全面查出不安全因素,又便于操作,根据安全检查的需要、目的、被检查的对象进行列表,如综合安全管理状况的检查表、主要危险设备设施安全检查表、不同岗位层次安全检查表等。

②类比法。类比法即比较类推法,是按同类事物或相似事物的发展规律相一致的原则,对预测目标事物加以对比分析,来推断预测目标事物未来发展趋向与可能水平的一种预测方法。在危险源识别中,类比法是指利用相同或类似工程或作业条件的经验和劳动安全卫生部门的统计资料来类推、分析、评价对象的危险因素。

(2)事故树分析法。在桥梁施工危险源分析方法中,事故树分析方法较为直观,能对各种系统的危险性进行辨识和评价,不仅能分析出事故的直接原因,还能深入地揭示出事故的潜在原因,是安全系统工程的重要分析方法之一。以脚手架事故为例,事故树分析法的主要步骤为:①将脚手架坍塌造成人员伤亡事故的发生定义为"顶上事件";②确定造成顶上事件的两个因素:支撑系统坍塌和逃生失败;③从上到下,逐一分析事故原因;④定性分析;⑤计算概率;⑥定量分析。

(3)作业条件危险性评价法(LEC 评价法)。LEC 评价法认为影响危险性的三个主要因素是:发生事故的可能性 L(likelihood),人体暴露于危险环境的频繁程度 E(exposure),发生事故可能产生的后果 C(consequence)。作业条件危险性分值为 D(degree)。$D=L\times E\times C$,D 越大,说明危险性越大。这种方法简单易行,但缺点在于对于各项因素的取值因各个行业不同、各种作业的不同而有差异,往往是各单位自己总结,没有统一标准。

2. 风险评价

危险源辨识及风险评价见表 6.1。

表 6.1 危险源辨识及风险评价

序号	作业活动	危害因素	可能发生的危害事件	风险评价				风险等级	备注
				L	E	C	D		
一	明挖基础								
1	基坑开挖	开挖至底部未进行防护	坍塌	1	5	10	50	低	
2	开挖机械	不按操作规程作业、机械故障	机械伤害	1	5	10	50	低	
3	挡板支撑护壁	支撑变形或折断	坍塌	1	5	10	50	低	
二	路基挖方								
1	路堑开挖	未自上而下逐层开挖	坍塌伤害	1	3	40	120	低	
2	边坡脚	掏挖神仙土	坍塌伤害	2	3	40	240	中	
三	路堤填筑								
1	运土、装卸	偏载、超载,机械回转半径内有人员	机械伤害	1	3	40	120	低	
2	压路机碾压	填筑分层面不平或较大孤石未清除	翻车	1	3	40	120	低	
3	机械行驶或作业	在高路堤边沿作业,无人指挥	翻车	1	3	40	120	低	

续表

序号	作业活动	危害因素	可能发生的危害事件	风险评价 L	风险评价 E	风险评价 C	风险评价 D	风险等级	备注
4	推土机作业	刀片前端有人员作业	机械伤害	1	3	40	120	低	
四	桥涵								
1	模板安拆	不按规定施工,连接不牢固	物体打击、高空坠落	1	5	40	200	中	
2	模板吊装	不按规定起吊,机械带故障作业	起重伤害、高空坠落	1	5	40	200	中	
3	钢筋制作与绑扎	加工机械发生故障	人员伤害、高空坠落	1	5	40	200	中	
4	混凝土浇筑	捣固人员未戴绝缘手套	触电、高空坠落	1	5	40	200	中	
5	作业平台	作业平台搭建不牢靠,踏脚板未铺满,且未施作防坠落栏杆	人员伤害、高空坠落	1	5	40	200	中	
五	其他								
1	用火	秋冬季野外用火、乱扔烟头	森林火灾	3	5	10	150	中	

6.2.5 道路桥梁施工安全控制措施

1. 建立安全管理制度,健全施工管理体系

坚持以人为本,强化安全生产管理,形成横向到边、纵向到底的全员参与、全过程管理体系。健全与完善的施工管理体系可以帮助施工企业加强道路桥梁施工各个环节的安全控制工作,这也是提高道路桥梁施工安全控制的根本保证。项目经理为第一管理者,各职能管理部门积极配合安全生产管理体系建立和运行,保证安全生产目标实现,保证施工现场整体受控。

安全保证体系从思想保证、组织保证、制度保证、经济保证四个环节入手。

在思想上,牢固树立安全第一的行为规范,提高全员安全意识;在组织上,成立安全部门,配备足够合格的安全监管人员,履行安全检查职责;在制度上,建立各项安全生产管理制度,遵守安全守则;在经济上,建立包保责任,奖罚分明,实行安全一票否决制。

1)安全生产责任制

安全生产责任制是最基本的安全管理制度,是所有安全生产管理制度的核心。从各级管理人员到生产工人按照国家安全生产法规和公司有关规定,逐级建立和完善安全生产责任制,做到分工明确,责任到人。

加强劳动保护工作的领导和管理,落实"安全第一,预防为主"的方针,贯彻"谁主管,谁负责"的原则,明确各级领导、管理部门及岗位人员的责任,保障职工在劳动过程中的安全和健康,在项目施工生产中严格落实各部门、各岗位的安全生产责任制。项目安全生产责任制主要涉及项目经理、分包单位负责人、班组长等管理人员,安全生产责任制由相关责任人签字确认,并把责任目标分解落实到人。

2)安全设计制度

针对施工过程中隐患较多的工序,在编制施工组织设计或施工方案时,同步进行安全方案的设计,由总工程师组织有关人员进行审查,并报总承包、监理及建设单位审批。

3)安全技术交底制度

在编制施工组织设计和下达施工计划时,要针对性地编制安全技术措施。开工前,施工技术负责人应认真向作业人员进行安全技术交底。交底要结合工程概况、环境特点、作业方法和安全注意事项,有针对性,使作业人员明确措施的重要性和技术要求。班组长要按照工程进度、工程作业特点及环境,适时地向施工班组作业人员进行有针对性的安全技术交底。安全技术交底应有文字记录。

4)安全生产资金保障制度

为确保安全管理计划的顺利实施,认真贯彻"安全第一、预防为主、综合治理"的方针,规范安全生产投入管理工作,制订项目经理部安全生产投入管理制度。安全生产资金保障制度应包括安全生产投入的内容和要求、安全生产投入的计划和实施、安全生产投入的监督管理等内容。项目经理部应为项目安排安全管理专项资金,主要用于设备、设施、仪表购置、人身安全保险、劳动保护、职业病防治、工伤病治疗、消防、环境保护、安全宣传教育等方面。项目经理部规范安全管理专项资金的使用,制定使用计划,明确批准权限,监督检查使用,并建立安全生产费用管理台账。

5) 安全生产例会制度

每月至少召开一次安全生产会议,分析施工现场安全形势,研究解决安全生产方面的重要问题,安排部署安全生产工作。施工安全生产会议由项目经理主持,总结、分析或通报工地安全生产情况,制订整改措施、确定整改落实责任人,同时部署下月安全生产工作。

解决处理施工过程中的安全问题,并进行定期和各项专业安全监督检查。项目经理应亲自主持例会和定期安全检查,协调、解决生产、安全之间的矛盾和问题。

6) 安全生产检查制度

通过安全检查增强广大员工的安全意识,促进企业对劳动保护和安全生产方针、政策、规章制度的贯彻执行,解决安全生产上存在的问题。

(1) 开工前的安全检查。主要内容:施工组织设计是否有安全措施,施工机械设备是否配齐安全防护装置,安全防护设施是否符合要求,施工人员是否经过安全教育和培训,施工安全责任制是否建立,施工中潜在事故和紧急情况是否有应急预案等。

(2) 定期安全生产检查。每月组织安全生产大检查,积极配合上级进行专项和重点检查;施工班组每日进行自检、互检、交接班检查,并做好记录。

(3) 经常性的安全检查。建立安检工程师、安全员日常巡回安全检查制度。检查重点:施工用电、机械设备、模板工程、高空作业等。

(4) 专业性的安全检查。针对施工现场的重大危险源,对施工现场的特种作业安全、施工技术安全,以及大中型设备的使用、运转、维修进行检查。

(5) 季节性、节假日安全生产专项检查。包括:针对施工所在地气候特点可能给施工带来危害而组织的安全生产专项检查;针对节假日可能使施工人员安全意识减弱导致安全事故而组织的安全生产专项检查。

安全检查的主要内容包括查思想、查制度、查管理、查隐患、查整改、查伤亡事故处理等。安全检查的重点是检查"三违"和安全责任制的落实。检查后应编写安全检查报告,报告应包括以下内容:已达标项目,未达标项目,存在问题,原因分析,纠正和预防措施。

对查出的安全隐患,不能立即整改的定整改人、定措施、定经费、定完成日期,在未消除安全隐患前,必须采取可靠的防范措施,如有危及人身安全的紧急险情,应立即停工。应按照"登记—整改—复查—销案"的程序处理安全隐患。

7)安全生产交接班制度

领工员、作业班组向下交班时,必须交接安全生产情况及注意事项。

8)安全操作挂牌制度

把工序和设备的主要安全操作规程悬挂于工地,在危险处设置警示牌以进一步提醒作业人员。

9)安全生产验收制度

为保证安全技术方案和安全技术措施的实施和落实,严格坚持"验收合格方准使用"的原则,对各项安全技术措施和安全生产设备(如起重机械等设备、临时用电)、设施(如脚手架、模板)和防护用品在使用前进行安全检查,确认合格后签字验收,进行安全交底后方可使用。

10)专项施工方案专家论证制度

依据《建设工程安全生产管理条例》的规定,施工单位应当在施工组织设计中编制安全技术措施和施工现场临时用电方案,对达到一定规模的危险性较大的分部分项工程编制专项施工方案,并附具安全验算结果,经施工单位技术负责人、总监理工程师签字后实施,由专职安全生产管理人员进行现场监督。

11)安全事故调查与处理制度

按照《中华人民共和国安全生产法》《中华人民共和国建筑法》《建设工程安全生产管理条例》《生产安全事故报告和调查处理条例》《特种设备安全监察条例》等法律,制订项目的安全事故调查与处理制度。当施工现场发生安全生产事故时,按规定及时报告,并按规定对生产安全事故进行调查分析、处理,制订预防和防范措施,建立事故档案。事故的调查处理,本着"三不放过"的原则,在深入调查的基础上,编写事故调查报告,找出原因,总结教训,制定切实有效的防范措施。企业应依法为施工作业人员办理保险。针对重伤以上事故,按国家有关调查处理规定进行登记建档。

12)安全生产奖惩制度

根据公司、项目经理部颁布的"安全生产奖惩办法",对参加项目施工的单位和个人进行安全生产考核和奖惩。

13）安全生产教育培训制度

安全教育是项目安全管理的重要环节，是提高全员安全素质、提高项目安全管理水平、防止事故、实现安全生产的重要手段。

(1)管理人员的安全教育。

①项目经理、技术负责人和技术干部安全教育。

项目经理、专职安全生产管理人员应经建设行政主管部门或者其他有关部门考核合格后方可任职。项目经理、技术负责人和技术干部安全教育的主要内容：a.安全生产方针、政策和法律、法规；b.项目经理部安全生产责任；c.典型事故案例剖析；d.本系统安全及其相应的安全技术知识。

②班组长和安全员的安全教育。

班组长和安全员的安全教育内容包括：a.安全生产法律、法规、安全技术及职能、职业病和安全文化的知识；b.本班组和工作岗位的危险因素、安全注意事项；c.本岗位安全生产职责；d.典型事故案例；e.事故抢救与应急处理措施。

(2)特种作业人员的安全教育。

根据《特种作业人员安全技术培训考核管理规定》，对项目进行电工作业、焊接作业、热切割作业、高处作业、危险化学品安全作业和安全生产监督管理部门认定的其他作业的人员，经专门的安全技术培训并考核合格，取得"中华人民共和国特种作业操作证"后，方可上岗作业。

(3)项目员工安全教育。

员工安全教育主要有新员工上岗前的三级安全教育、改变工艺和变换岗位时的安全教育、经常性安全教育三种形式。

①新员工上岗前的三级安全教育。

企业新员工上岗前必须进行三级安全教育，且须按规定通过三级安全教育和实际操作训练，并经考核合格后方可上岗。

a.企业职业健康安全管理部门会同有关部门组织实施，内容应包括安全生产法律、法规，通用安全技术、职业卫生和安全文化的基本知识，本企业安全生产规章制度及状况、劳动纪律和有关事故案例等内容。

b.项目级安全教育由主要负责人组织实施，专职安全员协助，内容包括工程项目的概况，安全生产状况和规章制度，主要危险因素及安全事项，预防工伤事故和职业病的主要措施，典型事故案例及事故应急处理措施等。

c.班组级安全教育由班组长组织实施，内容包括遵章守纪，岗位安全操作规程,岗位间工作衔接配合的安全生产事项,典型事故及发生事故后应采取的紧急措施,劳动防护用品(用具)的性能及正确使用方法等。

②改变工艺和变换岗位时的安全教育。

a.项目在实施新工艺、新技术或使用新设备、新材料时,对有关人员进行相应级别的安全教育,要按新的安全操作规程教育和培训参加操作的岗位员工和有关人员,使其了解新工艺、新设备、新产品的安全性能及安全技术,以适应新的岗位作业的安全要求。

b.当项目内部员工发生从一个岗位调到另外一个岗位,或从某工种改变为另一工种,或因放长假离岗一年以上重新上岗时,项目必须进行相应的安全技术培训和教育,以使其掌握现岗位安全生产特点和要求。

③经常性安全教育。

无论何种教育都不可能是一劳永逸的,安全教育同样如此,必须坚持不懈、经常不断地进行,这就是经常性安全教育。在经常性安全教育中,安全思想、安全态度教育最重要。进行安全思想、安全态度教育,通过采取多种多样形式的安全教育活动,激发员工搞好安全生产的热情,促使员工重视和真正实现安全生产。经常性安全教育的形式有:班前安全讲话制度,作业班组进入工点施工作业前由班组长和安全员进行班前讲话,交待有关安全注意事项;每周安全活动制度,专业队及其作业班组每周开展不少于2小时的安全活动,学习安全生产规章制度,总结和布置安全生产各项工作。

2.加强施工人员配置,注重过程控制

加强施工人员配置不仅仅是按照人数的要求完成人员配置,还需要建立一支高水平、高能力、有责任心的施工队伍,不断提升自身专业技术水平,具备自我保护意识,拥有安全自救能力,争取将安全隐患减小至最小的范围之内。

在施工中必须贯彻"安全第一,预防为主"的方针,严格贯彻执行各项安全组织措施和技术措施,切实做到管生产的同时管安全,保障职工的安全和施工机械设备不受损害,全面有效地实行安全生产。安全环保部门、各生产队中必须配备精力充沛、责任心强的专兼职安全管理人员,安全管理人员随时检查施工安全,对发现的事故隐患和危及工程、人身安全的事项,要立即处理,做出记录,限期整改,落实到人。

3. 项目安全管理流程

项目安全管理流程见图 6.2。

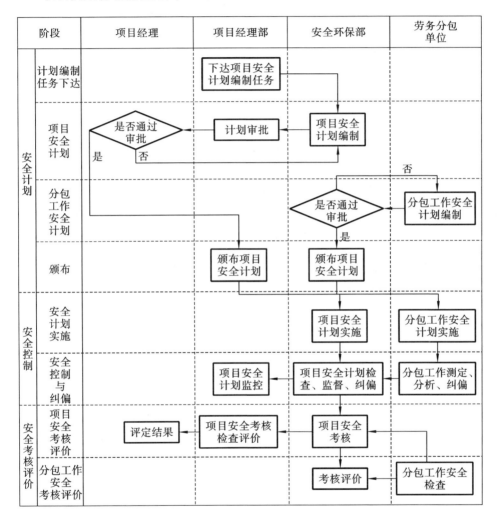

图 6.2 项目安全管理流程

4. 安全管理控制措施

为保证工程施工过程中各分项操作安全达标,应制定施工安全控制措施(见表 6.2)。

表 6.2　施工安全控制措施

序号	工程项目	安全组织、技术保障措施	责任人
1	开工准备	①建立和健全安全生产责任制和安全保障体系,成立安全生产领导机构和三防机构,配备专职安全员。 ②加强全员安全意识教育,贯彻"安全第一,预防为主"的方针,定期组织职工进行安全学习,定期进行安全大检查。 ③各分项工程开工前或特殊、关键工序开始前,进行详细的安全技术交底	分管技术员,安全员
2	施工现场管理	①施工便道布置畅通,排水良好。 ②按施工平面布置图规定位置安放施工机械和堆放材料。 ③施工区域与高压电线等的距离要符合安全距离要求。 ④各危险部位、项目的警告标志齐全。 ⑤安全守则、安全管理规定、安全生产责任及文明施工宣传标语张贴或张挂于显眼或人员集中处。 ⑥设置齐全的安全宣传标语牌、操作规程牌	分管技术员,安全员
3	高空作业	①定期对从事高空作业的人员进行体检,凡发现有不宜登高作业的病症的人员,不得使其参加高空作业。 ②高空作业人员应衣着灵便,穿软底防滑鞋。杜绝穿拖鞋、硬底鞋和带钉易滑的鞋。严禁酒后登高作业。作业时系好安全带。 ③高空作业材料要事先准备好,工具应放在工具袋内,传递工具不得抛掷或将工具放在平台和木料上,更不得插在腰上。 ④高处绑扎钢筋,要搭设好操作平台并挂好安全网。 ⑤作为上下攀登设施的脚手架,应将脚手架上的存留材料、杂物等清理干净,按自上而下,先装后拆、后装先拆的顺序进行	分管技术员,安全员
4	起重吊装作业	①起重吊装作业前须严格检查起重设备各部件的可靠性和安全性,并进行试运行;钢丝绳的安全系数应符合规定。 ②起吊作业时指派专人统一指挥,参加起重吊装的起重工要掌握作业的安全要求,其余人员应分工明确。 ③汽车吊作业地面应坚实平整,支脚支垫牢靠。作业时严禁回转半径范围内的吊臂下站人,严禁起吊的重物自由下落	机务主管,安全员

续表

序号	工程项目	安全组织、技术保障措施	责任人
5	夜间作业	①注意安排好工作计划,劳逸结合,尽量避免夜间作业。 ②夜间施工时,施工现场必须有足够的照明。施工住地(包括民工住地)要设置路灯。 ③用于上下攀登的通道必须设有足够的照明灯具	分管技术员,安全员
6	雨季施工	①雨季施工时,应及时排除施工现场积水。脚手架、斜道板上应采取防滑措施。加强脚手架的检查,防止倾倒。 ②长时间在雨季中作业的工程项目,应根据条件设置挡雨棚。施工中遇有暴风雨应暂停施工	分管技术员,安全员
7	工地防火	①设专职消防员,成立消防突击队,并不定期进行消防演习和培训。 ②建立定期防火检查制度,对生活区及工地现场进行防火检查,将隐患消灭于萌芽之中。 ③生活区配备充足的灭火器材以备急用	安全员
8	暴雨天气作业	①暴雨期施工应注意收集气象预报,做好防暴雨工作。 ②对处于暴雨可能浸没地带的机械设备、材料做好防范措施。 ③检查工地临建设施牢固情况,对认为在暴雨袭击中有危险的脚手架、高空设施等要做好加固措施	机务主管,分管技术员,安全员
9	普通路基施工	①做好现场调查,开工前对沿线通信线、电力线及地下的通信、电力电缆做好详细调查,确定各种电缆、管线位置,探明后设立明显标志,需要拆迁的妥善拆迁。 ②线路旁开挖水沟、边墙的基础有碍路基稳定时,应采用挖马口的方式,分段开挖,随挖随砌,不得长距离连续开挖或挖好基坑后长期暴露不砌,地质条件较差有坍塌可能时,应及时加以支撑。 ③土质路堤的基础开挖要尽量避免在雨季施工,如确需在雨季开挖应有加强线路质量和保证安全的措施	分管技术员,安全员

续表

序号	工程项目	安全组织、技术保障措施	责任人
10	施工用电	①严格遵守《施工现场临时用电安全技术规范》(JGJ 46—2005),搞好本合同段工程的用电安全工作。 ②工地供电采用 TN-S 系统,即三相五线制系统。用电线路采用高架或埋地铺设,原则上不准明铺。场内架设电线应绝缘良好,悬挂高度及线间距应符合电业部门的安全规定。 ③各种电器设备,符合一机一箱、一闸一保的用电要求。 ④现场接灯照明时,凡危险场所及潮湿环境应使用安全电压;灯安装在工作时触碰不着的地方;保持一灯一开关且有防雨装置。 ⑤各种电气设备的检查维修,一般应停电维修,并挂上警示牌。严禁在施工现场使用金属体代替保险丝。 ⑥移动式电气机具设备应用橡胶电缆供电。 ⑦施工现场应有自备电源,以免因电网停电造成工程损失和出现事故。室内不应存贮油桶及其他易燃物体,发电机组电源和电网之间要有联锁保护,严禁并列运行。 ⑧电工持证上岗	机务主管,电工,安全员
11	防汛安全	①健全通信系统,保证全线联络畅通,在事故易发点设专人巡查。 ②专门设立一名预报员,进行天气预报的信息收集,若有暴风雨、大风天气应尽早通知防风领导小组,对全线施工做出相应的预防准备工作。 ③路基施工中,始终保证排水设施的畅通。 ④施工尽量赶在雨季前完工。施工中万一暴雨来临,必须尽早疏散人员和机具设备,以防洪水冲走人员、冲坏机具设备。 ⑤高空作业人员系好安全带绳,大风和暴雨来临前,机具设备停放在安全场地,施工人员停止作业。 ⑥雨季来临前,对水泥库等要进行重点加固并做好防潮处理。 ⑦雨季来临前,疏通当地原有排洪系统,同当地政府有关部门共同设防,确保既有建筑物、新建工程施工顺利,以及当地人民群众的生命财产安全。 ⑧汛期期间,项目经理部成立以副经理为组长的防洪领导小组,组建抗洪抢险队,并配备足够的抗洪抢险物资及机械设备。不良天气时,采取昼夜巡逻制度,发现险情,及时汇报,以便及时抢险,确保工程安全度汛	主管领导,安全员,主管技术员

续表

序号	工程项目	安全组织、技术保障措施	责任人
12	其他	①搞好易燃、易爆物品的管理,设立专库储存,库房设计符合安全技术规范。由专人负责发放和监督使用。 ②临时设施符合有关安全技术规范的要求,重要临时设施的通道、供水、供电、排水都应有相应的方案设计。 ③各种气瓶的使用和运输严格遵守相关安全技术规范	物资主管,安全员

6.2.6 道路桥梁施工安全技术措施

所有工程在开工前必须编制有安全措施的施工组织设计,技术复杂、危险性大的专题方案必须有验算结果,严格履行审批手续、程序,由专职安全生产管理人员进行现场监督,必要时组织专家论证。在动力设备、输电线路地段施工前提出防护方案,经监理认可后实施。各分部分项工程开工前必须要求做一级、二级、三级安全技术交底,主要内容包括现场施工人员、材料、机械等的配置,实际操作过程中必须注意的事项,具有安全隐患的分项工程,以及安全紧急事故应急预案等。

1. 现场布置

设置安全标志,在工程现场周围配备、架立安全标志牌。

施工现场的生产、生活及办公用房、钢筋加工场、仓库、材料堆放场等应按批准的总平面布置图进行布置,布置应符合防火、防爆、防洪、防雷电等安全规定和文明施工的要求。

现场道路应平整、坚实,保持畅通;现场道路一侧或两侧遇有河沟、排水沟、深坑等情况时,应有防止行人、车辆等坠落的安全设施;危险地点应悬挂按照《安全色》(GB 2893—2008)和《安全标志及其使用导则》(GB 2894—2008)规定的限速、警示等标牌。夜间有人经过的坑洞应设红灯示警,现场道路应符合《工业企业厂内铁路、道路运输安全规程》(GB 4387—2008)的规定,施工现场设置大幅安全宣传标语。

现场的生产、生活区均要设足够的消防水源和消防设施网点,消防器材应有专人管理不得乱拿乱动,要组成一支10~15人的义务消防队,所有施工人员要熟悉并掌握消防设备的性能和使用方法。

各类房屋、库棚、料场等的消防安全距离应符合国家或公安部门的规定,室内外不得堆放易燃品,现场的易燃杂物应随时清除。

氧气瓶不得沾染油脂,乙炔发生器必须有防止回火的安全装置,氧气瓶与乙炔发生器要隔离存放,使用时要保证规定的安全距离。

2.施工现场的临时用电安全控制措施

施工现场的临时用电,严格按照《施工现场临时用电安全技术规范》(JGJ 46—2005)的规定执行。

临时用电工程的安装、维修和拆除,均由经过培训并取得上岗证的电工完成,非电工不准进行电工作业。

电缆线路采用"三相五线"接线方式,电气设备和电气线路必须绝缘良好,场内架设的电力线路其悬挂高度及线距应符合安全规定,并应架在专用电杆上。钢筋加工场电缆线路采用埋地敷设,埋地敷设深度60 cm,在电缆上下均匀铺设6 cm细砂,然后覆盖砖作为硬质保护层。施工场地外采用架空线路,架空时沿电杆设置,并用绝缘子固定。

施工用电采用三级配电、两级保护进行设置,并根据"一机、一闸、一漏、一箱"要求,每台设备设置各自专用开关箱,保证用电安全。按照总配电间、分配电柜、开关箱进行三级配电,分配电柜和开关箱均必须经漏电保护开关保护。第一级漏电保护设置在总配电间内各回路开关电器的末级,其漏电动作电流与漏电动作时间符合规定要求。第二级漏电保护设置在开关箱内各回路隔离开关的负荷侧,与第一级漏电保护配合,形成分级选择性保护,漏电动作电流不大于30 mA,漏电动作时间不大于0.1 s。

变压器必须设接地保护装置,其接地电阻不得大于4Ω,变压器设护栏,设门加锁,专人负责,近旁应悬挂"高压危险、切勿靠近"的警示牌。

拌和楼、水泥罐、灯塔各单独设立避雷针。避雷接地电阻小于30Ω。

室内配电盘、配电柜前要放置绝缘垫,并安装漏电保护装置。

各类电气开关和设备的金属外壳,均要设接地或接零保护。

配电箱要能防火、防雨,箱内不得存放杂物并应设门加锁,由专人管理。

移动电气设备的供电线应使用橡胶电缆,穿过行车道时,应穿管并埋地敷设,破损电缆不得使用。

检修电气设备时应停电作业,电源箱或开关握柄应悬挂"有人操作,严禁合闸"的警示牌或设专人看管。必须带电作业时应经有关部门批准。

现场架设的电力线不得使用裸导线,临时敷设的电线路不准挂在钢筋模板的脚手架上,必须安设绝缘支承物。

施工现场用的手持照明灯应采用36V的安全电压,在潮湿基坑洞室使用的照明灯应采用12V的电压。

未经领导同意,严禁个人乱拉、乱接照明灯或其他用电器。

严禁用其他金属丝代替熔断丝。

3. 现场防火安全措施

现场明确划分明火作业,易燃可燃材料堆放、仓库、废品集中站和生活等区域。

不准在高压架空线下面搭设临时性建筑物或堆放可燃物品。

焊、割作业点与氧气瓶、乙炔气瓶等危险物品应保持足够的安全距离,与易燃易爆物品的距离不得小于30 m。

施工现场的焊、割作业,必须符合防火要求,严格执行下列"十不烧"的规定。①焊工必须持证上岗,无证者不准进行焊、割作业。②属一、二、三级动火范围的焊、割作业,未经办理动火审批手续,不准进行焊割。③焊工不了解焊、割现场周围情况时,不得进行焊、割。④焊工不了解焊件内部是否有易燃、易爆物时,不得进行焊、割。⑤各种装过可燃气体、易燃液体和有毒物质的容器,未经彻底清洗,或未排出危险时,不准进行焊、割。⑥用可燃材料作保温层、冷却层、隔声、隔热设备的部位,或火星能飞溅到的地方,在未采取切实可靠的安全措施时,不准焊、割。⑦有压力或密闭的管道、容器,不准焊、割。⑧焊、割部位附近有易燃易爆物品,在未作清理或未采取有效的安全防护措施时,不准焊、割。⑨附近有与明火作业相抵触的工种在作业时,不准焊、割。⑩与外单位相连部位,在没有弄清有无险情,或明知存在危险而未采取有效的防护措施时,不准焊、割。

现场加强用电管理,防止电气火灾,办公室、宿舍、厨房、仓库等配备有效的灭火器材。

项目经理部的消防负责人通过板报宣传普及消防知识,组织消防演习,不断提高职工的防火意识。

成立义务消防队。如果突然发生火灾,除立即组织灭火外,还应将详细情况、确切地点和火灾性质、灭火行动报告业主。

4. 施工机械的安全控制措施

道路桥梁工程大型施工机械设备较多,各种机械操作人员变换频繁,因此要建立健全机械的操作责任制以及交接班制度,并加强管理,避免失误,确保安全生产。

各种机械操作人员和车辆驾驶员,必须持有操作合格证,不准操作与操作证不相符的机械;不准将机械设备交给无操作证的人员操作,对机械操作人员要建立档案,专人管理。

操作人员必须按照本机说明书规定,严格遵循工作前的检查制度和工作中注意观察及工作后的检查保养制度。①工作前检查:工作场地周围有无妨碍工作的障碍物;油、水、电及其他保证机械设备正常运行的条件是否完备;安全操作机构是否灵活可靠;指示仪表、指示灯显示是否正常可靠;油温、水温是否达到正常使用温度。②工作中观察:工作机构有无过热、松动或其他故障;按例保规定进行例保作业;认真填写机械运转记录。

操作室应保持整洁,严禁存放易燃、易爆物品,严禁酒后操作机械,严禁机械带病运转或超负荷运转。

机械设备在施工现场停放时,应选择安全的停放地点,夜间应有专人看管。

用手柄启动的机械应注意手柄倒转伤人,向机械加油时要严禁烟火。

严禁对运转中的机械设备进行维修、保养、调整等作业。

指挥施工机械作业人员,必须站在机械作业人员可看到的安全地点,并应明确规定指挥联络信号。

使用钢丝绳的机械,在运转中严禁用手套或其他物件接触钢丝绳,用钢丝绳拖、拉机械或重物时,人员应远离钢丝绳。

起重作业应严格按照《建筑机械使用安全技术规程》(JGJ 33—2012)和《施工机械安全技术操作规程 第七册 门式起重机》(DLJS 2—7—1981)规定的要求执行。

定期组织机电设备、车辆安全大检查,对检查中查出的安全问题,按照"三不放过"的原则进行调查处理并制订防范措施,防止机械事故的发生。

特种设备必须遵守一般设备安全管理规定,同时还必须遵守特种设备管理规定。

选购特种设备时应选用具备资质的制造单位生产的符合安全技术规范要求的设备(包括进口的和成套设备中的特种设备),并应当检查安全技术规范要求的设计文件、产品质量合格证明、安装及使用维修说明、监督检验证明等文件是否齐备。

特种设备的安装、改造、维修应委托有资质的单位进行,施工单位在施工前应将拟进行的特种设备安装、改造、维修情况书面告知有关主管部门,并应当在竣工验收后30日内将有关技术资料移交使用单位。使用单位应当将其存入该特种设备的安全技术档案。

现场设备无论项目租赁还是队伍自带或租赁,均需要统一进行安全管理。对机械操作人员要建立档案,专人管理,定期对操作人员进行有针对性的安全操作规程培训。

建立特种设备安全技术档案。特种设备安全技术档案应当至少包括以下内容:①特种设备的设计文件、制造单位、产品质量合格证明、使用维护说明等文件以及安装技术文件和资料;②特种设备的定期检验和定期自行检查的记录;③特种设备的日常使用状况记录;④特种设备及其安全附件、安全保护装置、测量调控装置及有关附属仪器仪表的日常维护保养记录;⑤特种设备运行故障和事故记录。

5. 高处作业的安全技术措施

所有进入施工现场的人员必须戴好安全帽,并按规定佩戴劳动保护用品,或安全带等安全工具,作业人员不得穿拖鞋、高跟鞋、硬底易滑鞋和裙子进入施工现场。

高处作业所有料具应放置稳妥,防止滑落,更禁止抛掷。严禁超速提升物料,起重机下严禁站人。

从事架子施工的人员,要求有特种作业操作证方可上岗;对于模板施工,高度超过2 m的架子要由架子工去完成。

施工作业搭设的扶梯、工作台、脚手架、防护栏、安全网等必须牢固可靠,并经验收合格后方可使用,架子工程应符合《建筑施工高处作业安全技术规范》(JGJ 80—2016)的要求。

人员上下通道要由斜道或扶梯上下,不准攀登模板、脚手架或绳索上下,并做好防护措施。

作业用的料具应放置稳妥,小型工具应随时放入工具袋,上下传递工具时,严禁抛掷。

进行两层或多层上下交叉作业时,上下层之间应设置防护网罩加以保护。

脚手架拆除时,应经技术部门和安全员检查同意后方可进行,并按自上而下、逐步下降的顺序拆除;严禁将架杆、扣件、模板等向下抛掷。

施工平台应挂配醒目的安全警示牌,夜间施工必须有充足的照明。

6. 桥梁施工安全技术措施

(1)桥梁支架。

搭设支架必须经过批准的专项施工方案,并已进行过安全技术交底;架子工持证上岗,搭设完毕要有专人验收,合格后签字、挂牌,方可启用。

施工现场人员活动范围平台、结构物等均要设置栏杆、踢脚,无法设置安全网时作业人员要系好安全带,施工人员爬高时设人行爬梯,同时上下层空间作业时,必须设置密孔安全防护网,严防上层作业人员的工具、物品落入下层。

高空作业有专用设备供人员、器具上下,且设备运行安全可靠,高空作业与地面联系,由专人负责,并配有专用通信设备。

(2)承台基坑开挖。

基坑开挖时,根据土质情况及时做好临时支撑,在土质松软地段,基坑开挖面不能太大,不能暴露太久,防止坍塌伤人。

开挖边坡土方,严禁切割坡脚,以防边坡失稳。

基坑开挖时要对附近地下缆线采取保护措施,标明位置,现场设专人看护。

开挖过程中注意土质变化情况,土质不好时采取支护措施。

基坑四周做1.2 m高的临时围栏,并用警示带封闭,夜间设红色警示标志。

基坑顶1 m内不得堆土堆料,10 m范围内机动车辆限速10 km/h慢行通过。

施工时将基坑边上散土和活动碎石清理干净。

基坑开挖前完善四周临时排水设施,对现况排水沟渠进行疏通,防止水冲基坑。

加强施工现场边坡监控,在基坑周围布置测点和沉降观测点,结构施工期间做到每日一测,确保在第一时间发现安全隐患。

(3)基坑钢板桩围堰。

插打前应在锁口内涂以黄油、锯木等混合物,组拼桩时用油灰和棉花捻缝,以防漏水。

插打顺序按施工组织进行,一般自上游分两头插打,在下游方向合龙。

插打钢板桩,一般应先将全部钢板桩逐根或逐组插打到稳定深度,然后依次打入至设计深度,在能保证钢板桩垂直沉入条件下,每根或每组钢板桩也可一次打到设计深度。

在插打钢板桩时,如起重设备高度不够,允许改变吊点位置,但该点位置不得低于桩顶以下 1/3 桩的长度。

插打钢板桩必须备有可靠的导向设备,以保证钢板桩的正确位置;接长的钢板桩,其相邻两钢板的接头位置应上下错开。

开始打入几根或几组钢板桩后,应随机检查其平面位置是否正确,桩身是否垂直;如发现倾斜(不论是前后倾斜或是左右倾斜)应立即纠正或拔起重插,钢板桩倾斜无法纠正时,可打入特制的楔形钢板桩,防止钢板桩继续倾斜,但楔形钢板桩的上下宽度差不得超过桩长的 2%。

在同一围堰内,使用不同类型的钢板桩时,宜将两种不同类型的钢板桩的各半块拼装焊成一块异形钢板桩,以便连接。

(4)索塔施工。

参加索塔施工的人员应体检,患高血压、心脏病、高空作业禁忌症及医生认为其他不适合从事高空作业的人员不得从事索塔施工作业。

塔吊上部应装设测风仪。塔吊停机作业后,吊臂应按顺风方向停放。

索塔施工作业,应在劲性骨架、模板、塔吊等构筑物顶部设置有效的避雷设施,并应定期检测防雷接地电阻。

索塔、横梁等高空作业,应形成绕索塔塔身封闭的高空作业系统,每层施工面应设置安全平网和立网,立网高度不得小于 1.5 m,平网应随施工高度提升,网格、网距、受力等应符合要求。

索塔施工应设警戒区,通往索塔人行通道的顶部应设防护棚。

索塔上部、下部、塔腔内部等通信联络应畅通有效。

索塔施工设置施工升降机。

索塔施工机具、设备和物料的提升和吊运应使用专用吊具。

采用泵送浇筑塔身混凝土,混凝土泵管应附墙设置,泵管附墙件应经计算、审核,并定期检查。

索塔施工平台四周及塔腔内部应按要求配备消防器材。

索塔施工应设置劲性骨架,劲性骨架的刚度、强度应能满足钢筋架立、模板安装的要求。

倾斜索塔施工应验算索塔内力,并应分高度设置水平横撑或拉杆。

索塔横梁及塔身合龙段:①支架系统应进行专门设计,其强度、刚度和稳定性应满足最不利工况要求;②支架焊接、栓接作业设置牢固的作业平台;③支架系统安装完成后,组织验收,并应详细记录;④横梁与索塔采用异步施工时,上部索塔、下部横梁均采取防止高空坠落和物体打击的安全措施;⑤下横梁和中横梁钢筋混凝土施工时,在支撑模板的分配梁四周安装不低于1.2 m的安全护栏,护栏外侧满挂安全网;⑥索塔横梁及塔身合龙段预应力施工,应搭设操作平台,防护设施应符合规范有关规定;⑦在横梁、塔身合龙段内部空心段拼装、拆除模板时,应配备消防器材和照明设施,必要时采取通风措施。

(5)钢桁梁安装。

钢桁梁施工应编制专项施工方案,超过一定规模的危险性较大工程按要求进行专家论证。

钢桁梁构件及其运输应采取临时固定措施。

钢桁梁存放场地应平整、稳固、排水良好,基础承载力应满足要求。

吊装作业设置缆风绳等软固定设施。

非定型桥面悬臂吊机进行专门设计,委托具有相应资质的专业单位加工制造,并组织验收。

梁段吊装前,检查桥面悬臂吊机的前支点和后锚固点等关键受力部位。

不得用桥面悬臂吊机调整梁段之间的缝宽及梁端高程。

压锚前应校验液压千斤顶、测力设备。拉索前应检查张拉系统,连接丝杆与斜拉索应顺直。

在现场高空焊接、栓接梁段,宜采用桥梁永久检修小车作为焊接、栓接操作平台。梁段焊缝探伤作业人员应穿戴有防辐射功能的防护背心。

已拼接的桥面钢桁梁临边设置防护栏杆。

主梁施工过程中,在梁端安装斜拉索后,应在梁端采取控制斜拉索的措施。

斜拉桥施工安排应合理,长悬臂状态下的主梁施工不宜在大风或台风季节进行;不可避免时,应验算长悬臂主梁的稳定性,并采取临时抗风加固措施。

(6)斜拉索安装。

斜拉索展开时,索头小车应保持平衡,操作人员与索体距离不得小于1 m。

塔端挂索施工平台应搭设牢固,作业平台关键部位应焊接牢固,平台四周及人员上下平台的通道应设置防护栏杆,护栏外侧应满挂安全网。人员上下通道跳板应满铺。

塔内脚手架应稳定可靠,操作平台应封闭,操作平台底应挂安全网。作业人员不得向索孔外扔物品。

塔腔内设人员疏散安全通道。

塔腔内照明采用安全电压,并应配备消防器材。塔腔内不得存放易燃易爆物品。

塔端挂索前,检查塔顶卷扬机、导向轮钢丝绳及卷扬机与塔顶平台的连接焊缝。

挂索前,检查塔腔内撑脚千斤顶、手拉葫芦千斤顶的吊点情况。

挂索或桥面拉索前,检查张拉机具。连接丝杆与斜拉索应顺直,夹板应无变形,焊缝应无裂纹,螺栓应无损伤。

梁端移动挂索平台应搭设牢固,滑车及轨道应保持完好。

塔腔内放软牵引索应同步,安装工具夹片应及时。

千斤顶、油泵等机具及测力设备应校验。张拉杆的安全系数应大于2,每挂5对索应用探伤仪检查一次张拉杆,不得使用有裂纹、疲劳及变形的张拉杆。

6.2.7 工程安全事故应急救援预案

1. 应急机构设置

通过对项目施工现场、生活区及办公区进行危害辨识和风险评价,确定风险级别。为有效控制和处理潜在事故和紧急情况,确保安全事故发生时,能够快速反应、紧急救援,最大限度地减少突发事故可能引起的疾病和伤害,应成立应急领导小组并制订应急预案。

2. 应急保障措施

(1)信息传递。

办公室设值班电话及值班人员,负责对突发事故的应急救援方案的启动及报警。

(2)培训与演练。

由项目经理组织,安全员负责实施,项目经理部人员每年进行一次消防、人员伤亡等突发事故模拟演习,按应急响应救援方案的要求进行,应急小组成员按其职责分工,协同配合完成演练。演练结束后组织对"应急响应"的有效性进行评估,必要时对"应急响应"的要求进行调整或修改。评价及更新的记录要予以保存。

安全员负责对项目经理部人员进行安全知识及技能培训,做好记录并予以保存。

(3)应急物资、设备的准备和保养。

项目经理部与作业班组共同储备以下应急材料:沟槽支撑所用的方木、板材、型钢、草袋等支撑材料;安全帽、安全带、安全网、绝缘手套、绝缘鞋等个人防护用品;抢险所需其他常用材料。

项目经理部与作业班组根据实际情况储备以下机械设备:电缆、配电箱、开关箱、照明灯、发电机等;通风机、空压机,以及电、气焊设备等中小型机械;气体检测仪;吊车、挖掘机、抢险车等机械车辆。

应急预案启动后,机械设备由项目经理统一调配。

(4)后勤保障。

项目经理部及作业班组储备一定数量的急救药品、器材;应急预案启动后,事故隐患单位协助综合部负责抢险的后勤保障。

3. 应急救援措施

当发生人员伤亡、火灾、触电事故、中毒、交通安全等事故时,项目经理部报警人员迅速拨打"110""119""120"等紧急救援电话,电话描述如下内容:单位名称、所在区域,周围显著标志性建筑物、主要路线,接警人姓名、主要特征、等候地点,所发生事故简单情况和程度,等候接应救援车辆及人员。

(1)触电事故应急救援。

①脱离电源。

如触电者尚未脱离电源,救护者不得直接接触其身体,应设法迅速使其脱离电源,并防止触电者摔伤。脱离电源的方法有断开电源开关、用适当的绝缘物使触电者脱离电源,现场可采用短路法使开关掉闸或用绝缘杆挑开导线等。

②急救。

触电者呼吸停止、心跳不动,如没有其他致命的外伤,只能认为是假死,必须立即进行抢救,争分夺秒是关键,抢救以人工呼吸法和心脏按摩为主。

(2)高空坠落应急救援。

发生高空坠落、物体打击事故,发现人员迅速报告安全监理工程师或总监,并同时报告相关部门,组织有效的抢救工作。

抢救组人员组织抢救伤员,有轻伤或休克人员,采取紧急救护措施,包扎止血或做人工呼吸及人工胸外按压,尽最大努力抢救伤员,同时直接送往就近医院抢救。

(3)基坑、边坡坍塌事故应急救援。

撤离危险坑、槽内作业人员；评估坑、槽土方稳定性，并采取有效支撑措施，控制坍塌的继续扩大；采用支护措施防止坑、槽周边的树木、建筑物、房屋的倾倒、坍塌，及时疏散、撤离危险房屋内、树木、建筑物旁边的一切人员并设置隔离警示带，禁止人员、车辆进入危险区域；在土方稳定一侧设置工作梯或开辟马道；在土方基本稳定，坑、槽上有人监护，施救人员佩戴安全帽、安全绳等防护用品的条件下，方可进入沟槽抢救伤者；伤者被土方掩埋时，不得使用机械挖救，使用工具应避免对伤者造成伤害。

（4）交通事故应急救援。

抢救组接到事故报告后，小组人员应迅速赶赴现场就地组织施救，并注意保护好现场。

发生伤者无呼吸、无心跳情况时，在医务人员未到之前，或送往医院途中，对伤者出血的部位要快速止血，对有骨折的伤者利用木棍及木板等物品临时固定骨折处，对能做心肺复苏抢救的绝对不允许停止对伤员的心肺复苏抢救，尽力为抢救伤员生命赢得宝贵时间。

在了解事故基本情况后，在规定时间内向有关部门或领导如实汇报。

紧急事故发生时，应注意做好记录，因抢救伤员必须移动器材、设备时，应标明器材或设备的原位置，为事后事故处理留下真实证据或材料，严禁毁灭证据或伪造事故现场。

（5）火灾事故应急救援。

出现火情时，现场当事人立即向领导及相关单位报告，指挥和组织扑救工作。

在灭火扑救过程中，应立即切断火灾现场电源，再用灭火器或其他灭火工具以最快的速度扑灭火种或控制住火情。抢救人员在最短时间内疏散火灾现场所有人员。

火情得到控制后，保护好现场，为消防部门调查起火原因提供有效保证。

6.3　施工项目质量控制措施

我国经济整体已经由快速增长转变为高质量发展，随着生活水平的提高，人们对工程质量的要求也越来越高，这就要求在道路桥梁工程施工过程中要严格把控，层层监管，严格贯彻国家强制性质量标准及各项规定的技术标准和质量要求。同时，质量也是关乎企业生存和发展的头等大事，必须在全体员工中不断强化质量意识,抓好施工质量,做到用标准规范质量行为,让工程达到用户满意的程度。

6.3.1　影响道路桥梁工程质量的因素

影响道路桥梁工程质量的因素较多。一是项目工程量大,建设单位工期要求高。工程量大就需要对整个工程进行评估并且给出施工组织方案和施工计划,按照一定的计划如期进行、按期完工,才不至于手忙脚乱,影响质量。二是涉及工序多。施工的过程中涉及很多的工序,工序之间的相互衔接容易出现质量问题。三是投入人员较多。每一道工序都需要专门的技术人员和管理人员,整个工程还需要监管人员,对这些工作人员进行良好的管理是促进整个工程高质量建设的关键。四是资金风险大。道路桥梁工程需要耗费大量的资金,但现实是建设单位的资金往往不能及时得到保障,垫资现象较多。做好资金计划,防止出现工程不能连续施工、中途停止,或出现质量衔接问题。了解影响道路桥梁工程质量的因素,是探究道路桥梁工程施工中质量管控可能出现的问题,并提出策略的前提条件。

6.3.2　道路桥梁工程施工过程质量管控存在的问题

1. 缺乏全面的质量管控的监管制度

道路桥梁工程由于项目工程量大,涉及范围广泛,在管理和监管上容易顾此失彼,良好的质量需要有良好的监督管理来作为保障。对于道路桥梁工程来讲,全面的监管制度是必不可少的,只有这样才能保证监管全面,促进其发展。但是在实际的工作过程中,有相当一部分道路桥梁工程并没有完善的质量监管制度,或者监管部门如同虚设,监督的过程也是走形式主义。更为严重的是一些工程单位为了节约成本,设立的监管部门的工作人员并不够专业,综合素质也不达标,所以无法就整个工程以及工程的各个不同阶段的施工质量进行全面的监督和评价,导致工程的质量管控不到位。再加上监管部门的责任意识不清,在监管的时候不能够按照相关的国家标准进行合理的监管,提出整改意见。这些都在一定程度上阻碍了道路桥梁工程质量管控的进步。

2. 工作人员素质不高

道路桥梁工程的工程范围、结构特点决定了它在技术上的要求比较复杂,在工序上需要多种专业工种,需要工作人员综合素质高,主要体现为专业技术能力强、责任意识强、相关的专业知识扎实。但是在实际的工作中,有相当一部分的工作人员素质并不高,相关的专业知识并不扎实,在工作的过程中容易出错;还有一些人员专业技能不强,进而拖慢了整个工程的进度。这些现象究其原因,主要是道路桥梁工程相关部门在招工时,为了节省成本,招收一些综合素质不达标的人员;这些工作人员被招收进来以后,相关的部门也没有对工作人员进行合理的培训,或培养他们对整个工程的质量管控意识,所以导致了工作人员的综合素质不高,最终不利于整个工程的质量管控。

3. 施工原材料不达标

国家就相关的道路桥梁工程的施工标准以及采购的原材料标准进行了规定,相关的施工单位按照相关的标准进行购买才能够进一步确保整个工程的质量符合要求。但是,在实际的工作过程中,结果却不尽如人意。主要问题表现如下。首先整个道路桥梁工程包含多个施工程序,所需的原材料品种、数量比较多,在材料的采购过程中需要专门的采购人员,但是很多的施工单位为了节约成本而不聘用专业的采购人员,在采购环节就容易产生问题。其次,由于整个工程涉及人员多,所以容易滋生腐败,一些管理人员为了节约成本而购买一些不合格的原材料。而这些原材料在施工过程中会带来质量问题,甚至可能会给施工人员带来生命危害,整个工程都可能因此而停工。所以,原材料的采购问题不能马虎,必须予以足够的重视,不仅要招聘专业的采购人员,还要对采购人员进行专业的培训,做好合理的监督和管理,以确保他们能够以专业的态度购买原材料,从而保证原材料的质量,为整个工程的质量管控打下良好的基础。

4. 施工周期长,缺乏合理的施工方案

道路桥梁工程的一大特点是施工周期长,所涉及工序更为复杂,需要对每一道工序以及工序之间的衔接做好良好的规划,这样才能更好地促进整个工程如期完工。良好的施工方案会对工程的不同阶段进行合理的规划,对每一个施工阶段的工作人员提出一定的专业要求,对施工的材料也进行严格的规定,并对施工的工期和整个工程的成本进行预估,是促进整个工程如期完工、获得质量保证的关键。但是在实际的工作过程中,一些单位的管理人员并不重视工程的施工方案,没有配备高质量的人员进行方案制订,导致一些施工方案并不全面使施工的结果与方案相差较大,施工过程中的成本超出预算使工程无法如期完成等问

题。还有一些施工方为了尽快完成工程不进行专门的设计,而是套用其他比较相似的工程方案,没有针对具体问题具体分析,导致施工到一半而无法继续进行,重新进行方案设计,甚至发生返工的现象。再者一些方案设计者在设计方案之前不对相关工程进行调研,所以在方案中没有准确地规定材料和用量,没有就该工程进行准确的成本预估,导致工程施工没能完成就出现资金链断裂,无法继续进行。这些都是由于相关的单位不重视,导致施工方案不合理,不能如期高质量地完成整个工程。

6.3.3 道路桥梁工程施工过程质量控制策略

1. 建立健全施工过程的质量管理体系

项目经理部成立质量管理组织机构,配齐专职质检工程师和质检员,推行全面质量管理和目标责任管理,从组织措施上使创优工作落到实处。结合工程特点,制订各类施工工艺和技术质量标准细则。制订设计文件、图纸分级会审和技术交底制度。在严格复核的基础上由技术人员向施工班组进行施工方案交底、设计意图交底、质量标准交底、创优措施交底。建立质量自检、互检、巡查和抽检制度,施工中做到每个环节都处于受控状态,每个过程都有质量记录,施工全过程实现可追溯性。定期、不定期地召开质量会,发现问题及时纠正。

2. 建立健全施工过程的质量监督体系

如果没有健全的监督管理体系,很难做好质量监控,在施工的过程中容易出现监管不力导致质量问题频出,从而影响整个工程的发展。相关的施工单位要严格按照国家的相关标准制订质量监管的监督制度,完善监管体系,形成层层监督。

要建立施工过程实体质量评价标准,做好实体评价的程序,根据标准对所有的施工实体进行自检,然后由项目管理人员进行监察,最后由监理人员进行监察。

实行岗位责任制和逐级负责制,将质量职责落实到个人。制订切实可行的工程质量奖罚制度,凡各施工队、班组在施工过程中违反操作规程或发生了质量问题,项目经理部将对其进行处罚,情节轻者停工整改、罚款,情节严重的直接清除出场。凡各施工队、班组在施工过程中,按图施工,质量合格且达到优良,项目经理部将对其进行奖励。项目经理部在实施奖罚时,以平常检查、抽查、业主大检查，以及监理工程师的评价结果等作为依据。

结合当前科技化的发展趋势，相关单位还要建立网上监督管理的平台。比如设立一个网络共享平台，允许所有的工人在此对不同的工作进行监督，对所有工程的进度及其材料的使用等相关情况进行公示，该平台还要对国家和工程项目部开放，接受公众的监督，并且及时对违规操作进行通报、批评和严肃处理，保证监管的有效性。再者，在施工场所安装监控设备，对相关的施工过程进行合理的监督，以避免出现偷工减料的情况发生，并且一旦出现任何问题，也可以通过监控直接追踪到责任人。做好网络监督和实际监督，建立良好而全面的监督管理体系是促进道路桥梁工程施工中质量管控的保障。

3. 完善施工方案，加强施工现场管理

完善的施工方案能够保证施工有条不紊地进行，不至于因为赶施工进度而出现质量管控不到位的现象。所以相关的施工单位就完善施工方案要做好以下几点。首先，就是在施工前要对整个工程进行勘探和评估，做好前期的准备工作，比如针对施工地的地理位置、环境状况、施工的季节和气候以及施工中可能产生的问题都要进行合理的调查和评估。其次，在制订施工方案的过程中要针对具体问题具体分析，制订符合当时、当地的专门化的施工方案，并且要对施工中的材料使用进行严格规定，要有一个标准，做好质量管控的基础工作。不能直接套用或者是将别的施工方案进行简单的更改后使用。因此，施工单位的领导要重视施工方案的设计工作，在设计的时候要聘请专业的人员进行设计或者指导，以保证设计的全面性。再次，施工方案制订完成后要再一次根据当地的情况进行评估，让专业的技术人员熟悉施工方案，并且严格按照施工方案进行作业，以保证施工的进行和质量的管控。最后，加强对施工现场的管理，道路桥梁工程的施工现场管理是对人员、环节、环境、材料等的综合管理，要加强对现场的综合管理，保证施工现场秩序，确保施工有条不紊地进行。

4. 施工人员素质控制

施工人员在整个道路桥梁工程的施工过程中以及质量管控中发挥着关键作用，因为他们是直接与工程相接触的人员，因此他们的综合素质高低直接决定工程质量的高低。在招工时要综合评估个人的能力和素质，既要保证专业技能扎实，也要保证思想品质达标。要对工作人员进行专业化的培训，提升他们的技能水平，使其了解工程的相关内容，并实行人员挂牌上岗制度，在每个正在进行施

工的作业点配备足够的施工技术人员,保证施工过程处于可控状态。

对全体施工人员经常进行质量教育,把"质量是生命,是立足之本"的核心思想传达到每一个工人,使全体员工以主人翁的态度自觉地搞好工程质量。把工程项目创优工作列入各级工程会、总结会的重要议题当中,及时总结创优经验,分析解决存在的问题,引导创优工作健康发展。同时,利用考评、网络平台进行监督,以促进人员的综合素质达标。

5. 施工原材料质量控制

施工原材料是施工的基础,没有高质量的原材料就没有高质量的工程。因此管控原材料是保证道路桥梁工程施工质量的关键环节之一。相关的施工单位要严格按照国家规定的标准采购原材料,再者对采购原材料的工人要进行严格的监管,保证他们能够负责任地完成其本职工作,对采购回来的原材料要进行多次监查,并且在施工的过程中要进行抽查。管理好采购人员,一旦查出任何不达标的材料要立即停止使用,追究到相关的责任人并予以处罚或者送往相关的司法机构,只有这样才能保障原材料的质量达标,促进工程的如期完工,保证工程的整体质量。

对所有在建项目使用的主材、地材等严格实行进货检验制度。检验频率和检验指标按设计图纸和规范要求进行,确保每一批使用的材料均为合格产品。对于检验不合格的材料作拒收处理。对所有材料搭设遮雨棚、入仓贮存,在保管过程中均进行产品和状态标识,防止误用。

6. 施工环境控制

施工环境的及时勘探也非常重要,要提前对施工环境做好清理工作,并就其安全性做好相关的记录和整改,保证每天的施工环境安全。施工的气候条件也是环境勘探的一部分,应提前掌握其气候条件,看是否适合施工,不适合施工的时候就不进行施工,以免施工的效果不佳,甚至影响工程的质量,出现返修的情况,浪费人力、物力和财力。

6.4 施工项目进度控制措施

为保证工期目标的顺利完成,施工企业必须充分发挥自身在技术力量、机械设备等方面的优势,狠抓施工现场的全面管理,科学地进行进度的控制,周密安排年度、季度、月度施工计划,正确对待进度与质量的关系,充分认识到没有质量谈不上进度,没有进度更谈不上效益的相互关系。同时充分考虑交通、气候条件、地理环境以及人文环境因素对工期可能造成的影响,保障人员的数量、机械设备的性能及数量、资金到位情况、材料的质量。

6.4.1 道路桥梁工程施工进度的管理策略

在道路桥梁工程中,应明确重点工程、难点工程、一般工程,在确保总工期的前提下,对各项工程进行分区、分段。对软基处理、工程试验段要先行、先试,分段展开流水作业,及时展开排水工程,各工序之间形成流水作业。采用项目计划管理软件,根据施工图纸和建设单位下达的计划指令,编制总工期、关键工期满足建设单位总体计划的总体网络计划。

按照总工期的要求,制订月计划、半年计划等,合理安排施工顺序,根据相应的条件制订流水作业,把工期目标逐个落实到组和人,且从各方面的施工环节进行考虑,确保总工期的实现。

在施工过程中,将总体计划网络按各个阶段所展开的工序逐一分解到作业层,采用各种控制手段保证项目及各项工程活动按计划开始,并记录各个工程活动的开始和结束时间及完成程度。在各个阶段结束(月末、季末、一个工程阶段结束)后按各活动的完成程度对比计划,确定整个项目的完成程度,并结合工期、生产成果、劳动生产率、材料的实际进货、消耗和存储量等指标,评定项目进度状况,分析其中的原因,保证关键线路上的工作顺利开展。

定时召开项目施工的专题会议,提出项目中存在的问题,找出解决方法,方便下次出现同样的问题时能够及时解决。对下期工作做出安排,对一些已开始但尚未结束的工序的剩余时间做估算,提出调整进度的措施,及时调整网络计划,建立新的网络工序线路,指导施工。对可能引起进度拖延的事项采取干预措施,消除或降低它的影响,保证它不再造成拖延或造成更大的拖延。对已经产生的拖延,主要通过改变后期计划,调整网络计划,采取赶工措施。如果已产生的拖延位于关键线路上,要在人力、物力、机械设备等方面加大投入,在施工方案上开辟新的作业面,确保关键线路的工期赶上计划要求。

道路桥梁工程中安全、质量、进度三者之间的关系是相辅相成的,简单概括为"保安全、抓质量、促进度",即在确保安全、质量的前提条件下才能有完成进度的可能性。在施工过程中贯彻国家安全生产政策和各种安全法规,增强员工安全法制观念,制订切实可行的施工方案,并报监理工程师审批后,严格遵照执行。

同时,应加强质量控制,严格按照技术规范和有关要求施工,做到完成一项、合格一项,减少返工现象,确保工程如期完工。

6.4.2　工期保证措施

通过计划、控制和协调,做好进度的控制。进度控制所采取的措施主要有组织措施、技术措施、合同措施、经济措施和管理措施等。

1. 保证工期的组织措施

抓好标准化施工,通过合理的施工组织和正确的施工方法来提高施工进度,做到稳产、高产。积极开展和完善施工筹备工作,做到完成一批临建后能及时开展主体工程施工。抽调富有理论基础和实践经验且年富力强的管理人员;配备有施工经验、战斗力强的施工队伍;配备与施工进度要求相适应,状态良好的施工机械设备和周转料具,储备足够的零配件,配备相应数量的维修人员,加强机械设备的维修保养,提高机械的完好率和使用率,保证足够的生产能力,保证施工生产的连续进行。完善项目管理模式、竞争机制和激励机制,任务层层落实。开展以工期、质量、安全为主要考核指标的劳动竞赛,每月评比一次,将精神鼓励与物质奖励相结合,充分调动全体员工的积极性。科学组织施工,全面调整工、料、机的配置,确保分项、分部工程按计划完成,做到"日保旬、旬保月"地高效完成。项目经理部编制年、季、月、周施工计划,并按周检查计划执行情况。每周召开一次施工进度分析会,每月召开一次施工计划会。施工全过程按网络计划管理,确保关键工序按计划进行,若有滞后则立即采取措施补救。根据施工计划的要求,抓好材料的采购、储备和供应,防止发生停工待料。

2. 保证工期的技术措施

精心安排,周密组织,强化管理,高起点、高质量、严要求。编制实施性施工组织设计,分级负责,认真实施,加快施工进度。在施工中实行动态管理,对施工过程进行全面的监控,确保施工生产有计划、有步骤、有秩序地均衡推进。

狠抓程序化施工、标准化作业,通过合理的组织与正确的施工方法,尽快形成生产能力,提高施工进度。

合理安排施工时间,控制循环作业时间,搞好工序衔接,提高施工效率。做好物资储备,保证工程物资供应。

采用新技术,使用高效率的机械。对影响进度的施工技术难题,组织科技攻关,加快施工进度。

3. 保证工期的合同措施

按照合同要求的工期目标进行细化,层层分解落实,确保兑现合同工期。

对主要工序实行劳务承包,在承包办法中,把加快进度、确保工期作为主要目标。

4. 保证工期的经济措施

施工前自备一定的资金以保证前期准备工作的顺利开展。在工程施工过程中,保证工期不受资金的影响。加强内部财务制度的管理,并保证工程专款专用,确保所有资金有效地运用到工程项目中,使工程的进度如期完成。

5. 保证工期的管理措施

(1)物资设备保障。

做好机械设备的选型与配套,充分发挥各类型设备的机械效率,确保实际生产能力能够满足施工进度要求,按照施工组织进度计划安排,及时组织机械设备的进场,大型和主要设备适当考虑备用,并备足部分易损件,防止设备损坏影响施工,使工期保证落到实处。

在施工的过程中施工设备难免会出现问题,如果不能够得到及时有效的处理,势必会影响施工的进度,而且会耗费大量的人力、物力。施工单位要对施工设备做好维修和日常的维护工作,要安排专门的工作人员定期对设备进行维护、检查,并且做好相关的记录。再者,施工单位还需要配备高质量的维修人员,配齐各种维修设备和工具,建立机械设备维修基地,避免发生新问题时不能及时维修而浪费时间的现象,保障机械设备的出勤率。

加强材料采购的计划,根据施工的进度合理安排材料的供应,坚决抵制因材料出现短缺而影响工程进度的现象;同时,购买质量有保证的工程材料,加强对材料的检验,禁止以次充好的现象发生。

(2)强化关键工序作业,挖掘内部潜力优化施工方案,努力实现预计工期目标。

基础施工:岸上桩基施工尽早清理场地,清淤排污,早日完成三通一平,为桩基开工赢得时间,合理安排钻机数量及型号规格,尽可能地发挥钻机的施工效率。水中桩基施工尽早地搭设施工作业平台,并提前做好钢护筒或钢套箱的前期准备工作,同时强化各工序连接,缩短工序交接时间,高速度、有节奏地完成桩基施工。

墩身施工:在劳动力充足的情况下投入足够多的墩身模板来保证墩身的施工进度,同时配备足够的塔吊、吊车、脚手架、贝雷件、混凝土搅拌机和输送泵等多套机械设备器材为工程施工赢得时间,把握施工主动权。

现浇梁施工:现浇梁施工是保证总工期实现的重点控制工程,投入挂篮(支架)用于现浇施工,并配备足够多的人员和其他辅助设备,在施工安排上组织流水作业,加快关键线路的施工。

预制梁施工:在施工场地允许的条件下,尽可能多地设置存、制梁台座,并配备足够多的预制梁模板来加快梁的预制施工,同时不断优化施工方案和生产要素配置,采用工厂化、专业化流水施工,从而确保阶段性工期目标的实现。

混凝土的施工:为了满足特大桥混凝土施工的供应任务,在岸边上设置集中拌和站以供应岸上各墩台和T梁的混凝土施工,在河道内设置混凝土拌和船供应水中各墩及刚构梁的混凝土施工,从而最大限度地满足工程需求,为实现分项和分部工程的工期目标奠定基础。

6. 保证工期的其他措施

合理安排旱季、雨季和冬季的施工项目或工序,最大限度地减少因气候引起的停工损失,加强雨季运输便道的维修与养护工作。

主动接受工程所在地政府的指导,加强与政府部门的联系,融洽与地方各类群众组织的关系。

6.5 施工项目环境保护管理措施

6.5.1 道路桥梁建设存在的环境污染

1. 桥梁施工泥浆对环境的污染

桥梁施工的泥浆,其主要成分是水以及膨润土的混合物,掺杂一定量的增黏剂以及加重剂等化学药品,泥浆在排放之后会产生分层的现象,膨润土会发生沉淀,抑制了植物的呼吸作用,部分企业在施工时没有对泥浆进行相应的处理就将其排放到农田中,影响农田的种植作物生长。同时有的废弃泥浆含有重金属离子,破坏土壤的结构,导致土壤富营养化。

2. 桥梁施工对水资源的污染

道路桥梁的施工对大多数工程附近的水源都会造成或大或小的污染,因为钻孔过程中产生的废渣含有大量的无机盐,影响水质。其中泥浆的污染尤为严重,由于泥浆当中会存在一定量的油类或其他的有机物,一些矿物油的排放不仅在一定程度上使鱼类的繁殖受到影响,还缩短了鱼类存活的周期,威胁着水体中生态系统的平衡与稳定。

3. 桥梁施工对大气污染

桥梁施工中大气污染也不容忽视,施工过程产生的粉尘不但制约周边植物的生长,还威胁着工人及周围居民的身体健康,粉尘长期吸入肺部,轻则出现头晕恶心的症状,重者会危及人的生命。

4. 桥梁施工中的生活垃圾污染

在施工的过程中会产生生活垃圾,若缺乏对垃圾的合理处理,将导致施工现场垃圾堆积,影响施工及周边环境。

6.5.2 环境因素辨识

(1)环境因素识别和评价依据。

国家、省、地区有关环境方面的法律、法规、条例及管理规定;业主及监理对本项目有关环境方面的要求;项目经理部对建设单位的承诺及合同条款;项目的实际情况。

(2)环境因素的调查。

环境因素调查表见表6.3。

表6.3 环境因素调查表

序号	环境因素	施工工序/部位	环境影响	时态、状态
1	野生植被、水源	挖、填土方,弃碴、施工便道、路基工程等	山林植被破坏、水土流失、河流污染	现在/正常

续表

序号	环境因素	施工工序/部位	环境影响	时态、状态
2	粉尘	场地平整、土堆、砂堆、路面起土、车轮带泥、水泥搬运、垃圾清理	污染大气、影响人体健康	现在/正常
3	噪声	推土机、挖掘机、装载机、钻机、运输车、振捣设备、压路机等	影响人体健康、附近居民正常休息	现在/正常
4	运输遗撒	现场渣土、混凝土罐车、生活垃圾、原材料运输等	路面污染造成扬尘,影响大气	现在/正常
5	有毒有害废弃物排放	容器、工业棉布、油手套、含油棉纱棉布、机械维修保养废液等	污染土地、水体	现在/正常 将来/异常
6	火灾、爆炸隐患	易燃材料库房及作业面、电气焊作业点、氧气瓶库、乙炔气瓶库、食堂液化气库、建筑垃圾等	污染大气	将来/紧急
7	生产、生活污水排放	食堂、拌和站、厕所、洗车槽等	污染水体	现在/正常
8	生产、生活用水及电灯能源消耗	办公室、职工生活区、现场	能源浪费	现在/正常

6.5.3 环境保护目标和责任

1. 环境保护目标

污染固体废物100%回收处理;严格控制噪声释放;施工废水二次处理达标排放;杜绝放射性泄漏;及时修整、恢复施工过程中受到破坏的生态环境;施工生活区废水集中处理。

2. 环境管理方针

环境管理方针为:预防为主,强化环保意识;诚信守法,维护原始生态;控制污染,节能减排,确保争创示范工地。

3. 环境管理组织机构

为加强环境管理工作,结合实际,项目经理部成立环境管理领导小组。由项目经理担任组长,负责协调、处理环境管理体系运行中出现的各类问题。各部门负责人在各自的业务范围内具体展开环境管理工作。

4. 环境保护应遵循的法规、制度

贯彻落实《中华人民共和国环境保护法》,减少或防止对自然环境的破坏和污染,保护和改善环境,满足环境保护方面法律法规的要求。

环境保护管理的依据是国家、行业及地方的有关法律、法规、标准;上级的有关规定;设计文件。

环境保护遵循"预防为主,防治结合""谁污染谁治理""强化过程控制"的原则,实施"纵到底,横到边"的管理体系。

6.5.4 环境保护措施

对于施工中可能产生的环境污染,建立体制,按照"预防为主、防治结合"的原则进行环境保护。

1. 加强企业员工环保意识

相关部门要加强道路桥梁施工环保宣传的力度,通过展会宣传和教育培训的方式加强全员环保意识,在施工前期让员工认识环境保护的重要性及真正的意义,呼吁员工自觉参与环保工作。在培训员工时要重点强调环保施工的要求和施工方法,并在实际施工过程中保证实施效果。

2. 对施工企业的环保监管

道路桥梁施工中,往往以毁林占地为前提,在施工过程中对大气和水土资源造成污染等,需要相关部门予以监管。环保单位应负起自身责任,严格监管道路桥梁施工项目,发现问题及时下令施工单位整改。严重者可使用法律手段强行监管,保障环保工作的顺利开展。

3. 加强施工设备和技术创新

道路桥梁施工中产生的污染物如粉尘、噪声、废水、废渣等,可以通过不断创

新施工设备和施工技术予以缓解,创新施工技术和机械设备,不但能提高工程质量,还能在一定程度上减少对环境的污染。

4. 水污染防治措施

在施工场地平面布置过程中,将环保工作纳入统一规划,施工生产用水排放沟统一布置,妥善处理,不直接排入农田、耕地、河道等处,避免排水回溢,冲刷、污染自然水源。

材料仓库周围设置导水沟,防止雨水浸湿物料,致使物料随水流失。沥青、油类材料、化学物品等易产生污染的材料在存放过程中,也应远离水源。各种混凝土、水泥等拌和场、砂石场应远离饮用水源设置,并在场地周围设置隔离栅和沉淀池,隔离砂石,并将污水集中到沉淀池,集中进行沉淀处理。在做防渗和加固处理时,在化学材料选择上,以毒性小、污染少为主要原则,严禁将化学制剂浆液流入饮用水水源。

施工废水、废液、生活污水经净化池或者存储池进行净化处理后排入河道。钻孔桩在施工过程中配备泥浆池、沉淀池、循环池和过滤网,水中墩要配备泥浆船,钻渣沉淀后经车船外运处理,泥浆进行重复循环利用。不向地方水沟、沟渠、鱼塘和水道内排放泥浆和钻渣,应将施工中基坑开挖的弃土、淤泥和钻孔桩富余泥浆及钻渣拉运至建设单位指定的位置进行堆弃或掩埋处理。施工机械的废油废水,采取隔油池等有效措施加以处理,不得超标排放。

工地食堂污水均接驳至隔油池,然后才排放,最终排放的污水表面均没有明显油渍。工地厕所污水均接至污水渠。

土方平整或挖掘前作好地面排水系统,工地周边设置明渠收集地面水及雨水,再接驳至沉淀池,去掉泥沙后才排放。工地内的明渠、砂井、沉淀池、渠坑及渠筒等均应定期清理,每次暴雨前后更要清理,确保这些设施状态良好。

5. 粉尘防治措施

施工道路应经常清理,晴天和大风天工地内洒水保湿;弃土场至挖方路段的道路,均安排洒水车浇湿路面,避免扬尘,并经常冲洗车辆。

水泥和石灰等粉尘比较大,可采取封闭运输、洒水降尘和材料装袋降尘的方式进行存放和运输,减少空气中的扬尘;在散装材料运输中,一定要对材料进行遮盖,减少材料散落,减少运输中粉尘污染。各种拌和场都应设在下风向,并远离工作和生活区,拌和场的一线施工人员必须佩戴口罩,并实行轮班工作,组织定期体检。

沥青烟气对人的身体有害，因此应避开生活区，同时要保证沥青拌和设备的密封，防止泄漏污染环境。不在工地上焚烧残物或其他废料。

对粉尘较大的施工现场，需要配备相应除尘和净化设备，减少施工人员对粉尘的吸入，减少大气污染。

6. 水土保护措施

道路桥梁施工尽量避免水土流失，施工建设应以预防为主，边施工、边防治，重点治理与一般防护相结合，最大限度减少水土流失，路基工程排水系统尽早施工完成，边坡尽早防护，减轻水土流失。

对施工边界的土质裸露边坡，应采取临时防护，条件允许情况下，尽量采用生态防护办法，可通过施工过程中及时复绿的办法进行防护，在气候条件比较差的地方，采取防土壤侵蚀办法，避免土壤的自然侵蚀。记录施工之前的初始地貌，可以详细文字、图片和影像记录作为日后恢复依据；施工中边施工边进行边坡复绿；施工结束后，去除硬化地面，回填熟土，恢复临时占用土地的初始使用功能。

严控土石方施工范围，尽可能利用土石方，尽量减少对施工范围外植被和土壤的破坏。取土也要做到一边取、一边平整绿化，并及时还耕。临时斜坡用帆布覆盖。在泥地的周边均尽量设置渠坑及渠筒等收集雨水，以减小泥土被雨水冲走的概率。

较大的填挖方工程要避开雨季施工以避免水土流失。在雨水汇集处或易发生水土流失的地段设置沉淀池，当雨水流经时减慢流速使泥沙下沉，防止水土流失。雨季到来前，做好所有的防、排水设施，保持既有水利设施及径流系统，理顺因工程建设而改变的排灌系统，确保水流畅通，减轻水土流失。

开辟施工道路时要保持边坡稳定，尽量避免泥沙进入下游河道，注重保持公路沿线水土保持能力。在开辟施工道路时可能会破坏耕地、林地等植被，因此，应事先规划好施工路线。要以减少植被破坏为首要前提，如有现成路线，尽可能使用已有道路。如无现成道路，施工中应严控边界的施工，并绕开生态敏感区。

集中存放土料，不能随意设置小料场。在存放弃土弃渣时，应合理选择弃土场，尽量不阻塞河流、不压埋植、不破坏农耕。同时也要避免山体滑坡和地基下陷。

弃土场按指定位置及方法弃土，弃土结束后，平整场地并加以防护及绿化，防止流失。通往弃土场施工便道，设置纵向排水沟及管涵，保证排水通畅，不污染农田;路面采用片石承重层,以免路肩坍塌,污染农田。弃土场周边设置排水沟排水。涉及污染河道、农田的弃土场设置拦渣墙,施工完后进行绿化。

7. 噪声污染防治措施

应严格控制施工时间,白天进行施工,晚上探讨施工问题或休息;强噪声施工尽量避开上课和午休时间;不能夜间开山放炮;将产生强噪声的产品尽量在车间内完成。施工的地点远离居民区。噪声较大的施工场所,要远离学校、医院、幼儿园、敬老院以及居民区 200 m 以上。若满足不了要求,也必须对强噪声源进行消声和隔声处理。加强施工机械设备的日常保养,减少在施工过程中发出的噪声。针对机电设备及施工机械的噪声,在施工中采用安装消声器、尽量不集中安排机械作业、尽量不安排夜间噪声大的机械作业等方法控制噪声污染。

8. 使用新型环保材料

在道路桥梁的施工中,采用一些环保型施工材料,也可减少对环境的影响。环保材料一方面能满足正常施工需求,另一方面对环境的影响较小。选用绿色施工材料的同时也要保证施工的质量安全。道路桥梁环境保护是一项长期艰巨的任务,相关施工管理人员要充分重视,并从自身做起,强化环保意识,交流环保实践工作,造福社会。

6.5.5 节能减排措施

1. 节能减排目标

严格执行国家、行业、地方关于禁止与限制落后淘汰技术、工艺、产品的现行有关规定;积极采用新技术、新材料、新工艺和新产品。

安全生产、工程质量、文明施工符合国家、行业、地方标准规定;工程项目按图施工,落实建筑节能要求。

施工现场实行标准化管理。

2. 节能减排措施

(1)综合技术措施。

通过方案比较、评审等优化措施,形成合理的施工方案、施工组织设计;方案优化的重点是施工平面布置、设备选用、模板体系、脚手架体系、材料管理等。

围绕符合建筑节能、节地、节水、节材和科技进步、技术创新等要求,在施工方案优化,过程管理,施工新技术、新工艺、新材料的开发应用等方面,实施能源资源节约和循环利用。

(2)节水措施。

施工现场供水管网根据用水量设计布置,管径合理、管路简捷,采取有效措施减少管网和用水器具的漏损。

使用节水型产品。

由专人定时对施工现场及生活区的水龙头及用水设备进行检查,确认是否有"跑、冒、滴、漏"等现象并及时修复。

生活区内热水供应采取限时或者用量控制措施,防止乱用水现象的发生。

厕所等部位采用节水型闸阀开关,并根据时段调节阀门出水量。

(3)节电措施。

采用能效比高的用电设备,推广使用智能型荷载限位器,现场有控制大功率用电设备措施。照明采用高效、节能、使用寿命长的灯具。

工程项目分路供电,施工、生活用电有分路计量装置,分别监控并记录。

加强用电管理,施工区、生活区有专人管理照明灯具;宿舍采用智能化开关控制用电。

加强大型施工机械设备运行管理,禁止空载运行、提高使用率;对机械进行定期维护,确保机械正常运行。

(4)节材措施。

强化现场材料管理,建立商品混凝土、钢材、木材、水泥、砂石料等大宗材料预算计划和进场验收管理制度,确保质量合格和数量准确。

优先采用高效钢筋与预应力技术、钢筋直螺纹连接、电渣压力焊技术等节材效果明显的新技术。推广实行钢筋专业化加工和配送,减少施工现场钢筋尾料的浪费。

工地临时用房、临时围挡采用可重复使用材料,材料可重复使用率达到70%以上。

(5)减排措施。

编制专项方案对工地的废水、废气、废渣的三废排放进行识别、评价和控制,安排专人、专项经费,制订专项措施,减少工地现场的三废排放。

施工现场设置沉淀池,对废水进行沉淀处理后重复使用或合规排放,对泥浆及其他不能简单处理的废水集中交由专业单位处理。在生活区设置隔油池、化粪池,对生活区的废水进行收集和清理。

禁止在施工现场焚烧垃圾,使用密目式安全网、采取定期浇水等措施减少施工现场的扬尘。

合理安排噪声源的放置位置及使用时间,采用有效的噪声防护措施,减少噪声排放,并满足《建筑施工场界环境噪声排放标准》(GB 12523—2011)的限制要求。

生活区垃圾按照有机、无机分类收集,与垃圾站签订合同,按时收集。对不可回收有害的施工垃圾打包封袋,按照环保等部门规定要求送往指定处理中心集中进行无害化处理。

6.6 施工项目资源管理

6.6.1 项目资源管理原则

(1)项目经理应建立和完善项目资源管理机制,确保项目人力、设备、材料、技术、资金等资源的合理投入和使用,适应工程项目管理需要。

(2)项目资源管理应在项目的质量、进度、安全、成本等目标基础上,实行项目资源的优化配置和动态管理。

(3)项目资源管理的全过程应包括项目资源的计划、配置、优化、控制和调整,以实现工程总目标。

6.6.2 人力资源管理

施工队伍的选择及各工种人数的配备由项目经理部根据工期要求确定,并签订相关的工程劳务合同,实行合同制管理。项目经理部组织施工人员学习和培训,以提高施工人员的实际操作水平。

1. 主要劳务合作

根据工程类别、工程量、工期,结合类似工程经验,测算主要单项工程所需配置的劳动力数量,确定多支不同类型的劳务作业队;选择的劳务作业队均为成建制的作业队,无不良记录。

2. 劳务管理

(1) 合同管理。

劳务分包合同应使用标准"劳务合作合同"文本。未签订劳务合作合同的劳务企业不得进入施工现场。对合同条款需进一步明确的,双方应充分协商后在合同补充条款中加以准确说明。发生合同规定范围以外的用工情况时,应及时办理增补合同手续,明确工作内容、工作量和价款。

(2) 实名管理制。

劳务分包队伍在进场前,必须将劳务合作合同管理人员、作业人员花名册,劳务企业项目经理安全上岗证、身份证(复印件)、施工人员劳动合同、管理人员上岗证、作业人员岗位技能上岗证、特殊工种证(复印件)、炊事人员健康证报项目经理部备案;将每月考勤表、工资发放表、人员增减变动情况报项目经理部劳动力管理员备案。按规定办理个人信息卡,个人信息卡记录工人姓名、身份证号、单位名称、出勤和三级入场教育情况以便查询。按规定办理银行工资卡,财务部委托银行将工人工资打入卡中,供劳动者支取工资、查询余额,项目经理部每月将工人工资发放情况公示,让工人了解工资发放情况。由劳务企业提供劳动者工资发放表(负责人签字并盖劳务企业公章),工人工资发放表要和工人花名册(负责人签字并盖劳务企业公章)、考勤记录相符合,支付工人工资时劳务企业必须出具发票。项目部负责给劳务企业劳动者办理工伤保险,监督劳务企业办理工人医疗保险,如不办理的要强制办理,费用自理(或从该劳务企业的劳务费中扣除)。劳务管理员组织安全、工程、技术、质量、保卫相关人员,做好劳务企业人员入场教育,建立劳务企业人员入场登记表和培训教育资料并存档。劳务管理员做到每天检查监督劳务队伍实名制管理情况,建立人员增减变动台账,严禁没有上述手续的工人从事现场施工活动。劳务管理员要督促劳务队伍签订劳务合作合同。严格监管劳务队伍,防止劳务队伍的二次转包。建立劳务管理工作情况报告制度,对项目劳务管理过程中出现的各种问题以及劳务纠纷等突发事件,劳务管理员应立即报项目经理部和公司总部及时启动突发事件应急处理预案。退场时要及时记录时间并收回个人信息卡,方可办理退场相关手续。

6.6.3 机械设备资源管理

1. 主要机械设备投入计划

所有投入施工的车辆、机具、设备、仪器、仪表必须到位和完好,并已通过相关权威部门的检验、审查且在有效期内,所有投入施工的车辆必须按国家和地方的交通法规办理各种登记手续及证件。工程技术人员在开工前编制施工机具配备计划,经总工程师审核后报业主和监理工程师,由物资设备部根据施工机具的分布及使用情况,在各工序开工前按计划安排进场,且保证用于现场的设备机具状态良好。

2. 主要机械设备保证措施

根据工程进展,将整个施工过程划分为地下结构施工、地上结构施工两个阶段,不同施工阶段的施工项目存在明显差异。因此,根据各施工阶段的各自特征,对现场平面的布置做出相应调整,以便充分利用场区,最终实现场区布置合理,发挥施工机械的最大效能。

编制合理的机械设备供应计划,在时间、数量、性能方面满足施工生产的需要。

计划用于工程的钻机、吊车、龙门吊、施工机械塔吊等重要设备已经做好进场前的维修和保养,落实到位。

制订相应的施工机械保修保养制度,配备维修设备,确保机械得到及时维护、修理,以保证机械在施工过程中的持续作业能力。

合理组织施工,保证施工生产的连续性,提高机械设备的利用率。

根据工程规模、特点和工期要求,拟定计划用于工程的主要机械设备及周转料具清单,清单中所列的机械按新购、自有调配、租赁解决。

6.6.4 材料资源管理

根据施工组织设计中的施工进度计划和施工预算中的工料分析,编制工程所需的材料用量计划,作为备料、供料工作和确定仓库、堆场面积及组织运输的依据。

根据材料需用量计划,做好材料的申请、订货和采购工作,使计划得到落实。

包括确定各种构配件及半成品数量,编制相应的需用量计划,积极联系厂家、货源。

组织材料按计划进场,并做好保管工作。由于道路桥梁工程周转材料使用量大,为保证工程正常施工进度、避免浪费,施工周转材料严格按使用计划提前一天进场,直接吊送到使用部位;需临时堆放在现场的要严格按文明施工规范要求整齐堆放并挂牌标明材料的规格等。

6.7 文明施工与职业健康管理措施

6.7.1 文明施工措施

施工现场内的所有临时设施均按平面图布置,并在入口处设置明显的"八牌一图",包括工程概况牌、文明施工制度牌、安全生产制度牌、消防保卫制度牌、管理人员名单及监督电话牌、环境保护制度牌、重大危险源公示牌、工人工资发放公示牌及施工现场总平面图。

项目经理部实行目标管理,将施工组织网络图、年度目标计划、工序交接流程、质量目标及管理制度上墙。

现场所有施工管理人员必须佩戴胸卡(附有照片、姓名、职务、岗位等)。

施工现场实行封闭式管理。沿工地四周设置连续围墙,做到坚固、平稳、整洁、美观;无缺口、无破损、无污迹、无褶皱、无变形、无开裂、无广告及无涂鸦等。

施工现场设置钢结构封闭门扇的大门,大门要求美观大方,并能上锁;大门边设置可移动式门卫室,实行门卫值班制度,严格控制进入施工现场的车辆和人员,并做好出入口周边道路的保洁工作。

施工现场大门口处设置洗车槽及冲洗设备,确保出行车辆洁净不污染场外道路。洗车槽四周设置沟槽,污水须经三级沉淀后排放。洗车槽向内不小于10 m范围的地面采用混凝土硬化。

材料堆放加工场地合理规划,材料堆放整齐并挂设标识牌。钢材加工区、砂浆搅拌区等设置防雨棚。

现场使用的主要机械设备配设标志牌,标明设备名称、型号、生产厂家、出厂日期、使用状况、操作人员姓名等。

施工现场作业道路保持平整,设有路标,进行日常维护,保证晴雨通车,经常洒水、清扫。

项目经理部与劳务班组签订承包合同时就文明施工管理签订专项条款,并要求各班组做到工完场清。

生活区与施工区、办公区分开设置,采取明确隔离措施。临时建筑与架空明设的用电线路之间保持安全距离,临时建筑不得布置在高压走廊范围内。

食堂做到整洁、卫生,对食堂所用的炊具、碗筷进行日常消毒处理。

在施工现场入口处及主要施工区域、危险部位设置相应的安全警示牌;现场绘制安全标志布置图。

在现场人员活动较少位置设置易燃易爆物品存放仓库,将其独立封闭存放,并安排专人管理。管理职责牌及各类警示标牌设置齐全。

现场设置专用渣土堆放场地,并设置标明责任人的标牌,采取覆盖、洒水等防尘措施,渣土不得与生活垃圾、危险废物等混合堆放。

员工宿舍采用单层砖砌房,每间宿舍住 3 人,其防火等级达到 A 级标准。宿舍内配备垃圾筐,外部设置分类垃圾收集器皿。

生活区设置通风良好的自动水冲式厕所,厕所内墙、蹲坑及坑槽均贴瓷砖,地面贴防滑地砖,厕所由专人负责保洁工作。

6.7.2 职业健康管理措施

1. 防治方针

职业病的防治工作要坚持预防为主、防治结合的方针。项目经理部为劳动者创造符合国家职业卫生标准和卫生要求的工作环境和条件,并采取措施保障劳动者获得保护。

2. 职业病危害种类

根据施工现场的具体情况确定项目经理部的职业病危害,一般共分为如下四大类。

(1)有机溶剂的危害。施工过程中常接触到多种有机溶剂,如防水施工中常常接触到苯、甲苯、二甲苯、苯乙烯,喷漆作业常常接触到苯、醋酸乙酯、氨类、甲苯二异氰酸酯等,这些有机溶剂的沸点低、极易挥发,在使用过程中挥发到空气中的浓度可以达到很高,极易发生急性中毒和中毒死亡事故。

(2)焊接作业产生的金属烟雾危害。在焊接作业时可产生多种有害烟雾,如电气焊时使用锰焊条,除可以产生锰尘外,还可以产生锰烟、氟化物、臭氧及一氧化碳,长期吸入可导致电气工人尘肺及慢性中毒。

(3)生产性噪声和局部振动危害。施工中使用的机械工具如钻孔机、电锯、振捣器及一些动力机械都可以产生较强的噪声和局部的振动,长期接触噪声可损害职工的听力,严重时可造成噪声性耳聋,长期接触振动能损害手的功能,严重时可导致局部振动病。

(4)高温作业危害。长期的高温作业可引起人体水电解质紊乱,损害中枢神经系统,可造成人体虚脱、昏迷甚至休克,易造成意外事故。

3. 防护措施

根据现场的具体情况识别、确定职业病危害种类,制订相应的防治措施。

有效防止职业病对作业人员造成人身伤害,从管理上明确项目经理部职能部室及施工现场管理人员多级责任制,分清在职业病预防上的岗位职责。

加强对施工作业人员的职业病危害教育,定期组织培训,使其提高对职业病危害的认识,掌握职业病防治的方法。

施工现场用高度不小于2 m的围挡封闭。

施工现场材料堆放整齐(散材成堆、型材成垛),现场临时仓库内各种袋(桶、箱)装材料码放成垛,小型材料上架存放。

接触粉尘作业的施工作业人员,在施工中尽量降低粉尘的浓度,在施工中采取不断喷水的措施降低扬尘,作业人员正确佩戴防尘口罩。

从事防水作业的施工人员严格按照操作规程进行施工,施工前检查作业场所的通风是否畅通,通风设施是否运转正常。作业人员在施工中要正确佩戴防毒口罩。密闭空间内进行防水作业容易导致一氧化碳中毒,如防护用具不能正常发挥作用,必须立即撤离现场,并通知现场其他人员在确保自身安全的前提下对该场所进行通风;若已出现中毒症状,立即报告项目经理部处理;慢性中毒症状比较不易被发现,对从事此类作业的施工人员每半年组织一次体检,发现职业病症状将立即通知本人并调离岗位,采取必要的治疗措施。

电气焊作业操作人员在施工中注意施工作业环境的通风或设置局部排烟设备,使作业场所空气中的有害物质浓度控制在国家卫生标准之下,在难以改善通风条件的作业环境中操作时,必须佩戴有效的防毒面具和防毒口罩。

进行噪声较大的施工作业时,施工人员要正确佩戴防护耳罩,并尽量减少噪声作业的时间。如因进行强噪声作业导致头晕、耳鸣等症状,立即停止作业并通知其他人员,症状严重者报公司应急救援小组送医疗机构治疗。

施工中所使用的设备要设置除尘装置,垃圾必须喷洒后方可用提升机或封闭专用垃圾道运输,严禁从窗口倾倒垃圾。细散颗粒材料的装卸运输必须要遮盖,现场专用道路要经常洒水,把粉尘污染降到最小。长期在高密度粉尘环境作业的施工人员必须佩戴防护口罩及其他必需的个人防护用品,防止吸入有毒粉尘。

长期从事高温作业的施工人员减少工作时间,注意休息,保证摄入充足的饮用水,并佩戴好防护用品。

从事有职业病危害作业的职工按照职业病防治法的规定定期进行身体健康检查,项目经理部将检查结果告知本人,并将体检报告存档。

第7章 设计与管理案例分析

7.1 道路设计案例——以深汕西高速公路道路设计为例

7.1.1 项目概况

沈阳至海口国家高速公路汕尾陆丰至深圳龙岗段(以下简称"本项目"、"深汕西高速公路")是沈阳至海口国家高速公路(G15)的重要组成部分。本项目分两段两期开工建设,分别为汕尾陆丰至惠州惠东段(深汕西改扩建二期)和惠州惠东至深圳龙岗段(深汕西改扩建一期)。其中惠州惠东至深圳龙岗段已于2019年底先期开工建设,本次交通组织总体方案分析范围为汕尾陆丰至惠州惠东段。

沈阳至海口国家高速公路汕尾陆丰至惠州惠东段改扩建项目K0+000~K71+288.002全长71.288 km,项目起于陆丰市潭西镇与深汕东高速交界处(K0+000),终于深汕合作区与惠阳惠东交界处(K71+288.002),本项目于1993年3月开工兴建,1996年12月28日开放试通车,历时三年零九个月,工程总投资41.09亿元。1998年1月通过广东省交通厅组织的交工验收。2008年11月—2009年11月对深汕高速公路西段路面工程进行了大修及交通安全设施施工,并于2011年7月通过了大修工程的竣工验收。深汕西高速现状为双向四车道,路基宽度为24.5 m,设计行车速度为100 km/h。本项目是联系粤东地区与珠三角核心区的交通大动脉,是粤东往来深圳的主要通道。将沈海高速公路汕尾陆丰至深圳龙岗段道路拓宽至八车道,可有效完善该区域的交通运行条件,提高珠三角核心区与粤东通道的通行能力,对优化广东省高速公路网络和提高路网整体容量具有重要的意义,将有效地完善国家与省高速公路网络的布局。

根据主体设计方案,推荐本项目采用"两侧拼接加宽为主、单侧拼接拓宽为辅、局部改线新建"的改扩建方案。本项目计划于2020年12月开工建设,通车时间为2023年12月,建设期3年。

7.1.2 施工图设计阶段的交通组织协调设计

在施工阶段,深汕西高速公路改扩建管理处召开多次施工交通组织协调会,并于2020年8月11日至12日召开施工图设计审查会议(含交通组织),会上达成如下一致意见。

同意分四个阶段实施的交通组织总体方案及采用的交通组织措施;同意交通组织总体方案以区域路网诱导分流为主、必要时段对局部路段强制分流为辅、基本维持双向四车道通行的分流原则;建议在改扩建施工期间对超限、危化品车辆进行强制分流,提高道路安全与通行能力;同时要求进一步完善改扩建期间交通组织管理应急机制和应急处理预案,建立联合应急救援抢险体系,实施有效应急管理;根据实际情况适当设置港湾式应急停靠点。

(1)进一步做好交通影响分析,完善诱导分流方案。

①应进一步调查周边路网交通量变化情况(如兴汕高速公路、国道G324线及本项目新建立交及一期通车等),对深汕西改扩建二期施工期间的交通影响做进一步研究分析。

执行情况:按审查意见执行。本项目依据最新2021年交通量数据,并根据沈海高速公路开阳段、阳茂段、茂湛段实行交通管制以来的交通状态,考虑到兴汕高速公路、国道G324线和本项目一期建设情况对本项目交通量的影响,对深汕西改扩建二期施工期间的交通影响做进一步研究分析。

②应结合周边高速公路网最新变化,分阶段完善诱导分流的步骤和措施,进一步调查、分析地方道路的通行能力,尽量利用"高(速)接高(速)"的诱导分流方式,以减少对地方交通的影响,并避免分流路径存在危桥等不适宜作为分流路径的情况,优化交通诱导分流方案设计和交通组织措施。

执行情况:按审查意见执行。通过对周边路网的养护情况进行调研,避免利用存在养护计划的道路进行分流,对周边路网的通行能力及服务水平进行预测分析,对周边路网主要道路是否能够承担分流压力进行分析。

(2)相关单位提出分车型、分路段限速方案,但限速路段不宜频繁变化。

应结合公安、交通管理部门的意见及公路交通状况、沿线设施等情况,完善改扩建路段限速、交通安全提示警示以及安全防护等标志、标线和设施,相关单位应进一步做好车速管控等工作。

执行情况:按审查意见执行。根据交警部门意见,对本项目道路中的危险品车辆不再进行强制分流,允许其使用项目道路继续通行。为确保安全,建议危险品车辆管理单位加强车辆在施工路段的管理。针对本项目中需要进行分段限速的路段重新进行分析,尤其是对存在限速差异的中央分隔带转换段等路段进行合理的限速设置,一般情况下限速发生改变的行驶距离不低于 2 km。

(3)进一步做好特殊工点交通组织方案设计,做好相关安全防护和交通疏导工作。

①相关单位提出上跨天桥拆建、中央分隔带改造、加宽方案变化段等特殊工况的交通组织,在施工期间局部路段、局部时段实行双向三车道、两车道或临时封闭通行的交通管制措施,应统筹考虑同类工况施工组织计划,分组织分批开展,尽量减少临时封闭的时间及次数,后续应合理优化天桥拆建具体时序,同时要结合公安、交通管理部门和高速公路运营管理单位的意见进一步优化完善交通组织方案设计,做好相关安全防护措施和交通疏导工作等。

执行情况:按审查意见执行。天桥拆建等特殊工点施工期间,依据施工单位提出的施工组织计划进行交通组织动态优化设计,尽量减少临时封闭或两车道保通的时间。

②桥梁拆除、互通立交匝道临时封闭施工时,应做好周边高速公路网、普通公路网的路径和分流的分析,研究分流路径的合理性,尽量通过相邻高速公路互通立交提前诱导分流;相关方案实施前应提前与地方交通、交警部门沟通协调,合理确定时间和周期。

执行情况:按审查意见执行。在特殊工点施工期间提前做好车流分流诱导措施,就分流诱导方案提前与地方交通、交警部门沟通协调。

(4)完善互通立交改建期间交通组织方案设计。

①补充研究二期工程新建、改建互通立交及其交通转换关系,以及利用新建互通立交进行交通转换或分流的可行性,以减少对地方公路通车的影响。

执行情况:按审查意见执行。本项目汕尾段立交较少,且间距较大,特别是起点潭西到汕尾城区埔边互通之间无既有立交,扩建后虽新增潭西互通和海丰东互通,但海丰东互通距离埔边互通约 12 km,距离长沙湾互通约 20 km,汕尾城区段通过新建海丰东互通与改建埔边、长沙湾互通之间进行交通转换,绕行距离较远,可行性较小。深汕合作区段,涉及既有互通立交段均已进行改线,在改线新建施工过程中对既有立交通行无影响。

②进一步完善改建互通立交设置临时分流车道的交通组织方案设计。

执行情况:按审查意见执行。对于互通立交临时分流车道交通组织进行了细化设计。

③确定埔边、长沙湾互通立交改造及主线抬高段等路段的交通组织方案时应结合地方要求,研究设置临时保通匝道的可行性,部分匝道应尽量不封闭或尽量减少封闭时间,同时结合长沙湾特大桥及主线抬高等扩建的工程方案,与交替封闭两个互通立交部分匝道的"联动"交通组织方案进行综合分析比较,要进一步细化分时段交通组织方案及应急预案,尽量缩短施工周期,减小对地方交通出行影响。如采用交替封闭方案,实施前需充分与地方交通管理部门做好沟通协调,提前向社会公告。

执行情况:按审查意见执行。长沙湾互通和埔边互通均为服务汕尾主城区的互通立交,长沙湾互通通过县道X142(香江大道西)连接汕尾主城区,埔边互通通过省道S242(国道G236)连接汕尾主城区,从深圳方向下行,从两互通去往汕尾主城区,用时相差不多。根据2019年交通流量示意图(见图7.1)可知(2020年开始因受疫情影响,交通量出现负增长,不具备参考性),近期汕尾城区往返汕头和深圳方向交通量均不大,特别是长沙湾立交往返汕头方向小于1000 pcu/d,因此为加快施工进度,减小改扩建期间对居民的影响,可采用交替封闭两个互通立交部分匝道的"联动"交通组织方案。

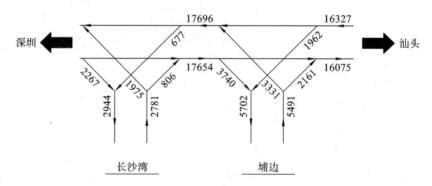

图7.1　2019年交通流量示意图(单位:pcu/d)

7.1.3　交通组织方案的补充细化

补充细化"非标"四车道通行期间各阶段各不同改扩建方案相关路段过渡段的交通转换具体方案设计如下。

(1)在明确交通转换中央分隔带开口设计原则的基础上,应全线统筹考虑并合理设置,补充完善各阶段中央分隔带开口和应急停车点设置的具体实施方案。建设单位应组织施工单位优化"非标"四车道通行期间的施工组织计划,会同设计单位合理确定交通转换的路段长度、次数和范围等,尽量减少交通转换次数,合理增加交通转换路段长度和转换口长度。

执行情况:按审查意见执行。补充完善各阶段中央分隔带开口和应急停车点设置的具体实施方案,以及转换的路段长度、次数和范围。

(2)应结合不同改扩建工程方案路段的施工组织方案和对应的交通组织方案,全线分阶段统筹考虑并合理设置交通转换点、应急停车点、中央分隔带转换口,进一步完善交通管制设施设置,设置必要的临时照明设施,建议按照"一开口一设计"的要求进行设计,并细化开口段长度、匝道出入口加减速车道长度及运营高速公路路外侧开口、交通安全措施等设计。

执行情况:按审查意见执行。补充交通转换、应急停车点、中央分隔带转换口的细部设计。

(3)同一时间段全线各种不同改扩建方案路段等交通组织变化衔接段考虑不足,应全线统筹考虑并细化不同改扩建方案(双侧扩转单侧扩、扩建转分离新建等)的衔接过渡方案。执行情况:按审查意见执行。

(4)临时交通管制设施应尽可能采用"永临结合方案",在确保安全的前提下,尽量利用旧设施或永久设施,以节省投资,避免浪费。执行情况:按审查意见执行。

(5)改扩建工程施工期间不确定因素较多,相关单位应充分考虑各种不利因素,结合项目特点、施工组织设计和节假日潮汐车流等情况,完善节假日交通组织专项方案和应急预案,明确相关程序和步骤,确保在发生较大交通拥堵时,第一时间启动应急分流方案,以有效缓解交通拥堵。应急预案中应补充并明确维持双向通行期间达到何种拥堵程度时,应启动远端诱导分流或强制分流方案,并据此完善远端诱导分流标志设置等。执行情况:按审查意见执行。

7.1.4 深圳惠州段安全提升措施

1. 减少交通管制时间,以组织控安全

(1)合理划分工作界面。将土路肩挖除、交通安全设施拆除、扩建路基既有路床以上部分工程量划入路面项目,确保路面施工前既有高速公路护栏、标志标牌等主要交通安全设施完好,减少交通管制时间,从而降低安全风险。

(2)优化设计方案。针对本项目旧路抬高段挡墙采用预制安装方案,抬高路基大量采用碎石和轻质土填筑;软基处理大量采用管桩设计方案等,可在确保施工质量的同时有效缩短施工周期。

2. 提升技术标准，以技术保安全

（1）提升保通辅道技术标准。针对全线需修建多处保通道路和保通桥梁的具体情况，为确保施工期间的运营安全，降低事故发生率，对保通辅道和保通桥梁根据保通车速要求进行了专项优化设计（包括平纵线形、路面结构以及质量标准等），工程量纳入合同清单并按实计量。

（2）提升临时交通安全设施标准。为有效降低改扩建施工期间交通事故发生率，项目对临时交通安全设施提出了明确的技术质量标准。其中电子导向灯要求为可升降式（最大高度不小于2.8 m，见图7.2），反光锥、水马、临时标志标牌等技术标准按永久交通安全设施标准执行。同时完善了永久、临时交通安全设施（包括标志、标线、波形梁护栏、轮廓标、隔离栅、防眩设施、防抛网、隔离墩、交通锥、防撞桶等，见图7.3、图7.4）材料的关键技术指标。

图7.2 可升降式电子导向灯

图7.3 标准化施工便桥、桥梁临边防护

图 7.4　施工作业防撞车应用设施

（3）提升临时护栏防撞等级。抬高段、拼宽桥梁临时护栏均按永久护栏防撞等级进行设计，并采用可拆卸的预制安装方案，后续可用于中央分隔带永久工程（见图 7.5）。

图 7.5　设计优化后的新泽西护栏快速吊装，承插式连接

3. 创新设计方案，以方案护安全

（1）调整中央分隔带预制护栏形式。本项目将标准图水泥混凝土预制护栏采用的背部螺栓钢管连接方式调整为端部卡扣式连接，同时增大了断面尺寸（标准图设计厚度为 32.5 cm，本项目设计厚度为 50.3 cm），提升了预制护栏的防撞能力，当该部分护栏用于半幅双向行驶的中间隔离时，将不再需要双片叠合的摆放方式，既可有效减少护栏的频繁吊装，又可释放一定的路面宽度（释放宽度 15 cm），提升道路行车安全性。

（2）临时隔离拼装组合设计、永临结合。为全面提升施工临时隔离标准，实现改扩建施工全过程施工区域和运营高速隔离，杜绝因人员横穿高速造成的交通事故。项目创新性提出施工隔离采用2 m长、0.9 m+0.9 m高钢板网隔离栅组合拼装方案,以实现快速安装、永临结合。其中,第一阶段在现有护栏板外侧安装0.9 m+0.9 m高隔离栅,后续拆除第一阶段隔离栅后再在水泥混凝土护栏上安装0.9 m高隔离栅,最后将临时隔离栅拆除后用于永久隔离。实施过程中隔离栅采用抱箍固定,增加抗风能力;在隔离栅立柱顶部设置红、白双色反光膜,确保夜间行车视线诱导;尽可能将波形梁护栏上封闭隔离栅路段应急疏散门间距加密到每500 m一道,尽量将新泽西护栏上封闭隔离栅路段应急疏散门间距加密到每100 m一道;优化逃生指引标志牌(采用高强反光材料,设置倾角确保反光面可视),优化抬高路段路侧爬梯设计。具体见图7.6~图7.8。

图7.6 隔离栅重复利用,永临结合

图7.7 隔离栅应急出口设计优化

图7.8 抬高路段疏散爬梯特殊设计

（3）优化相关标志、标牌及交通组织布控设计。在所有互通入口显著位置、主线每隔 1 km 设置 1 块"有事故，先撤离，后报警"安全警示告知牌，密集提醒过往车辆如遇紧急情况须疏散至安全地带；并对临时标志牌等进行了设计优化（见图 7.9），包括临时标志牌抗风设计，临时标志牌侵入建筑界限优化设计，优化板面底色、字色、字数等设计，优化永临结合轮廓标的设计，同时按照相关规定增设了团雾路段提示标志、危化品运输禁行标志等；根据《道路交通标志和标线 第 4 部分：作业区》（GB 5768.4—2017）和《公路养护安全作业规程》（JTG H30—2015）设计完善了不同工况下不同交通组织的布控设计图纸。

图 7.9 对临时指示、提醒标志牌进行设计优化

（4）智能化设施应用。项目创新应用道路交通安全智能化设施，如声光路锥、智能防闯入系统、智慧交通路锥等设施的应用，可大大提升涉路施工及高速公路运营的安全性。

（5）创新安全管理措施。建立信息共享及多方联动机制；牵头组建交通协管员队伍；加强日常管理，确保施工及运营双安全。详见图 7.10～图 7.13。

图 7.10 突发事件应急处理

图 7.11 降雨后组织进行专项安全巡查

图 7.12 降雨后桥台脱空,及时发现,立刻进行处理

图 7.13 夜间进行涉路作业路段安全巡查

7.2 桥梁设计案例——以跨沪杭高速公路特大桥设计为例

7.2.1 工程概述

沪杭高速铁路共有特大桥 7 座,总长 137.645 km,中桥 8 座,总长 0.357 km,小桥 25 座,总长 0.334 km。其中我部承担跨沪杭高速公路特大桥和步云特大桥的部分施工内容及 DK65+842 小桥全部施工任务,具体如下。

(1)跨沪杭高速公路特大桥:231～522 号共 292 个墩台的基础、墩台身及附属工程施工;跨 A7 高速公路、跨规划磁悬浮、跨善新公路、跨大云互通匝道、跨平黎公路、跨中心河、跨白水塘连续梁及附属工程施工;自锚上承式转体拱桥全部施工任务;329～522 号墩间 173 孔梁的预制、浇筑及架设。

(2)步云特大桥:1～249 号共 249 个墩台的基础、墩台身及附属工程施工;跨步云互通匝道、跨步云互通主干道、跨六里塘、跨十八里互通主干道连续梁及跨油车港连续刚构工程施工;全桥箱梁的预制架设施工。

(3)DK65+842 小桥全部施工任务。

桥梁均处于沿海地区软土地段,而且河流较多且水流缓慢,地表有杂草和小灌木,基础设计全部为钻孔桩,桩长 60～80 m,桥台采用双线矩形空心台,桥墩采用圆端形桥墩,结构形式为双线整孔单箱式简支梁,梁端顶板、底板及腹板局部向内侧加厚。

以下主要以跨沪杭高速公路特大桥为例进行介绍。

7.2.2 总体设计方案

261♯、262♯墩身施工完成后进行支承垫石施工并完成永久支座安装;安装 0♯块施工支架并铺设底模,吊装 0♯块外侧模并准确定位加固,准确调整底、侧模的标高及轴线位置,确认无误后进行 0♯块钢筋绑扎、波纹管定位及内模安装,最后绑扎顶板钢筋并安装预埋件,浇筑 0♯块混凝土并进行预应力张拉;吊装施工挂篮上桥并拼装成型,对称进行 1♯段施工,循环 9 次完成 2♯～10♯段施工;悬浇施工期间进行边跨现浇段的膺架搭设并完成 11♯段施工,安装边跨合龙段临时约束并利用挂篮模板完成边跨合龙,张拉相应的预应力索;拆除 10♯、11♯墩处临时固结约束,利用中跨挂篮的模板完成中跨合龙段施工,完成体系转化并最终形成三跨连续梁。悬臂浇筑连续梁施工工艺流程见图 7.14。

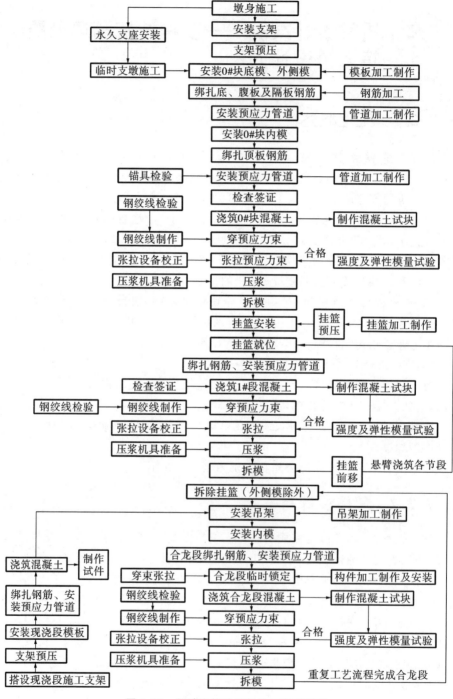

图 7.14 悬臂浇筑连续梁施工工艺流程

7.2.3 主要施工方案及分部实施方案

1. 支座安装

跨沪杭高速公路特大桥80 m连续梁设计采用球形支座,支座类型有固定、单向、多向三种。

(1)支座安装前检查。首先对桥梁跨度、支座位置及预留锚栓孔的位置、尺寸和支承垫石顶面高程进行检查,符合要求后进行支座安装。

(2)重力式灌浆法安装。①首先凿毛支座部位的垫石混凝土表面,清除预留锚栓孔中杂物,灌浆用5♯角钢作为模板,并用水将垫石表面充分湿润。②支座四角处用钢垫板调整标高,就位后,在支承垫石顶面与支座板之间预留3 cm的空隙,以方便灌浆。③灌浆采用重力灌浆方式,灌注前,首先准确计算所需浆体体积,备足材料后一次灌满。灌注结束后,实际灌注体积与理论计算值之间不应有较大误差,否则,应查明原因并重新灌注或补浆。④灌浆过程从支座中心部位向四周逐步扩散,直到从角钢与支座板周边间隙观察到浆体全部灌满为止。⑤待浆体强度达到20 MPa,拆除角钢并检查有无局部漏浆后,拧紧支座板锚栓。

(3)支座安装允许偏差和检验方法见表7.1。

表7.1 支座安装允许偏差和检验方法

序号	项 目		允许偏差/mm	检验方法
1	同端支座中心横向距离	偏差与桥梁设计中心对称时	+30,−10	测量
		偏差与桥梁设计中心不对称时	+15,−10	
2	支座板四角高差		1	
3	支座板中心十字线扭转		1	
4	固定支座中线的纵、横错动量		1	
5	活动支座中线的纵、横错动量		3	

2. 0♯块施工

墩身施工过程中,在合理位置预埋支撑支架连接钢板及支架杆件,墩身施工完成后进行支架安装,并完成0♯块底模安装,分段吊装0♯块侧模并调整轴线、标高到设计位置后进行支架预压,支架预压后消除其非弹性变形并准确测量其弹性变形,为0#块底模预拱度设置提供依据;卸载后进行0#块钢筋绑扎,端模、内模安装及预应力管道定位,浇筑0#块混凝土并进行预应力张拉、孔道压浆。

(1)支架施工。

跨沪杭高速公路特大桥48 m+80 m+48 m连续梁0#块支架施工要点如下。

①支架预压。支架安装完成后,铺设0#块底模并吊装外侧模,准确定位后对支架进行预压,一方面消除支架各部件之间的非弹性变形,另一方面测量支架在各级荷载作用下的弹性变形,为0#块底模的预拱度设置提供依据。

②支架预压荷载的计算。根据相关通用参考图纸(图号:通桥(2015)2368A-Ⅳ),0#块设计混凝土体积为251.62 m^3,其中部分混凝土由墩身两侧支撑支架承受,其体积为178.94 m^3,单侧混凝土重量为232.6 t,内模重量按照5.0 t计算,施工荷载取梁体混凝土重量的10%即23.76 t,合计预压重量为256.36 t。

③预压材料。为了使支架承载更接近于箱梁施工实际荷载以及预压加载操作方便,箱梁底板、腹板、顶板重量采用砂袋进行加载。砂袋重量控制方法如下:a.对进场预压的砂子总重量进行控制,确保与预压荷载要求基本一致;b.装袋过程中按照每袋20 kg进行控制,并随时用磅秤进行抽查;c.吊装过程中通过安装在吊车操作室的重量显示器提取每批砂袋的重量,并做好记录,保证砂袋总重量满足预压要求。

(2)临时支墩实施情况。

①临时支墩设计见图7.15。

②施工控制工艺。a.在主墩墩身施工时,测量准确定位临时支墩的中心位置,并安装预埋钢筋。b.临时支墩混凝土随支座垫石混凝土同步浇筑,浇筑过程中由操作人员进入进行捣固,保证临时支墩混凝土密实。c.支墩顶部预埋钢筋与0#块钢筋焊接牢固后进行0#块混凝土浇筑,完成墩梁临时固结。d.完成边跨合龙后,凿除临时支墩混凝土,用氧气-乙炔切割临时支墩钢筋,拆除临时支墩。

(3)模板制作安装。

①0#块模板制作。总体原则:侧模及底模综合考虑悬浇挂篮用侧模及底模。a.侧模。0#块侧模纵向共分三段,长度均为4.0 m,其中墩顶一段4.0 m只在0#块使用,其余两段兼作悬浇挂篮外模使用。其中每段在竖向又分三节,节段之间采用螺栓连接。b.底模。0#块底模纵向分三段,长度分别为4.3 m、

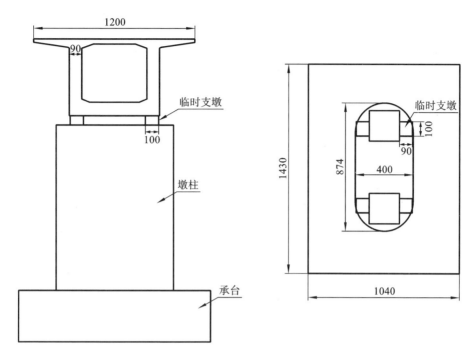

图 7.15 临时支墩设计(单位:cm)

3.0 m、4.3 m,其中墩顶部分 3.0 m 只在 0♯块使用,其余两段 4.3 m 兼作悬浇挂篮底模使用。c.端模及内模。由于设计每个梁段的横截面不同,端模采用厚2.0 cm 的木板加工组拼而成,加工时将纵向钢筋及预应力管道的位置提前预留。内模平模部分采用 6015 组合钢模,倒角部分采用 5.0 cm 厚的木板加工而成。

②模板安装。0♯块侧模、底模采用吊车吊装,模板安装允许偏差及检验方法见表 7.2。

表 7.2 模板安装允许偏差及检验方法

序号	项目	允许偏差/mm	检验方法
1	轴线位置	5	尺量
2	表面平整度	5	靠尺和塞尺
3	高程	±5	测量
4	模板侧向弯曲	$L/1500$(L 为梁跨度)	拉线尺量
5	两模板内侧宽度	+10,-5	尺量
6	相邻两板表面高差	2	尺量
7	底模拱度	+5,-2	测量

(4)钢筋加工及安装。

钢筋由调直机调直、断筋机下料、钢筋弯曲机进行弯曲。80 m 连续梁的钢筋在钢筋加工厂集中加工,平板车运输到桥位处,吊车垂直运输到模内或梁面,人工倒运并绑扎安装成型。

①钢筋加工技术要求。a.钢筋加工的品种、级别、规格、数量等必须符合设计要求。b.受力钢筋连接方式及连接质量须符合设计及验收标准要求。c.为控制钢筋特别是箍筋的加工精度,所有箍筋均在胎具中加工完成,并预先加工部分样品,经检查符合设计尺寸要求后方可大批量加工。钢筋加工允许偏差及检验方法见表 7.3。

表 7.3　钢筋加工允许偏差及检验方法

序号	项目	允许偏差/mm	检验方法
1	受力钢筋全长	±10	尺量
2	弯起钢筋的弯起位置	20	
3	箍筋内净尺寸	±3	

②钢筋安装技术要求。a.安装的钢筋品种、级别、规格、数量必须符合设计要求。b.0♯块钢筋绑扎顺序为先底、腹板底层,后横隔板,最后底、腹板顶层,内模安装完成后绑扎顶板钢筋并同步定位预应力管道,底、腹板钢筋绑扎时同步穿插安装、定位预应力管道。c.所有钢筋必须严格按照设计图纸的要求进行安装,安装过程中,如非预应力钢筋与预应力孔道、定位钢筋、锚头、锚垫板螺旋筋相抵触,非预应力钢筋位置可适当进行调整。d.钢筋保护层垫块位置和数量应符合设计要求。当设计无具体要求时,构件侧面和底面的垫块数量不应少于 4 个/m²,且绑扎垫块的铁丝头不得伸入保护层内。钢筋安装及钢筋保护层厚度允许偏差和检验方法见表 7.4。

表 7.4　钢筋安装及钢筋保护层厚度允许偏差和检验方法

序号	名称		允许偏差/mm	检验方法
1	受力钢筋排距		±5	尺量,两端、中间各 1 处
2	同一排中受力钢筋间距	基础、板、墙	±20	
		柱、梁	±10	

续表

序号	名称		允许偏差/mm	检验方法
3	分布钢筋间距		±20	尺量,连续3处
4	箍筋间距	绑扎钢筋	±20	尺量,连续3处
		焊接骨架	±10	
5	弯起点位置(加工偏差±20 mm包括在内)		30	尺量
6	钢筋保护层厚度 c	$c \geqslant 35$ mm	+10,−5	尺量,两端、中间各2处
		25 mm$<c<$35 mm	+5,−2	
		$c \leqslant 25$ mm	+3,−1	

(5)预埋件制作及安装。

预埋件、预留孔种类统计见表7.5。

表7.5 预埋件、预留孔种类统计

序号	预埋件、预留孔名称	预埋部位	检验方法
1	支座预埋钢板	支座处梁底	测量定位
2	防落梁预埋钢板	两支座内侧	测量定位
3	梁底泄水孔	梁底中心线	尺量
4	梁端综合接地端子	梁底、顶面	尺量
5	通风孔	两侧腹板	尺量
6	梁顶泄水孔	挡碴墙内侧	尺量
7	挡碴墙、竖墙钢筋	梁顶	测量
8	接触网支柱基础	梁顶	测量
9	封端混凝土灌注孔	梁顶	尺量

(6)混凝土浇筑及养护。

根据设计文件,跨沪杭高速公路特大桥A7段80 m连续梁所处环境类别为碳化环境,作用等级为T1,设计梁体混凝土强度等级为C50。箱梁混凝土由混凝土拌和站集中拌制,混凝土运输车运输到位,混凝土输送泵泵送入模,插入式振捣器振捣成型,箱梁顶面采用振捣梁进行整平,人工收面;混凝土的养护采用自然养护,浇筑完成后,及时对混凝土暴露面进行覆盖包裹,其余部位采取带模包裹的措施进行保湿、潮湿养护。

①混凝土浇筑。

a.混凝土浇筑前,首先仔细检查支撑支架、模板、钢筋、预埋件的紧固程度和保护层垫块的位置、数量,并确保将模内的杂物清除干净后,方可开始浇筑混凝土。

b.混凝土浇筑过程中需要严格控制混凝土入模温度。在炎热气候条件下,混凝土入模时的温度不宜超过 30 ℃,应避免模板和新浇筑混凝土受阳光直射,控制混凝土入模前模板和钢筋的温度以及附近局部气温不超过 40 ℃。

c.混凝土浇筑采用从腹板下料,先浇筑腹板与底板连接处,然后从内模顶板预留的天窗下料浇筑底板剩余的混凝土;底板浇筑完成后,再分层浇筑腹板及顶板混凝土。箱梁混凝土浇筑顺序见图 7.16。首先从腹板位置下混凝土浇筑图中①②区域,每 40 cm 一层,振捣主要采用插入式,先浇筑底板 80 cm 左右;接着浇筑腹板与底板交接处的③区域,该层浇筑厚度不宜超过 1 m,并加强振捣使倒角处充分翻浆以保证倒角处密实;然后每 30 cm 一层浇筑④⑤⑥⑦区域,待底板停止翻浆后再打开内模顶板上梅花形布置的天窗,通过天窗下混凝土补充底板的⑧区域,直至底板混凝土浇筑完成后,关闭天窗。分层对称从腹板位置下混凝土浇筑图中⑨⑩区域,最后再分层浇筑顶板,分层厚度不超过 30 cm。

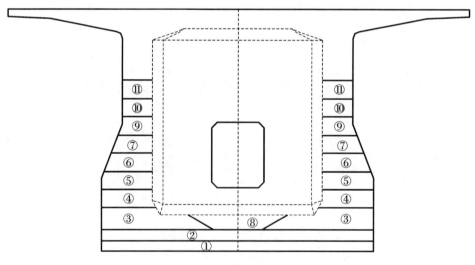

图 7.16　箱梁混凝土浇筑顺序图序

d.混凝土浇筑时先从横隔板下料浇筑墩顶部分混凝土,然后由箱梁中间向梁端对称下料浇筑。水平分层厚度不大于 40 cm,先后两层混凝土的间隔时间不超过初凝时间。

e. 混凝土采用插入式振捣器振捣。插入式振捣器的移动间距不大于振捣器作用半径的 1.5 倍,且插入下层混凝土内的深度为 5~10 cm,与侧模要保持 5~10 cm 的距离。当振捣完毕需要变换振捣棒在混凝土拌和物中的水平位置时,要边振捣边竖向缓慢提出振捣棒,不得将振捣棒在混凝土中平拖,更不得用振捣棒驱赶混凝土。振捣时不得碰撞模板、钢筋和预埋部件;每一振点的振捣延续时间为 20~30 s,具体以混凝土不再沉落、不出现气泡、表面呈现泛浆为度,防止过振、漏振。

f. 混凝土浇筑过程中,要有专人检查支架、模板、钢筋和预埋件等的稳固情况和接缝的密合情况,发现有松动、变形、位移和漏浆时及时处理。

g. 混凝土振捣完毕后,及时用振捣梁修整、整平混凝土裸露面,待定浆后再由人工进行二次赶压收面。

②混凝土养护。

a. 混凝土养护期间,重点加强混凝土的湿度和温度控制。

b. 顶板混凝土进行二次收面后,及时用塑料薄膜和棉被对暴露面进行紧密覆盖,防止表面水分蒸发。侧面、底面采用带模包裹进行保湿、潮湿养护。在包裹、覆盖期间,包裹覆盖物要求完好无损,彼此搭接完整,内表面随时有凝结水珠,保持混凝土表面充分潮湿。梁体养护用水与拌制梁体混凝土用水相同。

c. 混凝土持续养护的时间必须满足《铁路混凝土工程施工质量验收补充标准》(铁建设〔2005〕160 号)中表 6.4.9 的要求。

d. 混凝土养护期间,混凝土内部最高温度不宜超过 65 ℃,混凝土内部温度与表面温度之差、表面温度与环境温度之差、养护用水温度与混凝土表面温度之差不得大于 15 ℃。

③温度监控方案。

为准确掌握混凝土浇筑完成后箱梁各部位混凝土的温度,需在不同部位布置测温点进行温度监控,包括 0♯块横隔板、腹板根部加厚段截面、梁端截面。外界环境温度采用红外电子测温计进行测量,混凝土表层及芯部温度采用预埋测温元件的方式进行监测。混凝土升温过程中现场委派专人值班,进行不间断测量,并对测试结果进行准确统计。

(7)预应力张拉。

①预应力材料的要求。

跨 A7 高速公路特大桥 80 m 连续梁设计采用三向预应力体系,纵向钢绞线有 12-7φ5、9-7φ5 两种类型,采用外径 91 mm 的塑料波纹管成孔;横向钢绞线采用12-7φ5型,采用70 mm×19 mm金属波纹管成孔;竖向采用32 mm精轧螺纹钢,42 mm金属波纹管成孔。波纹管、钢绞线、锚具等质量及检验方法必须符合《铁路混凝土工程施工质量验收补充标准》(铁建设〔2005〕160号)中7.2的要求。

②预留孔道的定位。

a.梁段内按设计要求每隔一定距离(以直线段不大于0.8 m、曲线段不大于0.5 m的间距进行加密)设一"井"形定位钢筋网片,用以固定管道位置。为避免混凝土浇筑时水泥浆进入锚垫板发生堵塞现象,波纹管要延伸至锚垫板口,并用胶带将接口处密封。

b.纵向预应力筋采用外径91 mm的塑料波纹管制孔。横向预应力筋采用70 mm×19 mm金属波纹管制孔。波纹管的连接采用专用接头或大一号同类型波纹管作为接头管,接头管长大于300 mm。波纹管连接后用密封胶带缠封接头,避免混凝土浇筑时水泥浆渗入管内。

c.波纹管的安装位置要准确,并可靠固定,确保在混凝土浇筑过程中不跑位。预留孔道位置允许偏差及检验方法见表7.6。

③预应力钢绞线下料、穿束。

跨A7高速公路特大桥80 m连续梁纵、横向设计采用高强度低松弛钢绞线(规格1×7,公称直径15.2 mm、强度等级$f_{pk}=1860$ MPa、弹性模量$E_p=1.95×10^5$ MPa)。钢绞线在桥位处现场下料、编束,验收合格后,方可进行穿束作业。

表7.6 预留孔道位置允许偏差及检验方法

序号	项目		允许偏差	检验方法
1	纵向	距跨中4 m范围内	6 mm	尺量跨中1处
		其余部位	8 mm	尺量1/4、3/4跨各1处
2	横向		5 mm	尺量两端
3	竖向		$h/1000$	吊线尺量

注:h为构件高度。

a.预应力钢绞线下料。钢绞线采用砂轮切割机切割下料。钢绞线的下料长度除满足设计要求的孔道长度外,还要充分考虑现场张拉千斤顶的型号、工具锚的大小及穿束、张拉方式。下料长度的允许偏差和检验方法应符合表7.7的要求。

表7.7 下料长度的允许偏差和检验方法

序号	项目		允许偏差/mm	检验方法
1	钢绞线	与设计长度差	±10	尺量
		束中各根钢绞线长度差	5	
2	预应力螺纹钢筋		±50	

钢绞线下料后应理顺并分根编束,每隔2 m左右绑扎细铁丝,编束后的钢绞线应顺直并按长度、孔位编号挂牌存放。

b.预应力钢绞线穿束。钢绞线采用人工穿入管道。穿索过程中钢绞线不得交叉、缠绕,穿束后钢绞线端头用包装薄膜包裹,以防锈蚀。

④预应力张拉。

a.张拉设计要求。梁体采用纵、横、竖三向预应力体系:纵向预应力索顶底板采用12-φ15.24钢绞线,腹板采用9-φ15.24钢绞线,采用YCT250型千斤顶张拉;横向预应力索采用4-φ15.24钢绞线,每束张拉控制应力为1283.4 MPa;竖向预应力钢筋采用32 mm精轧螺纹钢筋(强度标准值830 MPa),采用配套JLM型锚具,张拉力为635 kN。混凝土达到设计要求即可张拉。钢索特性及张拉要求见表7.8。

表7.8 钢索特性及张拉要求

钢索编号	钢绞线类型	张拉控制应力/MPa	张拉力/kN	张拉类型
T1~T7	12-7φ5	1255	2108.4	两端同时张拉
T8~T14	12-7φ5	1240	2083.2	两端同时张拉
M1~M8	9-7φ5	1302	1640.5	两端同时张拉
SW1~SW2	9-7φ5	1264.8	1593.6	靠跨中侧张拉
W1~W2	9-7φ5	1264.8	1593.6	两端同时张拉
SB1	12-7φ5	1250	2100	靠跨中侧张拉
SB2~SB4	12-7φ5	1250	2100	两端同时张拉
SB5~SB6	12-7φ5	1250	2100	靠跨中侧张拉
B1~B10	12-7φ5	1250	2100	两端同时张拉
H1	12-7φ5	1255	2108.4	一端张拉,每端张拉束数之半
Y	12-7φ5	1250	2100	两端同时张拉

b.预应力张拉均一次张拉,张拉顺序见表7.9。

表 7.9 梁体预应力张拉顺序

一	浇筑 0#梁段,张拉 4T1、6M1		
二	悬浇阶段		
	序号	悬浇梁段	张拉钢束号
	1	A1、B1	2T2、6M2
	2	A2、B2	2T3、6M3
	3	A3、B3	2T4、4M4
	4～6	A4、B4～A6、B6	2T5、4M5～2T7、4M7
	7	A7、B7	4T8、4M8
	8	A8、B8	4T9
	9	A9、B9	2T10
	10	A10、B10	4T11
三	边跨合龙前,张拉 2T14、2SB2		
四	边跨合龙后,张拉 2T12、2T121、2T13、2SW1、2SW2、2SB3、4SB4、4SB5		
五	中跨合龙前,张拉 2H1、2SB1		
六	中跨合龙后,张拉 4SB1、4SB6、2W1、2W2、2B1、4B2～4B6、6B7、4B8、6B9、4B10		

c. 两端整体张拉应按"对称、均衡"原则进行,相同编号的钢束应左右对称进行张拉。张拉顺序按设计文件要求确定。张拉采用张拉力为主、伸长量作为校核的原则进行双控。预应力张拉工艺流程见图 7.17。

d. 预应力钢绞线的张拉程序。箱梁预应力施工采用双控法,以应力控制为主,伸长值作校核,其张拉程序为:0→初应力($0.2\sigma_{con}$)(做伸长量标记)→σ_{con}(静停 5 min)→补拉到 σ_{con}(测伸长量)→锚固。注:σ_{con}指设计应力与各种孔道摩阻之和。

e. 张拉施工工艺。(a)千斤顶的中心与锚板中心在同一中心线上,并相互密贴。(b)纵向预应力筋采用两端两侧同时对称张拉,即四台张拉千斤顶同时工作。张拉完成后通过计算得出工作锚夹片回缩及自由长度的伸长值,从而与理论伸长值进行校核。如果实测伸长值与理论伸长值之差超出设计规定,须将钢绞线松开,重新进行张拉,张拉控制以应力与伸长值进行双控。(c)按每束根数与相应的锚具配套,带好夹片,将钢绞线从千斤顶中心穿过。张拉时当钢绞线的初始应力达到 $0.2\sigma_{con}$时停止供油。检查工具夹片情况完好后,画线做标记。向千斤顶油缸供油并对钢绞线进行张拉,张拉力的大小以油压表的读数为主,以预

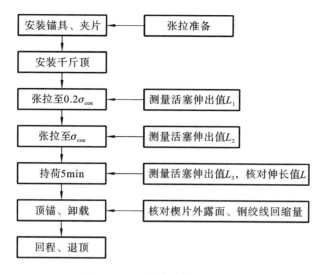

图 7.17 预应力张拉工艺流程

应力钢绞线的伸长值加以校核,实际张拉伸长值与理论伸长值的误差应控制在 ±6% 范围内,每端钢绞线回缩量应控制在 6 mm 以内。油压达到张拉吨位后,关闭主油缸的油路,并持荷 5 min,测量钢绞线伸长量并加以校核,检查夹片外露量、平整度、钢丝滑动、断丝情况并记录;并按规范要求切除外露钢绞线。若油压有所下降,须补油到设计吨位的油压值,千斤顶回油,夹片自动锁定则该束张拉结束。(d)竖向及横向预应力钢筋采用单端单根张拉,认真做好张拉过程中的记录并整理。

(8)孔道压浆。

预应力张拉完成后,孔道应尽早压浆。纵向及横向预应力张拉完成后,应及时切除多余钢绞线,封堵锚头,封锚水泥浆强度达到 10 MPa 时即可压浆,纵向预应力钢束采用真空辅助式压浆工艺。竖向预应力钢筋张拉完成后应从下端预埋的三通管内向上压浆。压浆前,应对孔道进行清洁处理。首先用高压水将孔道内杂物冲洗干净,冲洗后,用高压风将孔道内的所有积水吹出。孔道灌浆的材料必须符合设计要求。浆体必须具有流动性好、不泌水、无收缩等性能,可灌时间满足施工工艺要求。浆体的水胶比应低于本体混凝土,且不大于 0.35。浆体终凝时间不大于 24 h。

浆体拌和时应先加入水,再放入水泥,经充分拌和以后,再加入外加剂(粉煤灰、高效减水剂等),拌和时间不少于 2 min,直至达到均匀的稠度为止。

浆体的拌制采用连续方法进行,每次自拌制至压入孔道的时间不超过 45 min。

对于因延迟使用导致流动度降低的浆体,不得通过加水来增加其流动度。

真空辅助压浆工艺,压浆应从最下层孔道开始,压浆泵采用连续式,同一管道压浆应连续进行,一次完成。压浆前,孔道真空度确定在 $-0.1 \sim -0.06$ MPa 之间,当孔道出浆口的浓度与进浆浓度一样时,开始封闭保压,保压时间不少于 2 min,保持压力不小于 0.5 MPa。

孔道压浆时同步填写施工记录。

3. 挂篮安装

(1)挂篮结构及组成。

①挂篮结构。跨沪杭高速公路特大桥跨 A7 高速公路连续梁挂篮结构见图 7.18。

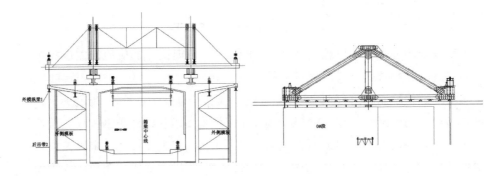

图 7.18 挂篮结构

挂篮选用三角形挂篮。其主要性能参数详见表 7.10。

表 7.10 挂篮主要性能参数

序号	项目	性能参数
1	适用最大梁段重	2000 kN
2	施工最大梁段长	4 m
3	挂篮自重	70 t
4	走行方式	无平衡重自行
5	挂篮的倾覆稳定系数	走行时为 2.1;浇筑时为 3.56

②挂篮组成。挂篮由主构架、底模架、悬吊装置、内外模板、行走及锚固系统等组成。主构架是挂篮的主要承重部分,由两片桁架及连接系和门架组成。桁架的构件均用 2[32c 组焊而成,节点采用栓接。底模架的纵梁由 I36b 组焊而

成,底模架的前后横梁由 2[40b 组焊而成,挂篮的前后吊点均设在前后横梁上,前、后横梁各设 2 个吊点。

前上横梁由 2I56b 和钢板组成,连接于主构架前端的节点处,将两片桁架连成整体,上布 10 个吊点,其中 4 个吊点吊底模前横梁,4 个吊点吊外侧模走行梁,2 个吊点吊内模走行梁。

前吊带由高强度钢板用销子连接而成,调节孔间距为 100 mm,可以满足各梁段梁高变化的需要。

前吊带下端与底模架前横梁连接(销接),上端支承在主构架前上横梁上,每根吊带用两个 LQ32 手动千斤顶及扁担梁悬吊。

后吊带采用 32 mm 精轧螺纹钢制成,亦设置间距为 50 mm 的调节孔,用两个 LQ32 千斤顶及扁担和垫梁支承在已浇筑好的梁段底板上。

箱梁外侧模采用大块整体式钢模板,面板为冷轧钢板,厚度 6 mm,竖肋由[10 槽钢焊接而成。外侧模支承在外模两个走行梁上,走行梁用 2[40b 组焊而成。

内外模之间利用 $\phi 20$ 拉杆连接,为重复使用,保证混凝土外观质量,拉杆加套内径 25 mm 的 PVC 套管,在混凝土脱模后采用同标号、同配比的砂浆封堵。挂篮走行装置由轨道、钢(木)枕、前后支座、手动葫芦等组成。轨道由 2I25b 及 $\delta 10$ 钢板组焊成 II 型断面。前后支座各两个,前支座支承在轨道顶面,在轨道顶面铺设聚四氟乙烯滑板。后支座以后勾板的形式沿轨道下缘滑动,不需要加设平衡重,手动葫芦牵引前支座,使整个挂篮向前移动。

挂篮在浇筑混凝土时,后端利用 12 根 $\phi 32$ 精轧螺纹钢锚固在轨道上,轨道锚固在已成梁段的竖向预应力筋上。挂篮锚固时,利用千斤顶将后支座后勾板脱离轨道,然后锚固。

(2)挂篮主构架预压及安装。

挂篮主构架加工完成后,在吊装上桥前进行试拼装并预压,一方面检验挂篮的安全性能,另一方面消除挂篮主构架的非弹性变形并准确测量挂篮在各级荷载作用下的弹性变形,为悬浇梁段的底模标高调整提供依据。

①主构架的加载程序。根据各个梁段的长度及重量,准确计算出主构架在各个节段下的受力情况,对照分级加载;每级荷载为设计荷载的 50%、80%、100%,每级加荷完成后,持荷 30 min,持荷完成后观测并记录各项读数,对构件分级卸荷,测试共进行三次。各节段加载数据见表 7.11。各节段加载力值及对应的油表读数见表 7.12。

表 7.11 各节段加载数据

节段号	梁体设计重量/t	模板重量/t	长度/m	设计重量总计/t	考虑系数(1.2)后重量/t	双支前吊点实际反力/t	单片加载值/t	下后锚受力/kN	单侧/kN
1	136.9	35	2.7	177.7	213.27	87.68	43.84	125.59	62.80
2	130.8	35	2.7	171.5	205.81	84.61	42.31	121.20	60.60
3	134.2	35	3.1	175.7	210.79	96.03	48.01	114.77	57.38
4	134.0	35	3.5	176.2	211.47	105.74	52.87	105.74	52.87
5	127.7	35	3.5	169.9	203.82	101.91	50.96	101.91	50.96
6	122.0	35	3.5	164.2	197.02	98.51	49.25	98.51	49.25
7	117.0	35	3.5	159.2	191.01	95.51	47.75	95.51	47.75
8	107.5	35	3.5	149.7	179.61	89.81	44.90	89.81	44.90
9	102.2	35	3.5	144.1	172.92	86.46	43.23	86.46	43.23
10	100.5	35	3.5	141.8	170.21	85.11	42.55	85.11	42.55

表 7.12 各节段加载力值及对应的油表读数

节段号	单侧/kN	加载50%/kN	油表读数/MPa	加载80%/kN	油表读数/MPa	加载100%/kN	油表读数/MPa
1	62.80	313.986	27.54	352	30.90	440	38.68
2	60.60	303.001	26.57	344	30.19	430	37.80
3	57.38	286.915	25.15	384	33.73	480	42.22
4	52.87	264.341	23.15	424	37.27	530	46.64
5	50.96	254.781	22.31	408	35.85	510	44.87
6	49.25	246.27	21.55	392	34.44	490	43.10
7	47.75	238.766	20.89	384	33.73	480	42.22
8	44.90	224.514	19.63	360	31.61	450	39.57
9	43.23	216.144	18.89	344	30.19	430	37.80
10	42.55	212.765	18.59	344	30.19	430	37.80

由此可知理论计算的最大加载梁段为第 4 号段,在试验过程中所采用的数据以第 4 号段的数据作为参考。

②数据分析及处理。三角形挂篮静载试验数据见表7.13。

表7.13 三角形挂篮静载试验数据

序号	荷载值/kN	压力表读数/MPa	检测数据/mm			备注
			第1次	第2次	第3次	
1	0	0.0	189	225	226	后锚值197 mm
2	50	4.2	238	233	235	
3	100	8.6	242	241	243	
4	150	13.0	246	247	247	
5	200	17.5	248	251	253	
6	250	21.9	251	255	257	
7	300	26.3	254	261	260	
8	350	30.7	257	264	263	
9	400	35.1	263	269	269	
10	450	39.6	268	273	273	
11	500	44.0	275	279	2275	
12	530	45.8	288	287	288	后锚值228 mm
13	0	0	225	226	226	

附注:后支座总变形量=228−197=31(mm)。

第一次试压变形量包括弹性变形及非弹性变形,非弹性变形量 Δ_1 为:

$$\Delta_1 = 1/2 \times (225-189) - 15.5 = 18 - 15.5 = 2.5 \text{(mm)}$$

挂篮拼装过程中主构架节点板螺栓采用电动扳手紧固,扭矩测力扳手检测,尽量减少销孔间隙,故其非弹性变形很小。

第二次、第三次试压变形量以弹性变形为主:

$$\Delta_2 = 1/2 \times (287-226) = 30.5 \text{(mm)}$$

$$\Delta_3 = 1/2 \times (288-226) = 31 \text{(mm)}$$

此外考虑后支座变形量15.5 mm,弹性变形量 Δ_4 为:

$$\Delta_4 = 1/2 \times (30.5+31) - 15.5 = 15.25 \text{(mm)}$$

悬浇梁各节段挂篮变形量见表7.14。

表 7.14 悬浇梁各节段挂篮变形量

序号	节段号	混凝土重量/kN	120%混凝土重量/kN	力矩值/(kN·m)	弹性变形量/mm	非弹性变形量/mm	备注
1	试验段	1762.27	2114.72	52.87	15.25	2.50	试验段采用4号段最不利段,重量值为梁段设计重量,力矩值采用设计重量的120%计算出结果
2	1#	1777.28	2132.74	43.84	12.65	0.00	
3	2#	1715.10	2058.12	42.31	12.20	0.00	
4	3#	1756.62	2107.95	48.01	13.85	0.00	
5	4#	1762.27	2114.72	52.87	15.25	0.00	
6	5#	1698.54	2038.25	50.96	14.70	0.00	
7	6#	1641.80	1970.16	49.25	14.21	0.00	
8	7#	1591.77	1910.12	47.75	13.77	0.00	
9	8#	1496.76	1796.11	44.90	12.95	0.00	
10	9#	1440.96	1729.15	43.23	12.47	0.00	
11	10#	1418.43	1702.12	42.55	12.27	0.00	

③挂篮安装。找平钢垫枕:0#段张拉注浆完毕后,用薄钢板找平轨道处垫枕位置的梁顶面,要求两个前支点处梁顶面标高差控制在3 mm范围内。前支座处铺4根钢枕,在轨道接缝处也要铺设钢枕。

安装轨道:从0#段梁端向中间安装轨道,精轧螺纹钢筋通过连接器接长后,用锚轨扁担将轨道锚固,精轧螺纹钢筋高出轨道顶面22～24 cm,抄平轨道顶面,量测轨道中心距无误后,用螺母把轨道锁定,用螺栓在轨道接缝处将轨道连接成整体。

安装前后支座:先从轨道前端穿入后支座,后支座就位后安放前支座。

吊装主构架:主构架分片吊装,先吊装远离塔吊位置的一片,放至前后支座上,并旋紧连接螺栓,用脚手架临时支撑。按上述方法再吊装另一片主构架。

安装主构架之间的连接系:用φ32精轧螺纹钢和扁担梁将主构架后端锚固在轨道上,调整两片主构架的相对位置后安装连接系。

吊装前上横梁:前上横梁吊装前,在主构梁前端先安放作业平台以便作业。前上横梁上的上、下垫梁及2根钢吊带一起组装好后,整体起吊安装,待底模架拼装完成后安装千斤顶。

安装后吊带:在0#段底板预留孔内,安装后吊带、千斤顶和上垫梁,后吊带从底板穿出与底模架连接。

吊装底模架及底模板：底模架吊装前拆除0♯段底部部分支架，底模架后部插入0♯段箱梁底部，前端与前吊带用销子连接。

安装外侧模板：挂篮外侧模首先用于0♯段施工，在上述拼装程序之前，将外模走行梁先放至外模竖框架上，后端插入后吊架上(0♯段顶板上预留孔，先把后吊架安放好)，两走行梁前端用倒链和钢丝绳吊在前上横梁上。用倒链将外侧模拖至1♯段位置，在0♯段中部两侧安装外侧模走行梁后吊架，解除0♯段上的后吊架。每个后吊点预留两个孔，间距约15 cm，在底模后横梁和外模走行梁间安装1个10 t倒链。

吊装内模架：内模架首先使用在0♯节段，待1♯节段需要使用内模架时，吊装内模架走行梁穿入0♯节段，临时固定在横隔板预埋件上，同时利用横隔板梁体变化处预留孔安装后吊杆，待内模脱模后，利用倒链前移至1♯节段，前吊点采用φ32精轧螺纹钢筋，φ20钢丝绳和10t倒链用于调整模板标高。

调整立模标高：挂篮弹性及非弹性变形值，加上设计立模标高值，为1♯段的立模标高，底模的标高通过前上横梁上的千斤顶调整，外模和内模的标高通过内外模走行梁前端的倒链调整。

④挂篮走行及就位。首先找平1♯段轨道处的梁顶面并铺设钢枕及轨道；放松底模架的前后吊带，放松内外模的前后吊杆，拆除内外模后吊杆中的离梁端较近的吊杆，将吊架放在内外模走行梁上；拆除后吊带与底模架的连接，利用10 t倒链使底模的重量作用在外模走行梁上；解除挂篮后端锚固螺杆；轨道顶面安装2个5 t倒链(一套挂篮)，并标识好前支座的位置(支座中心距梁端50 cm)；用两个32 t千斤顶将挂篮前支点顶起约3 cm，塞入聚四氟乙烯板，用倒链牵引前支座使挂篮、底模架、外侧模一起向前移动，挂篮后部设10 t保险倒链；挂篮移动到位后，将外侧模走行梁的后吊架前移至1♯段端部；安装后吊带，将底模架吊起；调整立模标高。

4. 悬浇梁段(1♯～10♯段)施工

悬浇梁段钢筋加工及安装、内模安装、混凝土浇筑及养护、预应力张拉工艺与0♯块相同。其中为了使主梁施工达到高质量、高精度及高安全度要求，对已经施工完成的梁段，在检查其梁体各个截面尺寸、轴线偏差、混凝土强度、张拉应力、挠度值符合要求后，方可进行下一段施工。

5. 边跨现浇段施工

(1)边跨现浇段膺架设计。80 m 连续梁边跨现浇段膺架构造见图7.19。

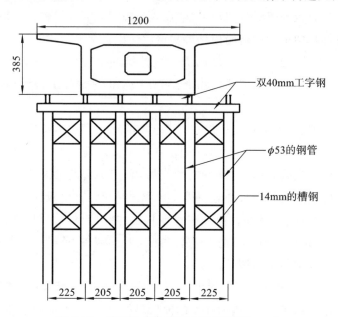

图 7.19　边跨现浇段膺架构造图(单位:cm)

(2)边跨现浇段施工。边跨现浇段钢筋、混凝土、预应力施工同悬浇梁段工艺。

6. 合龙段施工

(1)合龙段施工顺序。根据设计要求,按照先边跨、后中跨的顺序合龙。

(2)边跨合龙段施工。T构悬浇段施工完成后,移动边跨侧挂篮到合龙段,利用边跨挂篮的底模、外侧模、内模作为边跨合龙段模板。拆除部分边跨直线现浇段膺架,安装合龙段临时锁定装置,安装边跨合龙段钢筋、预应力孔道,并预先张拉顶、底板上各两束预应力筋,选择在一天中气温最低时或按设计要求的气温浇筑边跨合龙段混凝土。待合龙段混凝土强度达到50%后解除临时约束,拆除边跨挂篮及所有的模板,张拉相应边跨合龙段预应力索,完成第一次体系转换。

(3)中跨合龙段施工。待边跨合龙段施工完成后,拆除位于261♯、262♯主墩的临时支撑,完成第二次体系转换。利用中跨一侧挂篮底模、侧模,作为中跨合龙段吊篮,安装临时锁定装置,安装中跨合龙段钢筋、预应力孔道,选择在一天中气温最低时或按设计要求的气温浇筑中跨合龙段混凝土。待合龙段混凝土强度达到50%后解除临时约束,拆除合龙吊篮及所有的模板,张拉相应的中跨合龙段预应力索,完成第三次体系转换,转化为三跨连续。

7. 自锚上承式转体拱桥施工

(1)工程概况及特点。

跨沪杭高速公路特大桥在铁路里程DK59+075.555~DK59+413.555段设计为自锚上承式拱桥(88.8 m+160 m+88.8 m),拱墩基础固结,拱梁固结。高速公路与高铁轴线夹角为57°,主墩基础采用18根直径为200 cm钻孔桩,桩长为129 m;边墩基础采用10根直径为150 cm钻孔桩,桩长为84 m。采用转体施工工艺,梁部采用从跨中分开,沿沪杭高速公路两侧同时现浇施工,拱上连续梁采用先简支后连续的施工方法,梁部混凝土施工完成后,进行支架拆除完成体系转换,设计桥位处固结转盘,进行合龙段施工。

拱肋:主拱、边拱拱肋采用变高度混凝土箱形截面。拱肋轴线采用二次抛物线,理论拱轴线方程为 $y=4f(L-x)x/L_2$,其中计算矢高 $f=25.5$ m,计算跨径 $L=153$ m,矢跨比 $f/L=1/6$。

边、中跨拱肋跨中截面高 4.0 m,边、中跨拱肋拱脚处截面高 6.0 m。拱肋截面采用单箱单室箱形截面,顶板宽 7.5 m,顶、底板及腹板厚度均采用 0.6 m,拱脚处局部加厚。

边拱布置 5 道横隔板,即在拱肋的端部、拱脚、拱上立柱、拱梁结合位置处各设相应厚度的横隔板。中拱布置 9 道横隔板,即在拱肋的拱脚、拱上立柱、拱梁结合处、中合龙处各设相应厚度的横隔板。

(2)施工方案比选。

①基坑围堰施工方案比选。原地面标高 2.6 m,设计承台底标高 -7.536 m,基坑封底混凝土按 100 cm 考虑,基坑底标高 -8.536 m,开挖深度 11.2 m。考虑转体施工基坑顶面 6.5 m 范围内无法设置内支撑,基坑防护考虑以下四种形式。

a.钢板桩围堰。根据承台的结构形式同时考虑转体施工,钢板桩围堰设计成圆形,采用拉森Ⅳ型钢板桩。该方案施工工期短,但由于钢板桩需要悬臂6.5 m,基坑安全隐患较大,而且由于高速公路路基采用粉喷桩加固处理,钢板桩插打过程中需要引孔才能插打到位。

b.钢筋混凝土沉井围堰。采用C30钢筋混凝土沉井圆形围堰,分节预制下沉。围堰高度12.0 m左右,内径30.0 m,每节预制高度3.0 m,共分四次预制下沉到位。该方案由于需要现场进行绑扎钢筋、立模、浇筑混凝土、拆模等过程,所以施工工期相对较长。

c.钢壁沉井围堰。该方案类似混凝土沉井围堰,采用圆形钢壁沉井,内径30.0 m,钢壁沉井总高度12.0 m左右,预先在厂家分块加工,到现场后拼装,每节拼装后高度3.0~3.5 m,拼装后填充混凝土,共分四次下沉到位。该方案较钢筋混凝土沉井施工速度快,但需要加工2个钢壁,成本较大。

d.防护桩加旋喷桩围护。防护桩采用钻孔灌注桩,顶部设钢筋混凝土圈梁,外圈止水帷幕采用高压旋喷桩。根据目前墩位处场地条件只能在主墩钻孔桩完成后再进行防护桩和止水帷幕的施工,施工工期长,同时由于钻孔桩同样需要悬臂6.5 m,基坑安全隐患较大。

对上述四种防护形式进行了综合比选,基坑防护方案比选见表7.15。

表7.15 基坑防护方案比选

序号	基坑防护方案		主要工程数量				优缺点
	支护形式	设计参数	项目	数量/t	项目	数量/t	
1	钢板桩围堰	桩长 24 m	钢板桩	666.4	封底混凝土	730.2	成本小,安全隐患大,施工周期有不确定性
2		直径 30.5 m	围檩	191.4			
3	钢筋混凝土沉井围堰	高 12 m	钢筋	161.8	封底混凝土	706.5	成本适中,施工周期长,安全有保障
4		外/内径 33.6 m/30 m			侧壁	2156	
5	钢壁沉井围堰	高 12 m	钢材	480	封底混凝土	423.9	成本稍高,施工周期短,安全有保障
6		外/内径 32.8 m/30 m			壁仓	1518	
7	防护桩加旋喷桩围护	钻孔桩桩长 30 m	钢筋	240	混凝土	4710	成本适中,施工周期长,安全隐患大
8		旋喷桩桩长 15 m	—	—	水泥	132.3	

注:表中统计工程量为一个基坑防护数量。

通过表7.15可以看出要在满足高速公路运营及后续施工基坑内安全的前

提下,同时能保证业主的总工期要求,最可行的方案即是钢壁沉井围堰方案。

②拱圈支架施工方案比选。

a.膺架方案。拱肋圈采用膺架体系作为支撑,立柱采用钢管,为保证支架刚度的同时考虑立模方便,立柱采用6.0 m排距。立柱上放工字钢垫梁,然后顺桥向放置贝雷梁,贝雷梁上设置用型钢焊接的钢架形成底模支撑体系。

b.满堂脚手架方案。拱圈现浇支架采用加密满堂碗扣式脚手架。基础钻孔桩、CFG桩、级配碎石褥垫层复合地基上设置50 cm厚钢筋混凝土地基板;支架顶端采用碗扣式可调顶托调整高度,顶托上铺设方木作为横向和纵向分配梁。根据拱肋实际截面形式,支架共划分为12个区域,纵向立杆间距分为30 cm和60 cm,横向立杆间距分为30 cm、60 cm、90 cm,步距分为60 cm、120 cm。

③支架基础形式。支架地基处理考虑以下三种形式。

a.钻孔桩基础:优点是施工质量易于控制,单桩受力明确,对高速公路和主墩钻孔桩基本没有影响;缺点是施工周期长,造价高,现场文明施工效果较差。

b.CFG桩复合地基基础:优点是对高速公路和主墩钻孔桩基本没有影响,施工成本适中,施工周期短;缺点是桩身施工质量、复合地基基础沉降不好控制,现场文明施工效果较差。

c.PC管桩基础:优点是施工质量易于控制,单桩受力明确,施工周期短,造价低,现场文明施工较好控制;缺点是振动、挤土效应明显,对高速公路和主墩钻孔桩施工影响比较大,容易出现高速公路路面隆起和钻孔桩坍孔及断桩等情况。

拱圈支架及地基处理方案比选见表7.16。

表7.16 拱圈支架及地基处理方案比选

序号	支架方案		主要工程数量		优缺点
	支架形式	工程项目	混凝土	钢材	
1	钢管贝雷梁膺架	钻孔桩	6028.8 m³	259.8 t	圬工量大,需要大量机械配合,成本高
2		混凝土基础	246.5 m³	—	
3		条形基础	189 m³	13.2 t	
4		钢管立柱		108.2 t	
5		型钢	—	372 t	
6		贝雷梁	—	226.8 t	

续表

序号	支架方案		主要工程数量		优缺点
	支架形式	工程项目	混凝土	钢材	
7	满堂碗扣支架	钻孔桩	1907.6 m³	7 t	圬工量相对小,有利于快速施工,成本适中
8		CFG桩	1079.4 m³	—	
9		混凝土基础	607.2 m³	89.3 t	
10		型钢	—	87 t	
12		碗扣式脚手架	—	1400 t	

注:表中统计量为单侧半拱圈用量

考虑到工期原因,支架地基处理应与主墩桩基同步进行施工,采用 PC 管桩进行地基加固风险大,显然不可取。结合经济指标比选最终确定依据弹性地基梁理论进行地基处理,采用满堂碗扣式脚手架方案。

(3)总体施工方案。

拱肋采用支架现浇、转体就位的施工方法。

拱上连续梁:拱上连续梁采用先简支后连续的施工方法。边湿接缝宽度为 0.8 m,中湿接缝宽度为 0.8 m。湿接缝在拆除拱肋支架(留拱肋悬臂端 1 m 范围内支架不拆除)后现浇,形成与拱肋固接的连续梁。

拱上立柱:拱上立柱均采用圆端形实体截面。拱脚上立柱纵向厚度为 2.0 m,两边拱肋立柱纵向厚度为 1.8 m。各立柱横向宽度为 6.0 m,上部采用花瓶形状,横向宽度由 6.0 m 过渡到 7.8 m。

临时系杆:临时系杆采用 55ϕ15.2 钢绞线,其抗拉标准值 $f_{pk}=1860$ MPa,弹性模量 $E_p=195$ GPa,其技术条件符合《预应力混凝土用钢绞线》(GB/T 5224—2014)相关要求。

永久系杆:永久系杆选用可换式钢绞线系杆,每根系杆由 85 根 ϕ15.2 镀锌涂油外包 PE 钢绞线,其抗拉标准值 $f_{pk}=1860$ MPa。索体为多层防护下半黏结 PE 钢绞线,应具有优良的防腐性能,可以避免 PE/PE 间的摩擦损伤。系杆张拉需要采用单根张拉、整体调索工艺,并配以电子传感器和计算机精确控制索力。施工工艺完全可逆,以确保以后单根钢绞线换索及检查。系杆两端各留足够长度钢绞线以备更换时使用。两端采用 VSLSSI 2000 系列单根锚定式夹片锚具。系杆索共 10 根,设置在箱梁内,锚固在边跨拱肋端部。锚具具有良好的锚固性能及密水性,可进行单根钢绞线的更换、检查,有效过滤弯曲应力,同时具有良好的抗疲劳性能和耐久性。

综合施工现场的施工条件及工期要求,跨沪杭高速公路转体桥拱梁部分的施工步骤如下。

地基处理→搭设支架→预压→分节段支架现浇拱肋→浇筑拱上立柱→搭设拱上支架→张拉临时系杆及其他预应力索→逐孔浇筑拱上简支梁→拆除拱肋、拱上连续梁支架→现浇连续梁湿接缝(简支转连续)→转体准备→正式转体→平转到位→封铰→支架现浇边跨并合龙→中跨合龙→张拉永久系杆,拆除临时系杆。

其中关键工序衔接施工如下:

主墩桩基础施工期间同时安排支架地基处理,基本同步完成;

承台基坑围护结构施工期间搭设基坑范围以外的现浇拱肋支架;

承台、转盘结构、拱座和基坑范围以外的拱肋现浇同步进行施工,最后在拱座部位合龙拱肋。

完成拱肋施工后进入拱上结构的施工。

总体施工工序如下(见图7.20)。

①主墩桩基础、下层承台、球铰、上层承台及拱座施工;边墩桩基础及承台施工;公路现浇支架临时桩基础及承台施工[见图7.20(a)]。

②施工现浇支架,现浇拱肋节段1[见图7.20(b)]。

③节段1达到强度后,浇筑拱肋节段3及拱上立柱[见图7.20(c)]。

④浇筑拱肋节段2,同期完成连续梁支架施工[见图7.20(d)]。

⑤张拉部分拱肋预应力钢束,拆除拱脚7 m范围支架后,张拉临时系杆[见图7.20(e)]。

⑥支架现浇拱上简支梁,张拉各自钢束;完成边跨现浇段施工[见图7.20(f)]。

⑦拆除拱上简支梁及拱肋支架(拱肋两端不拆除),调整简支梁标高[见图7.20(g)]。

⑧安装永久支座,浇筑湿接缝;张拉部分拱肋预应力钢束[见图7.20(h)]。

⑨拆除现浇拱肋支架,做好拱肋平转准备。转体到位后封铰[见图7.20(i)]。

⑩吊架法完成边跨合龙[见图7.20(j)]。

⑪吊架法完成中跨合龙[见图7.20(k)]。

⑫交替张拉部分永久系杆,同步拆除临时系杆[见图7.20(l)]。

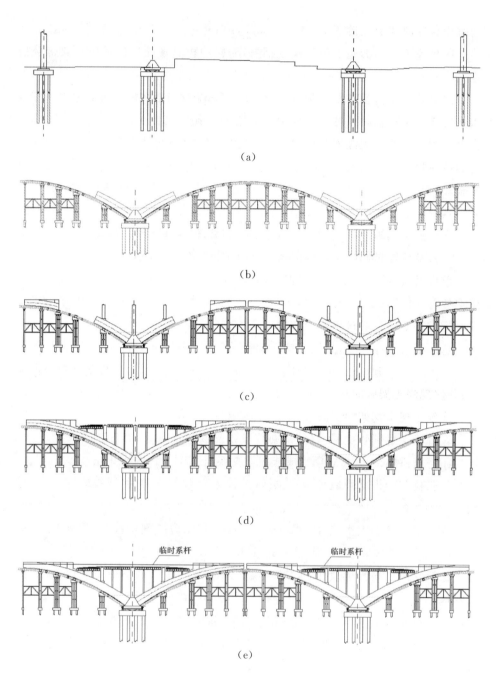

图 7.20 总体施工工序图示

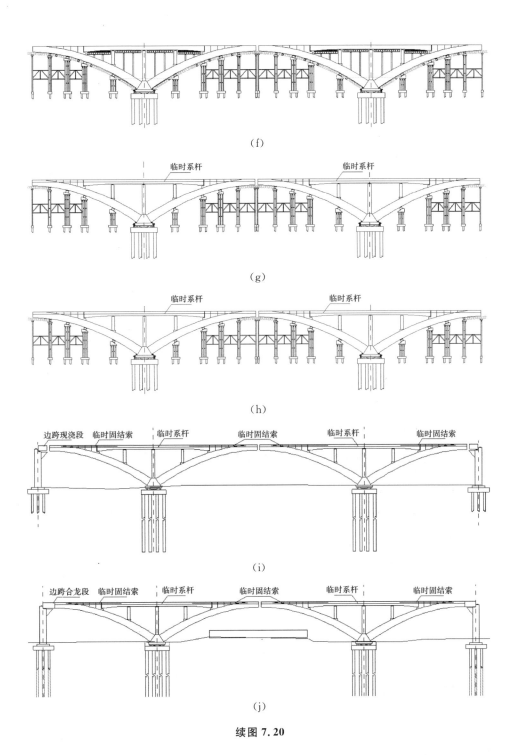

续图 7.20

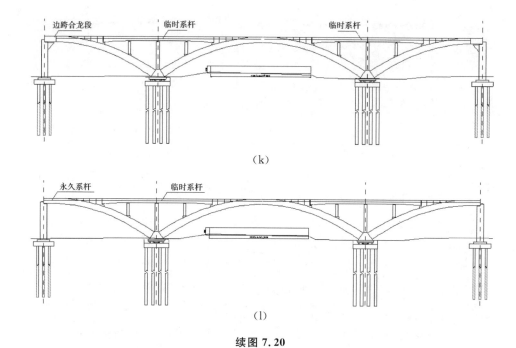

续图 7.20

7.2.4 施工方法

1. 主墩 140 m 超深钻孔灌注桩施工技术

跨沪杭高速公路特大桥地处长江三角洲平原及杭嘉湖平原区,地势平坦宽广,起伏小,桥址范围内第四系地层发育,主要有第四系全新统黏性土及粉土、粉砂层(Q_4^{al}),层厚 20~60 m;上更新统黏性土及粉细砂层(Q_3^{al}),层厚 60~90 m,局部超过 100 m。主桥设计采用钻孔灌注桩基础,其中位于沪杭高速公路两侧的两个主墩分别采用 18 根直径为 200 cm 的钻孔桩,设计桩长 129 m,实际钻孔深度 140 m。

(1)钻机选型。本桥主墩钻孔桩采用 ZJD300 型全液压动力头回转钻机,以气举反循环排渣工艺进行钻孔施工。该钻机性能参数详见表 7.17。

表 7.17 ZJD300 型全液压动力头回转钻机性能参数

序号	项目	单位	参数	备注
1	最大钻孔直径	m	3.0	
2	最大钻孔深度	m	150	

续表

序号	项目	单位	参数	备注
3	提升力	t	150	
4	动力头行程	m	3.6	
5	动力头最大扭矩	t·m	21	8～21 t·m 范围
6	钻杆规格	mm	$\phi 377 \times 24 \times 3000$	
7	总功率	kW	215	
8	整机尺寸	m	4.12×3.98×7.3	
9	整机重量	t	35	
10	排渣方式		气举反循环	

①钻杆受力计算。

a. 受压长度计算。

$$Z = \rho_d L / \rho_{d1} = 24 \text{ (m)}$$

式中：Z——受压长度，m；

ρ_d——泥浆密度；

L——钻杆全长，m；

ρ_{d1}——钻杆钢材的密度。

b. 半波长度计算。

$$l = \frac{10}{w}\sqrt{\pm 0.5Z + \sqrt{0.25Z^2 + \frac{1.962Jw^2}{q}}} = 28.48 \text{ (m)}$$

式中：第一根号中对下部受压段取负号，对上部受拉段取正号；

l——半波长度，m；

ω——钻杆的角速度，$\omega = 2\pi n/60$（n 为钻杆钻数，r/min），rad/ min；

J——钻杆的钻动惯性矩，$J = \frac{\pi}{64}(d^4 - d_1^4)$（$d$ 为钻杆外径，cm；d_1 为钻杆内径，cm），cm^4；

q——单位长度钻杆重力，N/cm。

c. 压应力计算。

$$\sigma_y = p_0/A = 0.382 \text{ (MPa)}$$

式中：σ_y——施加于孔底的压应力，MPa；

p_0——施加于孔底的压力，按照加在孔底的总压力不大于钻具总重的80%进行计算，即 $p_0 = 5274$N；

A——钻杆截面积,cm^2。

d. 弯应力计算。

$$\sigma_w = M/W = 55.45 \text{ (MPa)}$$

式中:σ_w——弯应力,MPa;

M——半波长度中点位置的弯矩;

W——钻杆的抗弯模量,cm^3。

e. 扭应力计算。

$$\tau = 9550\lambda eN/nW_n = 29.9 \text{ (MPa)}$$

式中:τ——扭应力,MPa;

λ——超载系数,一般取 1.1;

e——传动效率,一般取 0.7~0.8;

N——钻机功率,kW;

n——钻杆系数,r/min;

W_n——钻杆抗扭截面系数,cm^3。

f. 拉应力计算。

$$\sigma_1 = 9.81 \times 10^{-3} \times k_1 k_2 \beta AL(\gamma_1 - \gamma)/A_0 = 14.83 \text{ (MPa)}$$

式中:σ_1——拉应力,MPa;

k_1——提升阻力系数,一般取 1.2~1.3;

k_2——提升惯力系数,一般取 1.1~1.2;

β——接头箍、钻杆端加厚使轴向荷载增加的系数,一般取 1.03~1.1;

A——钻杆平均横截面面积,cm^2;

L——钻杆长度,m;

γ_1——钻杆钢材的密度;

γ——泥浆密度;

A_0——钻杆最小横截面面积,cm^2。

g. 合成应力计算。

受压段: $\sigma_h = \sqrt{(\sigma_y + \sigma_w)^2 + 4\tau^2} = 62.88 \text{ (MPa)}$

受拉段: $\sigma_h = \sqrt{(\sigma_1 + \sigma_w)^2 + 4\tau^2} = 64.61 \text{ (MPa)}$

由于钻杆应力是脉动和交变的,故钻杆受拉、压段应满足:

$$\sigma_h < [\sigma_{-1}]$$

式中:σ_h——合成应力,MPa;

$[\sigma_{-1}]$——钻杆的容许疲劳强度,计算$[\sigma_{-1}] = 73.8$ (MPa)。故钻杆满足要求。

②配套空压机规格型号计算。

空压机所需的送风量及最小风压与钻孔深度和钻杆内径有关。

风压计算：
$$P=(139.75+5)/101.94=1.42 \text{（MPa）}$$

送风量计算：钻孔作业过程中，要求钻杆内泥浆上升速度最小为 3 m/s 才能确保顺利钻进。

每秒需要的风量：
$$Q=\pi d^2 v/4=\pi \times 0.3332 \times 3/4=0.2549 \text{（m}^3\text{）}$$

式中：Q——每秒需要的风量，m^3；

d——钻杆内径，m；

v——泥浆上升速度，m/s。

每分钟需要风量：
$$Q=0.2549 \times 60=15.29 \text{（m}^3\text{）}$$

确定选择容积为 20 m^3 的空压机，且满足最小输出风压 1.5 MPa。

③气举反循环施工沉没比计算。

气举反循环施工首先需计算沉没比是否满足不小于 0.4 的要求。沉没比 $a=h_2/h$，是指风包埋入液面深度与风包到动力头排出口的距离之比，a 值越大工作效率越高，但当 $a<0.4$ 时将无法工作。

开孔阶段取 $h_1=8$ m，$h_2=2$ m，$h=10$ m，计算 $a=h_2/h=0.2<0.4$，无法正常施工，因此采用 GPS20 型泵吸正循环回转钻机进行引孔施工。

④结论。

经过准确验算后，确定采用 GPS20 型泵吸正循环回转钻机进行引孔施工，最小引孔深度达 30 m 后采用 ZJD300 型全液压动力头回转钻机配三翼式钻头进行正常钻孔施工，配套空压机容积为 20 m^3，最小输出风压为 1.5 MPa。

(2)关键工序施工工艺。

①群桩钻孔施工原则。采用隔桩插打的原则进行开孔，保持隔一根钻一根，尽量减小相互之间的扰动，避免发生串孔和坍孔事故。

②钢护筒埋设。护筒底高程控制原则：底口穿透表层回填土及第一层黏土层并深入第二层黏土或淤泥质黏土；底口高程低于超灌后的桩顶标高。据此原则现场确定护筒基本长度为 10 m，个别桩加长到 12 m。护筒采用锤击法振动下沉，下沉过程中全程测量监控护筒垂直度偏差，使其控制在 1% 之内，下沉到位后护筒顶高出地面 0.4 m。

③钻机就位。坚持按照"三点一线"的原则进行控制,即在确保钻机底盘水平、稳固且钻塔与底盘保持垂直状态的前提下,调整钻机动力头中心、孔口板中心和桩中心在同一铅垂线上,达到要求后开始钻孔作业,且钻进过程中每工班校核一次。

④泥浆配制。结合工程实际,制浆所用主要原材料包括如下。

水:采用淡水。

膨润土:采用国产Ⅱ级钙土。

降失水增黏剂:选用中黏度聚阴离子纤维素(PAC),其作用为降低泥浆失水量,提高泥浆黏度,改善浆液的流变性能和悬浮钻渣的能力。

聚丙烯酰胺:为高分子聚合物,主要作用为絮凝,可以提高泥浆的黏度。

根据实际地质资料并结合以往施工经验,泥浆配比见表7.18。

表7.18 泥浆配比

材料名称	淡水	膨润土	外加剂	
			纤维素	聚丙烯酰胺
重量/kg	1000	80	0.5~1	0.04

⑤钻孔及垂直度控制。钻孔过程中总体遵循"大配重减压钻进"原则,首先在钻头的后部增加15 t钢质圆柱配重,再加上主机自重35 t,每节钻杆重量1 t左右,能确保钻进中始终采取重锤导向,同时采取减压、中低速钻进,始终让加在孔底的钻压占钻具总重的50%左右。通过对前期2根桩进行的钻孔工艺试验,确定不同地层的钻井参数,详见表7.19。

表7.19 不同地层钻井参数

序号	地层	钻压/kN	钻速/(r/min)	进尺/(m/h)	备注
1	黏土、淤泥质黏土	≤200	15~20	2~2.5	包括粉土层
2	粉细砂	≤150	5~10	0.5~1	

⑥风包设置。为提高钻进效率,每台钻机配备2根风包钻杆。第一根风包钻杆加设在配重上端约40 m,随着孔深的增加,在60 m的位置加设第二根风包钻杆,空压机能够使第一根风包钻杆钻进至100 m的孔深位置;此时第二根风包钻杆已埋入泥浆中40 m,反循环系统已经能够正常工作,空压机可以使第二根风包钻杆钻进至140 m的孔深位置,缩短了单孔作业的辅助时间。

⑦特殊地层钻进。当钻进到一定深度时,粉砂层中常出现"板砂"层,此类板

砂密实度高、进尺困难,且有"跳钻"现象。对于这类地层须将泥浆指标调至最大,减小钻压慢速钻进,防止出现大块"板砂"松动而扩孔,甚至塌孔,且要经常检查钻机的平整度,以保证孔的垂直度。

⑧导管水密性试验压力计算。混凝土灌注中导管承受的最大内压力:

$$P_{max}=1.3(\gamma_c \times H_{xmax}-\gamma_w \times H_w)$$

式中:γ_c——混凝土的重度(取 24 kN/m³);

H_{xmax}——导管内混凝土柱的最大高度(取 144 m);

γ_w——孔内泥浆的重度(取 11 kN/m³);

H_w——孔内泥浆的深度(取 140 m)。

经计算 $P_{max}=2490.8$ kPa,取 2500 kPa。

⑨首批混凝土数量计算。首批混凝土的数量必须满足导管埋深不小于 1.5 m 的需要,计算最小体积:

$$V \geqslant (\pi d^2/4) \times h_1+(\pi D^2/4) \times (H_1+H_2)$$

式中:h_1——混凝土面高度达到埋置深度 H_2 时,导管内混凝土柱平衡导管外压力所需要的高度,计算 $h_1=(140-0.4-1.5) \times 11/24=63.3$ (m);

H_1——导管底与孔底的距离,取 0.4 m;

H_2——导管最小埋深,取 1.5 m;

D——桩的直径(考虑 10 cm 的扩孔,取 2.1 m);

d——导管内径(取 0.3 m)。

经计算 $V \geqslant 11.05$ m³,取 12 m³。

(3)质量控制。

①钢护筒长度必须满足施工要求,防止护筒底口处因渗漏导致局部塌孔。

②优化泥浆配合比,采用不分散、低固相、高黏度、低失水率的优质泥浆进行护壁,始终保持孔壁泥皮坚实、牢固、稳定。

③钻进过程中随时检查一次"三点一线"对中情况,并始终坚持大配重减压钻进,保证钻孔垂直度。

④钻进过程中,密切关注地层的变化,根据不同的地层情况选择合理的钻进参数。

⑤钻孔到位后,用 JJC-1A 型钻井检测仪对桩的垂直度、孔径进行检查。

⑥通过反复工艺试验来保证清孔质量,控制孔底沉渣厚度满足要求。

⑦加强混凝土灌注过程的施工组织,确保单桩连续、顺利灌注到位。

⑧加强声测管的焊接质量验收,确保超声波检测到位。

采用全液压动力头回转钻机气举反循环工艺进行 140 m 长桩施工,钻孔过程中坚持"重锤导向、减压钻进"原则,确保了成孔垂直度;通过配置大功率的空压机,充分发挥了气举法的高效作用,缩短了单桩成孔时间,同时也保证了桩底沉渣厚度满足要求,经第三方检测全部为Ⅰ类桩。

2. 主墩钢壁沉井施工技术

主墩承台设计平面尺寸为 19.1 m(顺桥向)×22.9 m(横桥向)×6.5 m,为尽量避开既有高速公路边坡,承台四角分别做切角处理。考虑到基坑开挖深度达 11.5 m,且内支撑设置要满足转体施工需要,确定采用钢壁沉井方案。

沉井内径 30.0 m,外径 32.8 m,壁厚 1.4 m,总高度 12.0 m,共等分为四层,其中刃脚部分 3.0 m 单独成一层,其余三层为接高层。根据运输和现场起吊能力,将每层围堰沿圆周方向按 36°角等分为 10 块,刃脚、壁板、隔舱板预先在钢结构厂内分块、分片加工,运输到位后现场逐层拼装成型、逐层填充 C30 混凝土,取土开挖下沉到位后接高,填充混凝土后再下沉,直到下沉到位。钢壁之间填充混凝土主要起下沉配重作用,为主要的助沉措施。

(1)拼装定位桩施工。由于钢壁采用现场逐块、逐层拼装成型方案,为保证拼装过程安全及轴线位置准确,刃脚拼装前需要设置定位桩。定位桩采用施工现场的 ϕ320 钢管桩,分别布置在套箱内外钢壁两侧。

(2)垫层施工。考虑到钢壁拼装处地层较软弱、地基承载力很低,为防止拼装期间因基础发生不均匀沉降造成拼装困难或刃脚部分混凝土填充完成后顶面高差太大造成下沉纠偏困难,在拼装前采取换填法提高地基承载力,确保首节刃脚结构的稳定。由于人工填土层较薄,换填宕渣的厚度应控制在 1.5 m 以内。另外,由于施工区域距离既有河流较近,置换开挖前首先设置一降水井,防止因排水不及时造成宕渣垫层承载力迅速下降。

(3)垫木设置。对换填的宕渣顶面大致整平后,在其顶面铺设 5 cm 厚 5~10 mm 的碎石进行准确找平。采用沿刃脚圆周均布枕木的办法来扩大承载面积,枕木沿径向布置,单根长 1.0 m,采用双根一组,环向间距 1.0 m。

(4)刃脚拼装及混凝土施工。利用 75 t 履带吊进行刃脚拼装,拼装过程中随时检查垫木的压缩变形及沉降量,确保刃脚顶面标高一致,拼装完成后用 ϕ20 拉杆对内外壁板进行对拉加固,确认检查无误后浇筑 C30 混凝土。混凝土浇筑时严格把握径向严格对称、环向均衡的原则,且要全程对顶面标高进行监控测量。

(5)下沉施工。填充混凝土强度达到设计强度的60%后,沉井下部基本形成了一个刚性的整体,可以开始下沉。①垫木抽除。下沉前首先将垫层顶面布置的垫木进行切断抽除,切除过程必须严格按照对称原则进行。首先将操作工人分为四组,每组两人,四组操作工沿沉井圆周对称分布,一组中一名工人负责将枕木紧贴沉井的外壁板切断,另一名工人负责将另半截枕木移除,并由专人负责跟踪检查,确保枕木不对后续下沉施工造成阻碍。②取土下沉。采用两台中等臂长的挖机在沉井内沿刃脚周边对称开挖并将弃方统一堆码到沉井中心位置,以两台长臂挖机由内向外出土外运的方案进行下沉。下沉过程中重点解决均匀平稳下沉、下沉纠偏和止沉的难题。下沉过程中随时进行土体摩阻与沉井重量的相互关系分析,确定最佳取土办法,控制取土位置及取土量。a. 环向对称。将两台同等规格的挖机沿刃脚环向对称布置,各自负责环向一半的开挖任务,严格按照起点对称、开挖速度对称、终点对称的原则进行作业。开挖前沿刃脚四周每5 m做一个明显的里程标识,开挖过程中由专人跟踪开挖速度,确保过程三对称。b. 竖向对称。开挖前首先要求两名挖掘司机进行试操作,明确每层开挖的标准深度后开始进入正常开挖阶段,过程中逐段检查、对比,确保竖向对称开挖。

(6)纠偏。下沉过程中一旦发现有倾斜趋势或已经产生较大倾斜,必须先纠偏后再正常下沉。纠偏主要有井内偏除土和局部配重两种方法。

采用局部配重方法纠偏时,首先根据下沉过程中积累的相关参数粗略计算需要配重的数量及范围,采用在高侧沉井顶面加混凝土预制块的方式进行局部配重。配重过程中随时进行观测,如配重后仍然无法纠偏,则在带配重工况下开挖,控制开挖的范围及深度,严格把握由小到大、由浅到深的原则。

(7)止沉。大直径沉井在下沉过程中,由于其自重大的特点,下沉时侧壁摩阻力对沉井下沉的影响程度相对较小,特别是在软弱的淤泥质土层中下沉时更是如此,因此施工中经常需借助刃脚反力来对沉井下沉速率进行控制。

根据逐层下沉过程中积累的经验数据并结合地层资料,分析确定侧壁摩阻力的大小,当侧壁摩阻力不足以控制沉井下沉速率时,适当保留刃脚下部分土体,靠刃脚反力和侧壁摩阻力共同控制沉井下沉速率。

(8)沉井封底。沉井下沉至设计标高后,即可进行封底施工。考虑到大直径沉井一次封底施工较困难,因此沉井一般均采取分格分块封底方法。封底施工时遵循均衡对称的原则。封底混凝土一般浇筑成锅底状,其原因在于封底混凝土一般采取素混凝土,抗剪性能差,浇筑成锅底状可使剪应力扩散至井壁,防止封底混凝土受剪破坏。封底过程中需在内壁位置对称预留集水井,以便后续施工过程中排水。

(9)沉井施工对周边土体沉降及建筑物的影响。沉井施工过程中,除刃脚会对土体造成挤压外,井壁与周边土体的摩擦会造成井壁带土下沉;下沉过程中的纠偏对土体局部有较大扰动;随着井内外壁之间的高差越来越大,周边土体局部应力释放,引发土体自井外向井内的滑移甚至基底隆起。所以施工前采取通过在沉井与既有高速公路路基之间设置钢板桩的主动防护措施来减小或消除扰动影响。同时在高速公路路基边坡上设立水平位移及标高观测点,在沉井下沉过程中加强观测,实际监控结果表明,沉井下沉施工全过程没有对高速公路造成任何影响。

(10)小结。采用环向对称、竖向对称的开挖下沉方式,有效克服了钢壁沉井下沉过程中容易偏位和倾斜的困难;采用井内偏除土和局部配重的方法解决了纠偏难的问题;在保证沉井快速下沉的同时也确保了高速公路的运营安全。

3. 半幅主拱圈现浇支架施工稳定性控制技术

跨沪杭高速公路转体桥主拱截面设计采用单箱单室箱形截面,拱肋采用抛物线线形,矢跨比为1/6,边、中跨拱肋跨中截面高4.0 m,边、中跨拱肋拱脚处截面高6.0 m。拱箱顶板宽7.5 m,顶、底板及腹板厚度均采用60 cm,拱脚处局部加厚。在主拱的端部、拱脚、拱上立柱、中合龙处各设相应厚度的横隔板。

拱上连续梁计算跨度为(20+22+22+20)m,边跨支点梁高为4.5 m,跨中梁高为3 m,采用先简支后连续的施工方法。拱肋及拱上连续梁设计断面见图7.21。

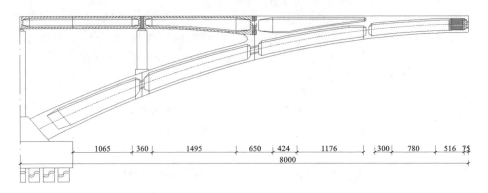

图7.21 拱肋及拱上连续梁设计断面图(单位:cm)

综合支架结构形式及地基处理方案比选,确定主拱圈现浇支架采用加密的满堂碗扣式脚手架,支架地基处理采用 CFG 桩和钻孔灌注桩共同受力体系。

(1)支架地基处理技术。CFG 桩桩身混凝土设计强度等级为 C30,设计桩长 18 m,采用螺旋钻引孔法成孔,螺旋钻管内泵压灌注混凝土成桩工艺;钻孔灌注桩采用常规工艺施工。桩顶褥垫层采用 50 cm 厚级配碎石掺 8% 水泥静力压实成型,桩顶深入褥垫层 10 cm。褥垫层上设 50 cm 厚 C30 钢筋混凝土地基板基础。

①计算模型及参数选取。地基采用钢筋混凝土形式,因此计算时采用梁单元建模。荷载选取:地基承受荷载按均布荷载考虑,$q = 120$ kPa;复合地基考虑成弹性地基梁,复合地基系数取 350 t/m³,计算时不考虑钻孔桩下沉与变形。

模型选取:取 3.2 m 宽钢筋混凝土板地基计算,截面为 3.2 m×0.5 m,采用梁单元模拟,土体采用弹簧单元模拟,考虑成 6 跨连续梁计算,计算模型见图 7.22。

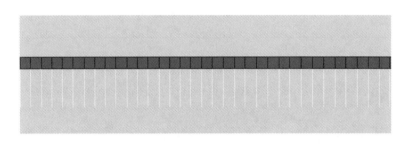

图 7.22 计算模型

②计算结果。位移与变形、弯矩及剪力计算结果见图 7.23。

从计算结果图可知:桩基和复合地基共同作用下,边跨跨中的位移最大值为 22.5 mm,跨中最大位移小于 14.3 mm,变形比较小。连续梁跨中正弯矩最大值为 1710 kN·m,负弯矩最大值为 3010 kN·m,负弯矩产生在钻孔桩约束处,负弯矩作用的范围比较小,将桩基简化成单点约束使得计算负弯矩偏大。跨中剪力很小,桩基附近剪力最大,最大值为 1540 kN。

配筋时,基础底面配置受拉钢筋抵抗跨中正弯矩,在桩基以上基础顶面 4 m 范围内配置受拉钢筋抵抗负弯矩,同时在 2 m 范围内进行加强处理。

(2)支架施工技术。主拱圈现浇支架除承台与钢壁沉井之间采用型钢桁架结构外,其余部分均采用加密的碗扣式脚手架,支架的布置根据荷载的分布来考虑,总体有四种分布形式,对应承载面尺寸分别为 0.3 m×0.3 m、0.3 m×0.6 m、

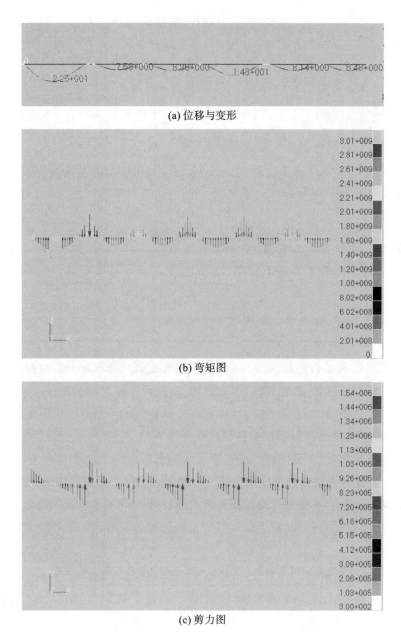

(a) 位移与变形

(b) 弯矩图

(c) 剪力图

图 7.23　位移与变形、弯矩及剪力计算结果图

0.6 m×0.3 m、0.6 m×0.6 m。支架立杆布置形式见图 7.24。

①支架立杆承载力验算。根据支架的布置形式,分别取图 7.25 中的 A～G 七个区域进行碗扣式支架立杆验算。

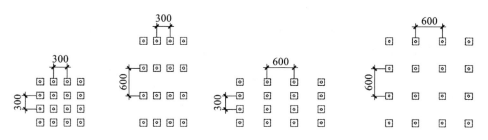

图 7.24 支架立杆布置形式(单位:mm)

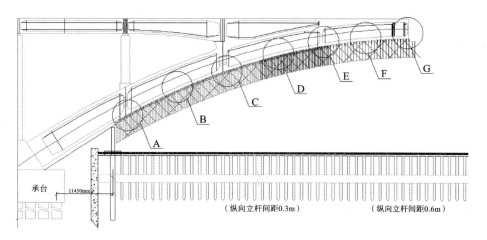

图 7.25 支架立杆验算图

支架立杆验算结果见表 7.20。

表 7.20 支架立杆验算结果表

序号	截面区域	立杆间距	单杆受力 F/t	变形位移 ξ/mm
1	A—A	0.3 m×0.3 m	2.235	1.46
2	B—B(腹板)	0.3 m×0.3 m	2.15	2.51
3	B—B(顶、底板)	0.3 m×0.6 m	1.75	2.04
4	C—C	0.3 m×0.3 m	2.31	3.54
5	D—D(腹板)	0.3 m×0.3 m	1.35	2.46
6	D—D(顶、底板)	0.3 m×0.6 m	1.01	1.84
7	E—E	0.3 m×0.3 m	1.73	3.46
8	F—F(腹板)	0.6 m×0.3 m	2.2	4.7
9	F—F(顶、底板)	0.6 m×0.6 m	2.67	5.65
10	G—G	0.6 m×0.3 m	0.98	2.12

从验算结果表中可知,立杆轴向最大受力为 2.67 t,均小于 4 t。

②支架需承受的水平推力计算。在拱圈混凝土浇筑过程中,支架需承受一定的水平推力,将拱圈沿水平方向分为 8 段计算,具体划分组合为 8.5 m＋6×10 m＋8 m,设模板受到侧压力为 N,摩擦力为 f,详见图 7.26。

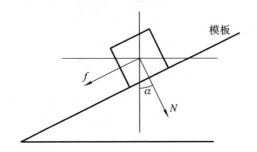

图 7.26 模板受力图

其中：$N = G\cos\alpha, f = \mu N = \mu G\cos\alpha$

水平力：$H_{水平} = N\sin\alpha - f\cos\alpha$

竖向力：$H_{竖向} = N\cos\alpha + f\sin\alpha$

混凝土的下滑力：$R = G\sin\alpha - f = G(\sin\alpha - \mu\cos\alpha)$

如果 $R \leqslant 0$,混凝土在模板上可以自平衡,不会下滑,此时水平分力 $H_{水平} = 0$。

水平推力计算见表 7.21。

表 7.21 水平推力计算表

项目	摩擦系数	第1节	第2节	横隔墙1	短立柱	第3节	第4节	横隔墙2	第5节	第6节	横隔墙3	第7节	第8节	横隔墙4
长度/m	—	8.5	10.0	0.8	—	10.0	10.0	1.5	10.0	10.0	0.5	10.0	8.0	0.3
荷载/kN	—	38.2	37.5	67.4	—	36.7	36.0	59.3	35.3	34.5	51.3	33.8	33.1	40.9
重量/t	—	382.9	424.7	53.9	315.0	401.7	383.1	89.0	704.5	547.3	25.6	338.8	264.8	10.2
角度/(°)	—	32.0	28.0	26.0	26.0	24.0	20.0	17.0	15.0	10.0	7.0	4.0	1.0	0.0
侧压力/kN	—	324.7	375.0	48.4	283.1	367.0	360.0	85.1	680.4	539.0	25.4	338.0	264.8	10.2

续表

项目	摩擦系数	第1节	第2节	横隔墙1	短立柱	第3节	第4节	横隔墙2	第5节	第6节	横隔墙3	第7节	第8节	横隔墙4
摩擦力/kN	0.1	32.5	37.5	4.8	28.3	36.7	36.0	8.5	68.0	53.9	2.5	33.8	26.5	1.0
摩擦力/kN	0.2	64.9	75.0	9.7	56.6	73.4	72.0	17.0	136.1	107.8	5.1	67.6	53.0	2.0
水平力/kN	0.1	144.5	200.7	173.5		97.7	118.8	40.8		0.0			0.0	
水平力/kN	0.2	117.0	152.7	125.1		59.8	49.0			0.0			0.0	

按照湿混凝土与模板之间摩擦系数为 0.2 计算,最大水平力出现在划分的第 2 节段内,而第 2 节段位于承台与钢壁沉井范围内,可以通过型钢桁架来承受水平荷载。因此计算支架需要承受的最大水平推力为 125.1 t。

③斜向剪刀撑设置及受力验算。设斜杆与水平地面成 45°角,每根斜杆允许承受荷载按 2 t 计算。在 10 m 节段范围内设置 7 组斜杆。横断面方向每隔 0.6 m 设置一道水平斜杆,中间 8.4 m 承载范围内设置 15 道,则单根斜杆受力

$$N=\left(\frac{125.1}{7\times15}\right)/\cos45°\approx1.7\text{ (t)}<2\text{ (t)}$$

采用 CFG 桩和钻孔桩共同受力体系不仅仅能够解决基础承载力不足的问题,同时也防止了基础沉降的问题;采用加密的满堂支架解决了承受重载的问题,通过加设斜向剪刀撑克服了支架承受水平推力的问题。

4. 主拱圈大节段浇筑施工技术

为确保主拱圈施工质量,增加平行施工作业面,优化工效并缩短工期,主拱圈施工采用纵向分段、环向分层的施工方案。将半边主拱圈分为三个节段,从拱脚向拱顶依次为 1♯ 段、2♯ 段、3♯ 段,节段对应拱轴线处水平长度依次为 24.5 m、26 m、25 m,在环向又将每个节段按照底板、腹板、顶板的顺序分为三环。为减小因地基不均匀沉降和支架变形对主拱圈的影响,防止主拱圈在施工过程中出现较大拉应力,在节段与节段之间设置间隔槽后浇带,从拱脚向拱顶,间隔槽的水平长度依次为 3.5 m(拱脚处拱肋实体段)、1.5 m、1.5 m,依次为 1♯ 间隔槽、2♯ 间隔槽、3♯ 间隔槽,间隔槽处钢筋不截断,且设置传递压力和抵抗剪力的型钢劲性骨架。节段划分及间隔槽设置详见图 7.27。

(1)各节段及总体施工顺序。为了减小基础施工对工程总工期的影响,开展平行作业,各节段的施工顺序为 3♯ 段→1♯ 段→2♯ 段,每个节段三环的施工顺序为底板→腹板→顶板。最后由拱顶向拱脚一次全断面施工间隔槽。

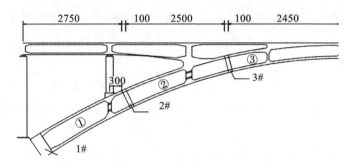

图 7.27　主拱圈节段划分及间隔槽设置(单位:cm)

总体施工顺序为 3♯段底板→1♯段底板→2♯段底板→3♯段腹板板→1♯段腹板→2♯段腹板→3♯段顶板→1♯段顶板→2♯段顶板→3♯段间隔槽→2♯段间隔槽→1♯段间隔槽。

(2)主拱圈模板系统设计及施工。考虑到主拱圈截面形式复杂、线性控制难度大、方便现场操作等因素,主拱圈底模、内模及各环顶面压板系统采用竹胶板面板、方木作为纵横向分配梁;侧模采用竹胶板面板、方木作为纵向分配梁,特制钢桁架为侧向主要承重骨架。主拱圈典型断面见图 7.28。主拱圈相关技术参数计算主要包括任意截面拱高计算、任意截面主拱线性控制特征点坐标计算。

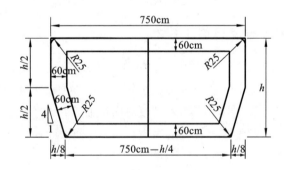

图 7.28　主拱圈典型断面图

①拱轴线方程换算。主拱圈设计选用接近于拱桥压力线的抛物线作为拱轴线方程,有效跨径设计为 153 m,矢高为 25.5 m。以抛物线顶点为坐标原点,以向下为 y 轴正方向(详见图 7.29),则拱轴线方程可表示为:

$$y = \frac{4f}{l^2}x^2 = \frac{4\times 25.5}{153^2}x^2$$

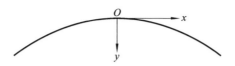

图 7.29 以抛物线顶点为原点对应拱轴线

为方便施工过程中的控制,将坐标原点平移到拱座中心(详见图 7.30),则拱轴线方程可表示为:

$$y = 25.5 - \frac{4f}{l^2}(x-80)^2 = 25.5 - \frac{4 \times 25.5}{153^2}(x-80)^2$$

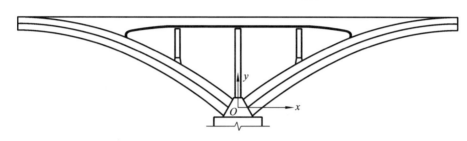

图 7.30 以拱座中心为原点对应拱轴线

a. 主拱圈截面变化系数确定。

主拱圈截面惯性矩自拱顶向拱脚采用等宽度变厚方式进行变化,以抵抗向拱脚逐渐增大的轴向力。截面惯性矩变化规律从拱顶向拱脚逐渐变大,解析函数采用以下公式:

$$\frac{I_d}{I\cos\varphi} = 1-(1-n)\varepsilon \quad \text{或} \quad I = \frac{I_d}{[1-(1-n)\varepsilon]\cos\varphi}$$

式中:I——主拱任意截面的惯性矩;

I_d——主拱拱顶截面的惯性矩;

φ——主拱任意截面的拱轴水平倾角,$\varphi = \arctan y' = \arctan\left[\frac{2}{9 \times 25.5}(80-x)\right]$;

n——拱高变化系数;

ε——拱截面的几何条件,$\varepsilon = \frac{80-x}{80-3.5} = \frac{80-x}{76.5}$。

b. 任意截面拱高 h 的确定。

$$h = \sqrt[3]{\frac{12I}{b}} = \sqrt[3]{\frac{12\dfrac{I_d}{[1-(1-n)\varepsilon]\cos\varphi}}{b}} = \sqrt[3]{\frac{12\dfrac{\frac{1}{12}bh_d^3}{[1-(1-n)\varepsilon]\cos\varphi}}{b}}$$

$$= \sqrt[3]{\frac{h_\mathrm{d}^3}{[1-(1-n)\varepsilon]\cos\varphi}}$$

取 $C = \sqrt[3]{\dfrac{1}{[1-(1-n)\varepsilon]}}$,则拱高可表示为 $h = C\dfrac{h_\mathrm{d}}{\sqrt[3]{\cos\varphi}}$。

c.主拱圈线形控制特征点坐标计算。

以拱座中心为坐标原点,任意截面拱轴线坐标为 (x,y),则主拱下缘对应坐标为:

$$x_下 = x + \Delta x = x + \frac{h}{2}\sin\alpha, \quad y_下 = y - \Delta y = y - \frac{h}{2}\cos\alpha$$

主拱上缘对应坐标为:

$$x_上 = x - \Delta x = x - \frac{h}{2}\sin\alpha, \quad y_上 = y + \Delta y = y + \frac{h}{2}\cos\alpha$$

②主拱圈底模系统施工。采用 15 cm×20 cm 方木作为横向分配梁置于碗扣支架顶托顶部(碗扣支架纵向间距均为 30 cm 的整倍数),为优化横向方木的受力及底模的抗倾覆稳定性,特将横向方木沿主拱圈纵向做切角处理,切角后的方木截面尺寸不小于 15 cm×15 cm,相邻横向方木之间用靶钉连接牢靠。纵向方木(截面尺寸为 10 cm×10 cm)搭置于横向方木之上,为避免纵向方木接头悬空而影响底模受力性能,须将纵向方木的搭接头位置设置于横向方木之上,即纵向方木在水平面上的投影长度为 30 cm 的整数倍。为保证纵向方木与横向方木的整体受力性能,防止纵向方木滑移,将纵向方木与横向方木之间用靶钉连接牢靠。18 mm 厚高强竹胶板用钢钉固定在纵向方木上。底模系统结构见图 7.31。

a.底模矢高计算。

设纵向方木长 2.4 m,则可近似取纵向方木中心与同其对应的拱下缘点之间的高度作为理论底模矢高,详见图 7.32。

1 点、2 点表示长为 2.4 m 的纵向方木与拱下缘线的交点,4 点表示纵向方木中心点,3 点表示与纵向方木中心点相对应的拱下缘点。底模矢高

$$\Delta = \sqrt{(x_3-x_4)^2 + (y_3-y_4)^2} = y_3 - y_4$$

经计算,底模矢高最大值 $\Delta_{\max} = 4$ mm,满足施工控制要求。

b.横向方木切角高度计算。

根据纵向方木的布置,可知其起点和终点的坐标 (x_1,y_1)、(x_2,y_2),设切角高度为 a,则纵向方木的倾角可表示为: $\gamma = \arctan(\dfrac{y_2-y_1}{x_2-x_1})$;横向方木切角高度可表示为: $a = 15 \times \tan\gamma$ (cm)。详见图 7.33。

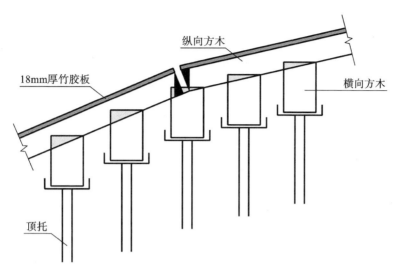

图 7.31 底模系统结构图

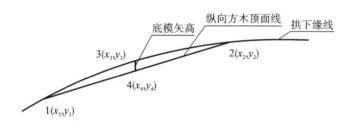

图 7.32 底模矢高计算示意图

c. 底模标高控制。

在底模的制作铺设过程中,采取控制横向方木顶面中心处标高、控制与横向方木顶面中心处对应的纵向方木顶标高和控制竹胶板顶面标高的"三控措施"。其中,每段纵向方木起点及终点对应横向方木顶面中心处标高为主控项目,与横向方木顶面中心处对应的纵向方木顶标高和竹胶板顶面标高为检查复核项目。

横向方木顶面中心处标高
$$H = H_0 - H_1 - H_2 + \Delta H_0 + \Delta H_1 + \Delta H_2 + \Delta H_3$$

式中:H_0——该里程对应的拱圈下缘设计标高;

H_1——该里程对应的纵向方木竖向高度;

H_2——该里程对应的竹胶板竖向高度;

ΔH_0——该里程对应的设计预拱度;

ΔH_1——该里程对应的碗扣式脚手架弹性变形量;

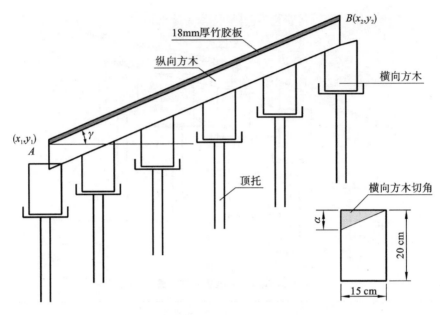

图 7.33 横向方木切角示意图

ΔH_2——该里程对应的碗扣式脚手架非弹性变形量；

ΔH_3——该里程对应的地基沉降量。

③主拱圈侧模系统施工。由于单边主拱圈任意一个里程点对应截面高度各不相同，施工中通过加工特制钢桁架来定位截面线形和截面高度，侧模桁架有两个作用：一方面是在混凝土浇筑过程中承受侧压力；另一方面作为侧模定位胎具使用，通过桁架把侧模分成若干小单元，按照特定的里程加工特定高度的桁架并安装就位，有效保证了定位精度并缩短了定位时间。侧模钢桁架形式见图7.34。

由于主拱圈截面在拱轴线以上部分为直坡，在拱轴线以下部分设置成 1∶4 的变坡，面板制作时以拱轴线为界分为上下两块，接缝设置在边坡点位置。同时，为了保证主拱圈外观质量，施工时将模板接缝设置于垂直于拱轴线方向，且使每块侧模与底模纵向方木相对应。

④各环顶面压板系统施工。为有效防止混凝土在浇筑过程中回流并准确控制主拱圈各截面尺寸，施工过程中需在各环顶面加设压板装置，压板采用竹胶板加方木结构，顶面预留混凝土下料孔、振捣孔和观察孔。

(3)各节段之间劲性骨架设置。为确保主拱圈各节段在施工过程中产生的下滑力对称、均匀地传递到拱座，在各节段施工过程中分别在截面端部预埋型钢

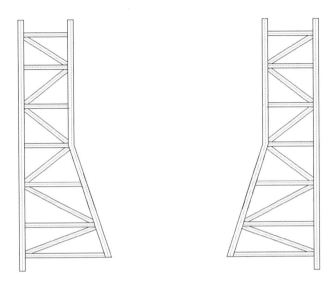

图 7.34 侧模钢桁架示意图

劲性骨架,并在间隔槽后浇带内焊接成整体。劲性骨架设置以能够抵抗主拱圈各节段对应的下滑力为原则。各间隔槽劲性骨架布置见图 7.35。

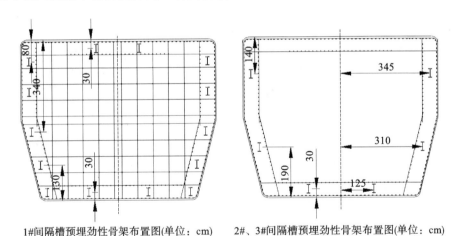

1#间隔槽预埋劲性骨架布置图(单位:cm)　　2#、3#间隔槽预埋劲性骨架布置图(单位:cm)

图 7.35 各间隔槽劲性骨架布置

(4)间隔槽后浇带施工。为减小因地基不均匀沉降和支架变形对主拱圈的影响,防止主拱圈在施工过程中出现较大拉应力,在节段与节段之间设置间隔槽后浇带作为临时变形缝。主拱圈施工中共设置 3 个间隔槽后浇带,分别是拱脚位置实体段、拱圈 1/3 位置、拱圈 2/3 位置,最小水平宽度为 1 m。

①后浇带钢筋施工。本桥施工过程中预留间隔槽后浇带的作用主要是防止因不均匀沉降产生附加应力,因此跨越后浇带的纵向受力钢筋与拱圈节段钢筋贯通并同时绑扎成型。

②后浇带混凝土浇筑。主拱圈其他部位混凝土全部浇筑完成并养护不少于 14 d 后进行后浇带混凝土浇筑。后浇带混凝土按照拱顶到拱脚的顺序进行浇筑,即先浇筑 3# 段,后浇筑 2# 段,最后浇筑 1# 段,且选择在一天气温最低的时候进行。

主拱圈分段现浇施工,在段与段之间设置间隔槽后浇带避免了因基础不均匀沉降而引起的结构次生应力,保证了主拱圈施工质量;分段分环方案丰富了主拱圈施工工作面,为快速组织施工创造了条件。

5. 超大吨位转体施工控制技术

本桥设计采用转体施工工艺,先在平行于沪杭高速公路方向完成拱肋以及拱上连续梁现浇施工,再平转 33° 到设计桥位后合龙,单边转体重量达 16800 t。本桥所用的球铰对应球体半径 R 为 8.0 m,球面水平投影直径 ϕ 为 4.0 m。转动球铰作为转体体系的关键部位,其加工、安装定位的精度直接关系到能否顺利转体;转体实施过程控制是保证转体施工质量的关键。

(1)球铰安装及定位。球铰总体采用分部吊装、分层定位的方法进行安装。

①安装钢骨架。第一次浇筑下承台混凝土时在混凝土顶面预埋钢板和定位角钢,预埋钢板位置与钢骨架的四角一一对应,角钢沿钢骨架内外对称布置。吊放钢骨架过程中将角钢中心的调节螺栓孔与测量放样的轴线点对中后,利用 4 台 5 t 油压千斤顶同步调整骨架到设计标高,通过定位角钢与钢骨架焊接牢固。这一阶段要求安装精度为 1 mm。

②下盘就位并精调。按照拆分前的标识线将下盘与钢骨架的轴线位置一一对应,在接近钢骨架顶面位置时,利用提前加工好的直径 20 mm 的定位销将下盘和骨架顶面角钢上的调节螺栓孔临时销接,放松钢丝绳的过程中使下盘沿定位销缓慢落位,现场测量下盘轴线位置无误后,安装下盘与钢骨架之间的标高调节螺栓。

下盘顶面标高采用现场测量、现场调整的方法进行。采用精度达 0.01 mm 的数字水准仪和配套塔尺进行标高测量,采用 4 台 5 t 油压千斤顶进行标高调整。将控制点标高逐一测量后,利用油压千斤顶同步调整盘面标高,旋紧调节螺栓的调位螺母,松顶后再次测量,相对高差在 2 mm 范围内时,利用螺母紧固扳手进行微调,微调按照逐点测量、逐点调整的原则进行。由于调节螺栓为0.5 mm/丝的细牙螺栓,所以每次调整高度确定为0.5 mm,同步对中心销轴套管的竖直度进行复核,全部满足要求后旋紧紧固螺母完成精调并固定。下盘安装精度控制在±0.5 mm内。

③浇筑盘下混凝土。球铰作为转体过程中主要的承重结构,其盘下混凝土的浇筑质量直接影响到转体过程的安全及转体工况下各部位应力的分布。球铰盘下混凝土分三次浇筑完成,第一次对环道骨架、球铰钢骨架及定位轴套进行定位,浇筑厚度50 cm;第二次浇筑到环道顶面,浇筑厚度50 cm;最后一次浇筑到球铰盘下顶面设计标高,浇筑厚度30 cm。具体浇注顺序见图7.36。

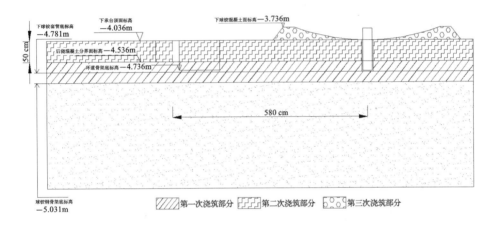

图7.36 球铰盘下混凝土浇筑顺序图

混凝土浇筑前打开下盘面上预留的振捣孔盖板,混凝土从下盘的一侧布料,通过下盘面向另一侧流动,预留振捣孔处固定2个振捣棒,振捣时间不少于5 min,使进入盘下的混凝土充分振捣,下盘侧面辅以斜向振捣棒,通过振捣孔观察盘下混凝土的流动情况及振捣质量,通过预留的排气孔观察气泡的排出情况,接近排气孔和振捣孔位置时,适当放慢布料速度,使气泡及混凝土表面浆体充分排出,待均质混凝土溢出后封堵排气孔和振捣孔。

混凝土初凝后,首先打开振捣孔盖板和排气孔,检查盘下混凝土与下盘面钢板是否密贴,确定是否需要压浆处理,并对球铰周边混凝土收压三次,及时覆盖进行保温保湿养护。

④盘面清理及聚四氟乙烯滑块安装。盘下混凝土浇筑完成后,对下盘表面进行清理,盘面采用磨光机进行打磨,镶嵌聚四氟乙烯复合夹层滑块的槽孔用磨

光机配合磨光球打磨,以打磨到新鲜板面为标准,表面灰尘及杂物用吸尘器清理干净,定位轴套内水及其他杂物人工清理干净并用空压机吹干。

将所有滑块按照背面的编号进行顺序排列,确保976块直径60 mm、厚18 mm的聚四氟乙烯复合夹层滑块对号入座。滑块采用手工方式安装,按照顺序由内到外安装就位,安装时借助橡皮锤,一方面防止对滑块表面造成损伤,另一方面使滑块镶嵌牢固,安装完成后检查滑块顶面高出下盘的部分高度是否均匀。

⑤定位销轴安装及润滑油脂填充。首先根据定位轴及轴套的直径计算填满间隙所需要的润滑油脂量,确保填充足够的润滑油脂后将定位轴吊装就位,人工试转并将定位轴与球铰中心轴重合,且钢管中心轴与球面截面的圆平面保证垂直,倾斜度不大于3‰。

为减小转体过程中上下盘之间摩擦阻力并防止杂物进入上下转动摩擦面,球铰上下盘之间采用润滑油脂与聚四氟乙烯粉均匀拌和后进行填充。安装过程中采用3#锂基润滑脂与聚四氟乙烯粉按120∶1的重量比进行配制,将配制好的润滑脂人工均匀涂抹在聚四氟乙烯滑块之间的间隙及滑块顶面,涂抹厚度为10 mm,确保能够填满上下盘之间的间隙。

⑥安装上盘及试转。润滑油脂填充施工完成后,及时将表面清理干净的球铰上盘吊装就位,吊装过程中人工配合上盘定位,确保上盘中心对准定位轴后缓慢、轻落至下球铰上,就位后使之水平并与下球铰外圈间隙一致。采用人工加力杆的方式对上盘进行试转,一方面靠上盘的自重将其与滑块顶面充分密贴,另一方面可以粗略测试上下盘之间的动摩擦系数大小,为正式转体施工提供经验数据。

(2)转体施工过程控制。拱肋现浇支架拆除完成后,对单个转体进行称重试验,按照试验结果进行合理配重;人工将牵引索按照顺序均匀排列在转台周边,利用专用千斤顶对牵引钢索进行预紧;安装QDCL2000型连续顶推千斤顶、YTB液压泵站及LSDKC-8型主控台组成整套转体动力系统后进行试转,实际测定动、静摩擦系数后开始连续转体,转体到位前,利用转体系统的手动功能将转体缓慢就位,调整轴线位置及合龙口两侧标高后对钢撑脚与环道临时固结,进行封铰施工完成转体施工全过程。转体施工工艺流程见图7.37。称重前首先将临时支撑砂箱拆除,拆除顺序为:先2#~3#及5#~6#之间,后3#~4#及1#~6#之间,最后1#~2#及4#~5#之间,其中同一批次内2组同时拆除。具体顺序见图7.38。

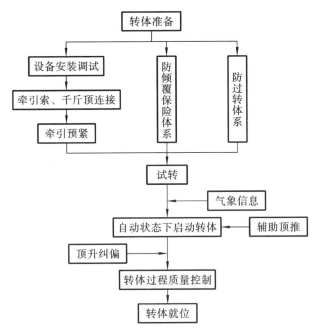

图 7.37 转体施工工艺流程

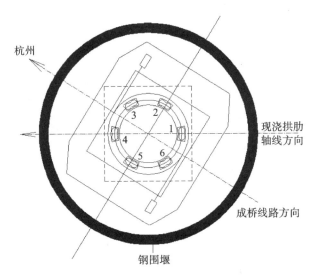

图 7.38 临时支撑砂箱拆除顺序

(3)称重。转体前称重的主要目的是测定单个转体两侧悬臂端在转体过程中的不平衡重,按照测定的结果进行配重,并测定转动过程中动、静摩擦系数为确定正式转体时需要的牵引力提供试验数据。转体梁竖向不平衡力矩及偏心距测试试验如下。

①试验原理。沿梁轴线的竖平面内,球铰体系的制作安装误差和梁体质量分布差异以及预应力张拉的程度差异,导致两侧梁段刚度不同,质量分布不同,从而产生不平衡力矩,使得悬臂梁段下挠程度不同。为了保证转体过程中,体系平稳转动,要求预先调整体系的质量分布,使其质量处于平衡状态。以球铰为矩心,顺、逆时针力矩之和为零,使转动体系能平衡转动,当结构本身力矩不能平衡时,需加配重使之平衡。即

$$M_左 - M_右 = M_配$$

其中:$M_左$——左侧悬臂段的自重对铰心的力矩;

$M_右$——右侧悬臂段的自重对铰心的力矩;

$M_配$——配重对铰心的力矩。

根据实测偏心结果,对于纵向偏心,采用在结构顶面的偏心反向位置,距离墩身中心线一定距离的悬臂段,堆码砂袋或混凝土配重块作为配载纠偏处理措施。

称重测试原理及测点布置见图 7.39。

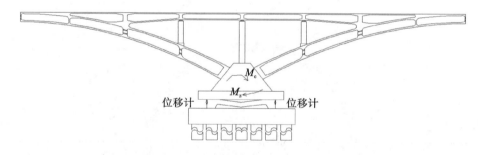

图 7.39 称重测试原理及测点布置

②试验方法。根据本工程实际情况,为方便此操作,拟在上承台位置施力作为称重测试的动力点,详见图 7.40。

③试验结果。拆除砂箱后钢撑脚位移监测结果见表 7.22。

表 7.22 拆除砂箱后钢撑脚位移监测结果

部位	中跨侧桥轴向撑脚	边跨侧桥轴向撑脚	梁体竖向位移
小里程侧转体	-0.50 mm	0.22 mm	-0.10 mm
大里程侧转体	-1.5 mm	1.0 mm	-0.5 mm

不平衡测试中的荷载位移曲线见图 7.41。

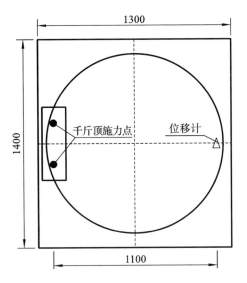

图 7.40 称重测试施力点布置(单位:cm)

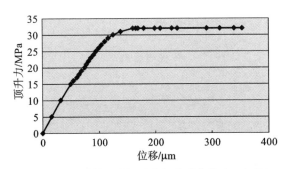

(c) 大里程侧转体边跨侧顶升力-位移曲线（三台顶）

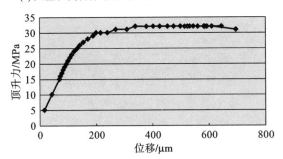

(d) 大里程侧转体中跨侧顶升力-位移曲线（四台顶）

图 7.41 不平衡测试中的荷载位移曲线

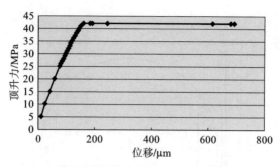

(a)小里程侧转体中跨侧顶升力-位移曲线

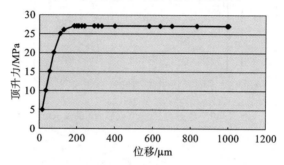

(b)小里程侧转体边跨侧顶升力-位移曲线

续图 7.41

不平衡测试结果见表 7.23。

表 7.23 不平衡测试结果

部位	不平衡力矩/(kN·m)	摩阻力矩/(kN·m)	静摩擦系数 μ	偏心距 e/cm
小里程侧转体	8083	46585	0.037	4.81(偏中跨)
大里程侧转体	8888	51017	0.041	5.29(偏中跨)

(4)配重。

根据称重测试结果,两个转体的不平衡偏心距均小于 15 cm,能够满足转体施工需要,考虑到大里程侧转体实测摩擦系数偏大,在大里程侧中跨方向距离球铰中心 50 m 处配重 50 kN,配重材料为现场预制的混凝土预压块。

(5)试转。

为保证转体的顺利进行,在正式转体前进行试转施工。

①试转需要测试的内容。

试转时测试启动牵引力 T_0、正常牵引状态下的牵引力 T_1、单位时间转动主桥的角度及悬臂端所转动的水平弧线距离、点动操作时受惯性影响大小(每点动一次悬臂端所转动的水平弧线距离)、转体过程中姿态变化及应力状况等内容。

②试转角度确定。

试转以转体最大悬臂端边缘不侵入既有沪杭高速公路路肩为原则,小里程侧最大试转角度为4°,大里程侧最大试转角度为3.4°,试转过程中以3°进行控制。

③试转结果。

试转测试结果见表7.24。

表7.24 试转测试结果表

序号	测试项目	测试结果		单位	备注
		小里程侧	大里程侧		
1	启动牵引力	480	520	kN	—
2	自动运行阶段线速度(梁端)	0.023	0.026	m/s	第一次
		0.022	0.023	m/s	第二次
3	自动运行阶段角速度	0.017	0.019	rad/s	第一次
		0.016	0.017	rad/s	第二次
4	1 s点动控制梁端位移	2.0	2.3	mm	第一次
		1.9	4.0	mm	第二次
		2.0	4.0	mm	第三次
5	2 s点动控制梁端位移	4.7	7.1	mm	第一次
		4.9	7.0	mm	第二次
		4.8	7.0	mm	第三次
6	5 s点动控制梁端位移	8.4	10.4	mm	第一次
		8.0	10.1	mm	第二次
		8.1	9.9	mm	第三次

(6)正式转体。

①启动牵引力控制。

根据试转前确定的启动牵引力 T_0,分级加载到位,具体如下:

第一步:千斤顶加载到测试对应牵引力 200 kN 等级;

第二步:千斤顶加载到测试对应牵引力 400 kN 等级;

第三步:千斤顶加载到测试启动牵引力 T_0。

②转体过程控制。

转体启动后,将动力系统调整到预计的牵引力并使其在"自动"状态下运行。

核对实际转动速度与预计速度的差值,确定"自动"状态下的运行时间。

在桥面中心轴线合龙前 1.5 m,桥面监控人员开始每 10 cm 给主控台报告一次监测数据;在 20 cm 内,每 1 cm 报一次;即将到位时准确对梁的中轴线进行贯通测量,加强与控制台操作人员的沟通,确保准确到位。

③就位控制措施。

转体前在转台上设置弧长及角度观测标尺,转体过程中进行观测控制。

根据试转时确定的惯性大小,提前停止自动连续牵引,改为点动操作。

利用轴向微调反力座安装限位装置,防止过转。

④轴线测量控制方案。

转体施工前,对单个转体上的轴线控制点进行测量放样,转体快到位时用两台全站仪进行轴线位置贯通观测,具体控制方案见图 7.42。

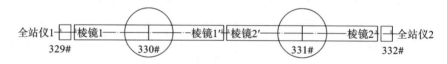

图 7.42　转体过程中轴线控制方案

⑤标高测量控制方案。

轴线调整到位后,准确测量各悬臂端实际标高,利用千斤顶在转台位置施力,调整各合龙口之间标高,测量无误后利用钢楔块将钢撑脚与环道之间间隙塞死并焊接牢固。

通过逐层定位、逐层精调的定位方法保证了球铰等转体核心构件的安装精度,为顺利转体提供了技术保证;依靠精确的称重和准确的配重,实现了"中心承重、平衡转体"的目标,保证了转体施工的安全。

6. 长大钢绞线系杆索施工技术

系杆是拱结构中承受拱端水平推力的主要构件,它使拱端支座不产生水平推力,成为无推力拱,是自锚式拱桥结构体系的生命线。

本桥采用转体施工工艺,转体前通过水平临时系杆平衡主拱推力,转体到位后进行边中跨合龙完成体系转换,最后通过设置永久系杆来平衡主拱的水平推力。临时系杆索采用规格为 55-ϕ15.2 高强度、低松弛钢绞线,单边转体共设置 6 束;永久系杆索采用 SSI2000 型 6-85 无黏结高强度、镀锌钢绞线斜拉索体系,可以实现系杆索的单根安装、单根张拉、整体调索、单根换索,一方面可以保证整索索力满足设计要求,另一方面可以保证单索索力的离散性在设计允许的范围内,且为以后运营阶段的维护提供方便。

(1)临时系杆索施工。临时系杆索施工主要包括钢绞线下料、穿束、张拉以及转体就位全桥合龙完成后退索。临时系杆索在锚固端布置见图7.43。

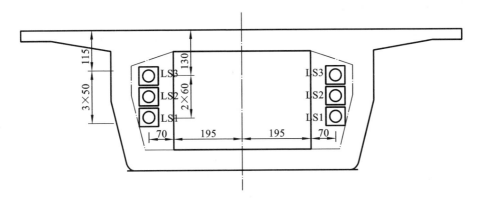

图 7.43　临时系杆索在锚固端布置(单位:cm)

①钢绞线下料。根据设计钢索长度及穿束工艺要求,计算下料长度:

$$L = L_0 + 2 \times (L_1 + L_2)$$

式中:L_0——设计孔道长度,取 15775 cm;

L_1——工作锚环厚度,取 17.5 cm;

L_2——千斤顶锚固需要长度,取 80 cm。

经计算下料长度 $L = 15970$ cm。

②锚环定位。按照如图 7.44 所示锚环设计的孔位布置对上下游两侧锚环进行定位。

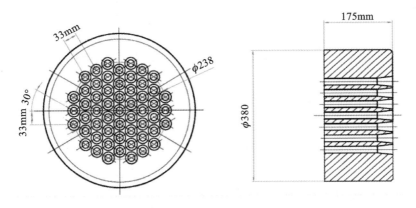

图 7.44　6-55 锚环孔位布置

③穿束及张拉。采用人工单根穿束方案,防止钢绞线相互打绞;采用单根等值张拉工艺,借助电子传感器对索力变化进行监测,确保每束中各股索力均匀;按照横截面左右两侧对称并基本同步的原则进行张拉,张拉过程中以锚下应力控制为主,以伸长量为辅进行校核。

④退索。全桥合龙完成后,张拉永久系杆索的同时进行临时系杆索的拆除。

a.首先拆除防松装置,在锚头外安装退索支架。

b.根据千斤顶的行程,分次加压、退夹片、卸压、安装夹片循环完成单根索拆除。

c.按照横截面左右两侧对称并基本同步的原则进行拆除。

d.慢慢卸压,安装夹片,完成一次延伸量的退除。

e.如此循环完成所有临时系杆索的退除施工。

(2)永久系杆索施工。永久系杆索施工主要包括 HDPE 外套管的预制、安装和焊接;锚具预制、安装;单根钢绞线安装、张拉;索体最终组装。其中 VSL 钢绞线安装工艺是本体系的核心所在。系杆索施工工艺流程见图 7.45。

①系杆索索体组成。

SSI2000 型钢绞线系杆索主要组成部分如下。

索体自由段:由带 PE 护套的镀锌涂油钢绞线、索箍、HDPE 套管组成,其中钢绞线公称直径 15.2 mm,标准抗拉强度 $f_{pk}=1860$ MPa,每束由 85 根钢绞线组成。

图 7.45 系杆索施工工艺流程

索体锚固段+过渡段:由锚筒、螺母、锚固夹片、锚垫板、预埋钢导管、减振器组成。

索体为四层防护下无黏结 PE 钢绞线,具有优良的防腐性能,可以避免单根钢绞线表面 PE 与 PE 之间的摩擦损伤。锚固端采用 SSI2000 型锚具,具有良好的锚固性能、完全的密水性、良好的抗疲劳性和耐久性,可以实现单根钢绞线的更换、检查,并可有效过滤弯曲应力。每束系杆有效张拉应力为 680 MPa,单根钢绞线设计张拉索力为 95.2 kN,采用单根张拉、整体调索工艺。系杆索索体结构见图 7.46。

②HDPE 外套管焊接及安装。

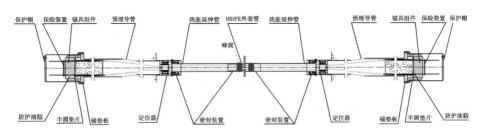

图 7.46 系杆索索体结构

系杆索 HDPE 外套管设计采用双层同步挤压圆形截面高密度聚乙烯管,具有良好的抗老化性能,管外径 280 mm,壁厚 16 mm,套管的连接采用 VHJ20 型焊机对焊连接。

外套管焊接前,将管材放置于夹紧装置内并将之夹紧,在压力作用下用电铣刀削平两个管材的被焊端面,确保两管口平齐。在焊接过程中,需在 2 MPa 的焊接压力下持荷 3 min 至焊缝完全冷却硬化后才能解除。

套管采用现场焊接接长后卷扬机牵引就位的方法施工。

③分丝圈组拼及安装。

分丝圈结构见图 7.47。

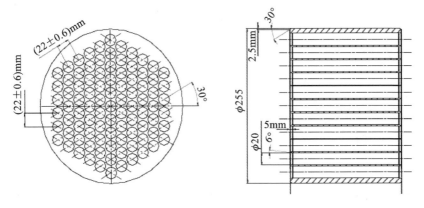

图 7.47 分丝圈结构

分丝圈在已经施工好的桥面上组装,首先在分丝圈的直径两端对称安装定位绳,定位绳采用带尺寸刻度的高强度钢丝,准确测量系杆索下方预安装的滚轮脱架位置,按照实际位置对分丝圈的位置进行定位。按照孔位编号进行 85 根引线的穿束定位,利用 1 t 卷扬机将组装完成的分丝圈由 HDPE 套管的一端牵引到另一端。分丝圈组拼及安装详见图 7.48。

④锚具安装及定位。a.利用 3 t 手拉葫芦将锚具提升到预埋钢管位置,借助

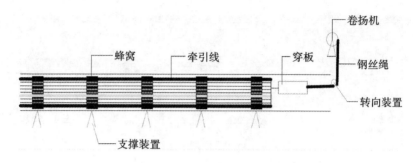

图 7.48 分丝圈组拼及安装

一单孔锚具、一根长 6 m 的钢绞线,使导向管端部穿过锚垫板孔进入预埋钢管。b.根据锚具上的标记检查 1♯钢绞线孔洞位,使 1♯钢绞线孔位处于安装的正确位置。c.安装半圆垫片上的螺栓,使螺栓与锚垫板和半圆垫片上孔洞一一对应,2 副半圆垫片应垂直放置在锚垫板上。d.锚具平贴在半圆垫片上表面时通过全牙螺栓将锚具固定在锚垫板上。锚具安装详见图 7.49。

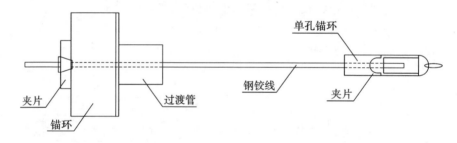

图 7.49 锚具安装

⑤钢绞线下料。

a.下料长度计算。

$$L = L_0 + 2L_1 + 2A_1 + L_2 + 5 \text{ cm}$$

式中:L_0——锚固端锚垫板面之间的中心线长度;

A_1——锚固端锚具外露长度;

L_1——锚固端张拉时工作长度;

L_2——由于支撑滚轮安装精度影响的长度。

经计算 $L = 33750$ cm。

b.两锚固端 PE 护套剥除长度计算。

$$L_{剥} = L_1 + A_2 + \Delta L - L_4 + 5 \text{ cm}$$

式中:A_2——锚具结构长度;

ΔL——该索张拉伸长量;

L_4——PE护套进入锚具内的长度。

经计算 $L_{剥}=1650$ cm。

⑥穿束。穿束前首先对盘卷的PE钢绞线进行端头去PE、切除外围钢丝、中心镦头处理。通过空心螺丝和子弹头连接牵引线与待穿钢绞线,利用1.5 t卷扬机慢速将钢绞线拖到另外一端锚头处,按照计算要求的下料长度切断钢绞线并剥除PE保护层。穿束见图7.50。

⑦张拉及索力控制。总体采用单根等值张拉工艺,首先根据设计索力要求、钢绞线实测截面积、弹性模量、前后锚点坐标计算出每根索的张拉控制力,初张拉完成后对每索进行补偿张拉,确保一束中各股索力误差在±2%范围内;最后进行整体调索,确保整体索力与设计要求的索力误差在±2%范围内。

a.应用VSL STRAN计算程序对每根索的理论张拉应力进行计算,确定各索中每根钢绞线的初张拉力,并在初张拉后将单根索力的均衡性控制在±3%误差范围内。

b.对单根钢绞线进行补偿张拉,确保调整后索力的均衡性控制在±2%误差范围内。

c.通过精确标定的单孔千斤顶提升钢绞线,观察夹片变化并记录油压表读数,以便对单索索力进行复核。通过此种方式,可以追溯整个施工过程中的实际索力。

⑧顶压夹片。为防止低应力锚固夹片的滑动,张拉端的夹片须采用专用千斤顶顶紧。采用VSL夹片顶压工艺及技术,用"35% UTS"的力将夹片顶紧并就位。

⑨定位器的安装。在最终索力调整结束和全桥线形调整完成后,进行定位器的安装,在本桥上定位器按所处结构仅为桥面定位器,安装时使其固定在预埋管内。

首先将热膨胀管移至预埋钢管外2 m左右并将其固定,用专用设备把钢绞线约束成六边形后安装定位器内圈,安装反力套箍并挤压内圈,使其进入定位器一定距离,用内六角扳手使定位器外圈膨胀与预埋管相接触后安装止动环,使HDPE热膨胀管就位。定位器安装见图7.51。

⑩防腐施工。相关配套装置安装完成后,在锚环与过渡管内密封圈之间灌注防腐油脂,锚固区钢绞线的密封以过渡管末端的密封圈作为第一道屏障,而PE管内的填充油脂为第二道屏障。最后在锚环上安装永久盖帽并用防腐油脂

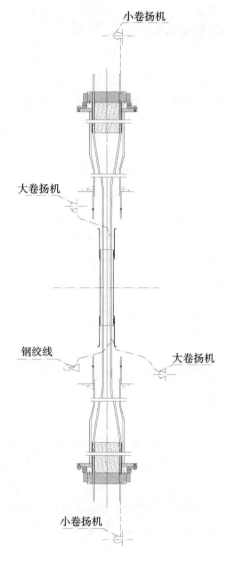

图 7.50 穿束示意图

将盖帽填充密实,完成防腐施工。

采取单根等值张拉工艺,保证了钢绞线系杆索索力的精度,将同一索中每根索索力的离散性控制在±1%范围内,整体索力与设计误差在±2%范围内,确保了拱结构核心受力构件的施工质量。

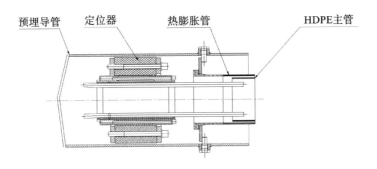

图 7.51　定位器安装示意图

7.3　道路施工管理实务案例——以深汕西高速公路改扩建工程为例

7.3.1　高速公路改扩建工程施工区通行能力

1. 高速公路改扩建工程施工区通行能力界定

影响高速公路基本路段通行能力的因素很多,如道路等级、车道宽度、线形、技术标准、交通组成以及路肩宽度和状况等。《公路工程技术标准》(JTG B01—2014)中给出的高速公路基本通行能力的理想条件如下。

(1)设计速度——120 km/h、100 km/h、80 km/h、60 km/h。

(2)地形——平原微丘。

(3)行车道宽度≥3.75 m。

(4)车道数≥4。

(5)侧向净宽≥1.75 m。

(6)车流中全部为小客车。

(7)驾驶员均为经常行驶高速公路且技术熟练、遵守交通法规者。

(8)平整度——对速度无影响。

(9)交通秩序和交通管理——良好。

(10)天气条件——良好。

理想条件下,不同设计速度下的高速公路每车道的基本通行能力取值见表 7.25。

表 7.25　高速公路每车道的基本通行能力取值

设计速度/(km/h)	120	100	80	60
基本通行能力/[pcu/(h·ln)]	2200	2100	2000	1800

2. 服务水平

服务水平是衡量交通设施提供的运行质量好坏的定性指标。服务水平通常与行车速度、行驶时间、驾驶自由度、交通阻塞程度以及舒适和方便程度等因素有关。

根据交通流状态,各级服务水平定性描述如下。

(1)一级服务水平,交通流处于完全自由流状态。交通量小,速度高,行车密度小,驾驶员能自由地按照自己的意愿选择所需速度,行驶车辆不受或基本不受交通流中其他车辆的影响。在交通流内驾驶的自由度很大,为驾驶员、乘客或行人提供的舒适度和方便性非常优越。较小的交通事故或行车障碍的影响容易消除,在事故路段不会产生停滞排队现象,很快就能恢复到一级服务水平。

(2)二级服务水平,交通流处于相对自由流状态,驾驶员基本上可按照自己的意愿选择行驶速度,但是开始要注意到交通流内有其他使用者,驾驶人员身心舒适水平很高,较小交通事故或行车障碍的影响容易消除,在事故路段的运行服务情况比一级差些。

(3)三级服务水平,交通流处于稳定流的上半段,车辆间的相互影响变大,选择速度受到其他车辆的影响,变换车道时驾驶员要格外小心,较小交通事故仍能消除,但事故发生路段的服务质量大大降低,严重的阻塞后面形成排队车流,驾驶员心情紧张。

(4)四级服务水平,交通流处于稳定流范围下限,但是车辆运行明显地受到交通流内其他车辆的相互影响,速度和驾驶的自由度受到明显限制。交通量稍有增加就会导致服务水平的显著降低,驾驶人员身心舒适水平降低,即使较小的交通事故也难以消除,会形成很长的排队车流。

(5)五级服务水平,交通流处于拥堵流的上半段,是达到最大通行能力时的运行状态。对于交通流的任何干扰,例如车流从匝道驶入或车辆变换车道,都会在交通流中产生一个干扰波,交通流不能消除它,任何交通事故会形成长长的排队车流,车流行驶灵活性极端受限,驾驶人员身心舒适水平很差。在这个水平上运行通常不稳定,因为交通流中流量稍有增大或微小波动,都会引起交通阻塞。

(6)六级服务水平,交通流处于拥堵流的下半段,是通常意义上的强制流或阻塞流。这一服务水平下,交通设施的交通需求超过其允许的通过量,车流排队行驶,队列中的车辆出现停停走走现象,运行状态极不稳定,可能在不同交通流状态间发生突变。

3. 服务水平影响因素

(1)封闭行车道数。

由于高速公路改扩建工程施工场地的需要,有时必须同时关闭一个或多个行车道,将会大大影响高速公路改扩建工程施工区通行能力,如施工时减少行车道数量过多,可能会直接导致高速公路改扩建工程施工区道路交通拥挤、堵塞,甚至中断交通。

(2)行车道宽度。

与高速公路基本路段通行能力修正一样,高速公路改扩建工程施工区开放车道宽度对其通行能力有一定的影响。一般认为,当车道宽度达到某一数值时其通过量能达到理论上的最大值,当车道宽度小于该值时,则通行能力降低。

(3)侧向净空。

侧向净空的影响包括左侧中央分隔带、路缘带和右侧路肩宽度的影响,实际调查表明左侧路缘带宽度和右侧路肩宽度小于某一数值时(理想条件规定的标准数值)会使驾驶员感到不安全,从而减速或偏离车道线行驶,使相邻车道利用率降低。

(4)大型车辆。

与发达国家高速公路运行情况相比,我国高速公路交通量构成中小汽车数量明显较少,而大、中型货车较多,并且高速公路交通量车型构成复杂,车型之间的机械和机动性能差距大,动力性能差是我国高速公路平均车速较低的主要原因。这是因为混合车流中的大、中型车和特大型车速度较慢,它们在交通流中的比例越大,对小型车的运行速度的影响就相应增大。特别是在中、高密度时,如果车队领头车为慢车,由于此时超车机会有限,动力性能较好的小车无法以期望车速行驶,只能以接近于慢车车速的速度行驶,导致整个交通流速度偏慢,通行能力降低。

(5)施工区限速。

为提高安全性,在高速公路改扩建工程作业区进行限速是必要的,因为适当限制车辆通过作业区的速度,可以均衡车流的速度,从而减少交通事故的发生,但速度的限制又会对通行能力产生影响。

(6)施工区长度。

高速公路改扩建工程作业区长度越长,意味着工作强度越大,驾驶员需要更加谨慎地驾驶,导致车流速度降低,对作业区通行能力产生影响。

(7)车道封闭形式。

高速公路改扩建工程不同施工阶段,封闭车道形式也不相同,在对外侧加宽施工时可能会封闭行车道和硬路肩;对内侧老路面或中央分隔带施工时,将会封闭超车道;半幅道路施工时,封闭半幅道路而另半幅双向通行。不同的作业区封闭形式、车辆行驶和变换车道的行为不同,引起车流的紊乱程度也不同,对通行能力产生不同影响。

(8)驾驶员对环境的熟悉程度。

高速公路改扩建工程施工期间,道路条件、交通条件、交通控制条件以及交通标志、标线设置都会发生变化,这些变化降低了驾驶员对道路环境的熟悉程度,在判断、操作上都比正常情况下要谨慎、注意力要更加集中,行车速度受到影响,对作业区通行能力也将产生影响。

(9)其他因素。

除了上述讨论的因素,还有其他的因素对高速公路改扩建工程施工区通行能力有一定的影响,例如高速公路互通式立交匝道,尤其是入口匝道在施工区渐变段或延伸至作业区对施工区通行能力有较大的决定作用。

4. 深汕西高速公路施工期的通行能力分析

本书对施工区影响因素进行了简化,着重考虑了车速限制、行车道数、车道宽度和路侧净空、大型车混入率以及驾驶员对环境的熟悉程度等几个因素。

$$c = c_0 \times n \times f_w \times f_{HV} \times f_p$$

式中:c——施工区可能通行能力[pcu/(h·ln)];

c_0——限制速度下高速公路基本路段每车道的通行能力[pcu/(h·ln)];

n——行车道数,取自然数1、2、3……;

f_w——行车道宽度和侧向净宽对通行能力的修正系数;

f_{HV}——大型车对通行能力的影响修正系数;

f_p——驾驶员对环境熟悉程度修正系数。

(1)限制车速条件下高速公路基本路段每车道的通行能力 c_0 见表 7.26。

表 7.26 高速公路每车道基本通行能力 c_0 取值

车道数	双向四车道高速公路				双向六车道高速公路			
设计速度/(km/h)	120	100	80	60	120	100	80	60
通行能力/[pcu/(h·ln)]	2200	2200	2000	1800	2150	2100	2000	1750

(2)行车道宽度及侧向净宽的修正系数见表 7.27。

表 7.27 行车道宽度和侧向净宽的修正系数 f_w

有中央分隔带的四车道公路(每边有两车道)				
侧向净宽	行车道宽度			
	行车道一边有障碍物		行车道两边有障碍物	
	3.75 m	3.5 m	3.75 m	3.5 m
≥1.75 m	1.00	0.97	1.00	0.97
1.60 m	0.99	0.96	0.99	0.96
1.20 m	0.99	0.96	0.98	0.95
0.90 m	0.98	0.95	0.96	0.93
0.60 m	0.97	0.94	0.94	0.91
0.30 m	0.93	0.90	0.87	0.85
0	0.90	0.87	0.81	0.79

有中央分隔带的六或八车道公路(每边有三或四车道)				
侧向净宽	行车道宽度			
	行车道一边有障碍物		行车道两边有障碍物	
	3.75 m	3.5 m	3.75 m	3.5 m
≥1.75 m	1.00	0.96	1.00	0.96
1.60 m	0.99	0.95	0.99	0.95
1.20 m	0.99	0.95	0.98	0.94
0.90 m	0.98	0.94	0.97	0.93
0.60 m	0.97	0.93	0.96	0.92
0.30 m	0.95	0.92	0.93	0.89
0	0.94	0.91	0.91	0.87

行车道宽度及侧向净宽的修正系数是根据行车道宽度、侧向净宽、高速公路的车道数,以及单侧障碍物还是两侧都有障碍物而确定的。两侧都有障碍物是指路肩及中央分隔带上均有影响运行的障碍物。

(3)大型车影响修正系数 f_{HV}。

大型车的慢速特征会影响其他车辆的行驶车速,其影响系数可用下式确定。

$$f_{HV}=\frac{1}{1+P_{HV}(E_{HV}-1)}$$

式中:P_{HV}——大型车交通量占总交通量的比例(%);

E_{HV}——大型车换算成小客车的车辆换算系数(见表7.28)。

表7.28 高速公路路段车辆换算系数 E_{HV}

车型	平原微丘	重丘	山岭
大型车	1.7	2.5	3.0
小型车	1.0	1.0	1.0

(4)驾驶员条件对通行能力的影响修正系数 f_p。

根据驾驶员对高速公路熟悉程度,尤其是在高速公路改扩建工程施工区或其相似的路段上的行驶经验以及驾驶员的健康状况,f_p 在 0.90～1.00 范围内取值。

5. 深汕西高速公路施工期间不同服务水平下的通行能力计算及分析

基于典型基本路段分析,分别对沈海高速公路龙岗至海丰鹅埠段改扩建施工双侧拼宽道路、单侧加宽道路各施工阶段的保通速度进行分析,结果表明,在保通期间,大部分时段的车速限制为 80 km/h,且保通期间车道两侧均有护栏进行防护。因此在对于服务水平的计算中,以 80 km/h 的标准进行服务水平的计算。施工期间四车道保通及两车道保通沈海高速公路服务水平见表7.29、表7.30。

表7.29 施工期间四车道保通沈海高速公路服务水平

路段名称	2021 年			2024 年		
	路段流量/[pcu/(h·ln)]	四车道保通		路段流量/[pcu/(h·ln)]	四车道保通	
		V/C	服务水平		V/C	服务水平
潭西—西湖	2807	0.32	一级	3070	0.35	一级
西湖—海丰东	3043	0.34	一级	3348	0.38	二级

续表

路段名称	2021 年			2024 年		
	路段流量 /[pcu/(h·ln)]	四车道保通		路段流量 /[pcu/(h·ln)]	四车道保通	
		V/C	服务水平		V/C	服务水平
海丰东—埔边	3043	0.34	一级	3348	0.38	二级
埔边—长沙湾	3308	0.37	二级	3638	0.41	二级
长沙湾—梅陇	3554	0.4	二级	3905	0.44	二级
梅陇—深汕湾	3537	0.33	一级	3887	0.35	一级
深汕湾—鹅埠	3428	0.31	一级	3872	0.34	一级
鹅埠—吉隆	3410	0.39	一级	3853	0.44	一级

注:V/C 是在理想条件下,最大服务交通量与基本通行能力之比。

表 7.30 施工期间两车道保通沈海高速公路服务水平

路段名称	2021 年			2024 年		
	路段流量 /[pcu/(h·ln)]	两车道保通		路段流量 /[pcu/(h·ln)]	两车道保通	
		V/C	服务水平		V/C	服务水平
潭西—西湖	2807	0.64	三级	3070	0.7	三级
西湖—海丰东	3043	0.69	三级	3348	0.76	四级
海丰东—埔边	3043	0.69	三级	3348	0.76	四级
埔边—长沙湾	3308	0.75	三级	3638	0.82	四级
长沙湾—梅陇	3554	0.8	四级	3905	0.88	四级
梅陇—深汕湾	3537	0.67	三级	3887	0.7	三级
深汕湾—鹅埠	3428	0.61	三级	3872	0.67	三级
鹅埠—吉隆	3410	0.77	二级	3853	0.87	三级

注:V/C 是在理想条件下,最大服务交通量与基本通行能力之比。

(1)施工期服务能力。

施工期间两车道保通需要分流双向交通,如果不分流,路面施工阶段路段服务水平大部分处于三到四级服务水平。

在"利用下面层行车双向四车道保通"条件下,全线通行能力受影响程度小,基本能够达到三级及以上服务水平,仅部分路段不能达到三级及以上的服务水平,因此施工期间基本能维持现状交通,最大限度地自行承担改扩建施工带来的交通压力。

(2)分流压力。

考虑跟项目道路的连接关系,深汕西高速公路的分流道路主要有G1523甬莞高速公路、S30惠深沿海高速公路、S21广惠高速公路、S19兴汕高速公路、G324国道等。

深汕西高速公路汕尾及深汕合作区段平行分流道路较少,无法承担大流量分流。根据本节分析结果,利用双向四车道保通时,原有道路服务水平较高,深汕西高速公路在保证四车道通行的情况下无须分流,但施工期间的一些特殊情况(如节假日、旅游旺季、交通事故及恶劣天气等)将导致项目道路承担的流量大幅度下降,不能保证施工期间三级服务水平。

(3)行车安全。

在"利用下面层行车双向四车道保通"条件下,改扩建期间全线留有隔离防撞设施,有利于行车安全。对于深汕西高速公路,由于路况较好,四车道保通能充分发挥现有公路作用。

(4)沿线构筑物施工。

深汕西高速公路沿线构筑物密度大,须在合理设计、协调及施工的基础上,才能满足双向四车道通行要求。但应特别指出的是,上跨桥拆除时,根据拆除方式的不同,可能需要短时间封闭交通(2～3 h)或在施工处短时间双向两车道通行(半幅封闭车道),对交通有一定影响。互通及主线桥的施工建设须合理协调,按时完工,否则将会影响施工进度,增大施工的交通组织难度,无法保证全线双向四车道通行。

(5)工程质量。

由于在新建路面下面层行车,对新建道路产生影响,可能不利于保证施工质量。

(6)通行费损失。

深汕西高速公路周边可供分流的高速公路为G25长深高速公路、S20潮莞高速公路、G1523甬莞高速公路、S27仁深高速公路、S30惠深沿海高速公路、S21广惠高速公路等,从连接关系上来看,由于绕行距离很长,同时增加过桥费用,高速分流效果不显著。

7.3.2 交通组织总体方案设计

1. 施工计划及总体交通组织方案

针对深汕西高速公路运输通道内路网情况、道路通行能力、工程施工方案及交通保障情况进行分析后可以得到以下结论。

(1)深汕西高速公路运输通道内路网与项目平行的道路具备一定的交通量容差。

(2)通过对深汕西高速公路施工期道路通行能力的计算可知,道路施工期间必须维持双向四车道通行才能满足道路服务水平不降低至四级的要求。

(3)合理的工程方案和交通保障措施,能够使得全线路基、路面、桥梁等施工阶段都能满足双向四车道通行。

(4)立交施工通过借用临时匝道通行,尽可能地满足交通流的需求。

本项目计划于 2020 年底开始建设,力争 2023 年 12 月通车,总建设工期 3 年。结合上面结论,在全线施工期间实施四车道通行的情况下,本项目交通组织划分为以下四个阶段。

第一阶段(2020 年 12 月—2022 年 5 月):路基加宽至路床顶面、上跨桥的拆除、新建工程施工及主线新拼宽桥梁施工;维持现状双向四车道通行,无须分流。

第二阶段(2021 年 10 月—2023 年 1 月):A 半幅拓宽部分路面结构层施工,直至与老路面齐平;维持现状双向四车道通行,无须分流。

第三阶段(2022 年 6 月—2023 年 9 月):待 A 半幅施工完毕,转移交通至 A 半幅,采取受限的双向四车道通行,无须分流;另外 B 半幅整体施工。

第四阶段(2023 年 1 月—2023 年 12 月):待 B 半幅施工完毕后,转移交通至 B 半幅,再对 A 半幅路面改造和整体罩面。该阶段与上一阶段类似,利用 B 幅维持双向四车道通行,保证三级服务水平前提下,无须分流。最后完成附属工程施工,全断面开放交通。

为加快本项目的施工进度,采用分施工区段逐段施工方案,因此同一时间段可能存在不同路段位于不同施工阶段的情况。各施工阶段的总体方案及特殊路段交通组织方案见表 7.31。

表7.31 各施工阶段的总体方案及特殊路段交通组织方案

施工阶段	总体方案	特殊路段交通组织方案	工期/月	保通宽度/m
第一阶段（不影响老路，维持原标准断面通行）	路基：旧路两侧路基加宽，施工至路床顶面； 桥梁：主线桥基础及下部结构施工，施工至混凝土铺装层（拼接带除外），天桥的拆除及重建施工； 互通：服务区扩建施工、匝道路基加宽施工； 其他：涵洞、通道、小桥加宽	1.天桥的重建及拆除（含新建）	2.5	4×3.5 2×3.5
		2.长沙湾互通新建临时匝道	6	4×3.5
		3.长沙湾软基段旧路中央分隔带改造	3	4×3.5
		4.深汕隧道出口临时主线	4	4×3.5
		5.关闭白云仔停车区（封闭施工）	36	4×3.5
第二阶段（挖除硬路肩非标四车道通行）	路面：新建范围施工至路面结构层（与现有路面齐平），中央分隔带开口； 桥梁：拼宽桥梁上部结构施工，旧天桥的拆除施工； 互通：互通、服务区扩建施工，匝道路基加宽、路面施工； 其他：拆除路侧护栏，摆设混凝土隔离墩；设置临时标志	1.设置港湾式临时紧急停车点	16	4×3.5
		2.挖除旧路硬路肩	16	4×3.5
第三阶段（B幅双向四车道通行）	路面：A幅新建范围路面结构层施工、中央分隔带改造、旧路面维修及罩面； 桥梁：拼宽桥梁上部结构施工，主线桥改造部分、旧桥换板、新旧桥拼接等； 互通：路面施工； 其他：中央分隔带改造施工，完善A幅路面交通安全设施	转换点中央分隔带改造	16	4×3.5

续表

施工阶段	总体方案	特殊路段交通组织方案	工期/月	保通宽度/m
第四阶段（A幅双向四车道通行）	路面:B幅新建范围路面结构层施工、中央分隔带改造、旧路面维修及罩面；桥梁:拼宽桥梁上部结构施工，主线桥改造部分、旧桥换板、新旧桥拼接等；互通:路面施工；其他:B幅罩面完成，完善B幅路面交通安全设施,A幅双向四车道通行	1.转换点中央分隔带改造	16	4×3.5
		2.圆墩山隧道改造,新建隧道四车道保通	6	4×3.5

2. 路段总体保通方案

1）路基施工阶段

（1）两侧拼接加宽。

步骤一：原四车道正常通行，拆除两侧隔离栅，两侧拼接部分基底清表、夯实，清除老路坡面防护、排水设施等。施工时老路护栏不拆除，应在老路护栏上设置施工标志标牌（见图7.52）。

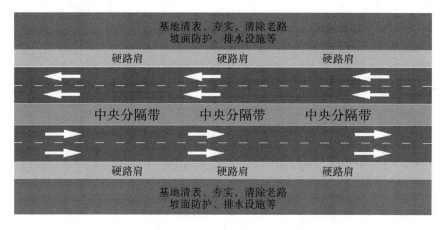

图7.52 两侧拼接路基施工及交通组织步骤一

步骤二：原四车道正常通行，对两侧加宽部分先进行地基处理，再对老路两幅坡面进行削坡处理,逐级开挖台阶,及时填土、铺设土工格栅及土工格室并预埋横向排水管,分层压实至新建路面路床顶面。本阶段路侧护栏拆除后,路侧临时防护设施设置于硬路肩(见图 7.53)。

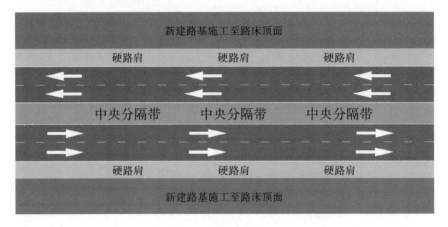

图 7.53　两侧拼接路基施工及交通组织步骤二

(2)单侧拼接加宽。

步骤一:原四车道正常通行,拆除两侧隔离栅,单侧拼接部分基底清表、夯实,清除老路坡面防护、排水设施等。施工时应在老路护栏上设置施工标志标牌(见图 7.54)。

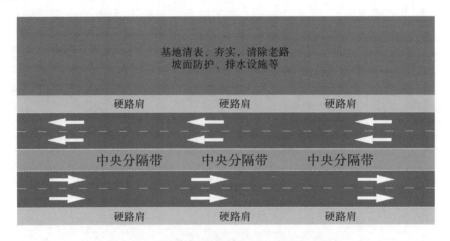

图 7.54　单侧拼接路基施工及交通组织步骤一

步骤二:原四车道正常通行,对单侧加宽部分先进行地基处理,再对老路单幅坡面进行削坡处理,逐级开挖台阶,及时填土、铺设土工格栅及土工格室并预埋横向排水管,分层压实至新建路面路床顶面(见图7.55)。

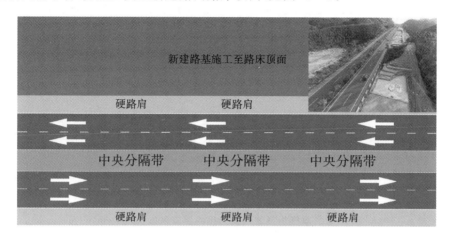

图 7.55　单侧拼接路基施工及交通组织步骤二

2)路面施工阶段

(1)单侧加宽交通组织方案(四车道改八车道)。

第一阶段:首先挖除道路右侧半幅土路肩,拆除原有土路肩波形梁护栏,在施工过程中,全线维持现状交通,车辆在原有路面上正常双向行驶,在原右侧硬路肩范围内设置防撞设施将行车道和施工区分隔开来(见图7.56)。施工期间主线维持双向四车道通车(车道保通宽度3.5 m)。

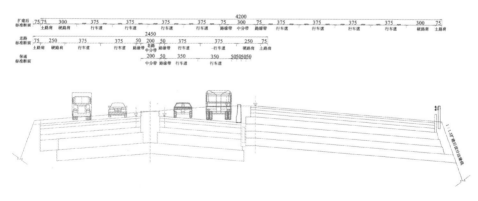

图 7.56　单侧加宽路面交通组织第一阶段(单位:cm)

第二阶段:将交通转移至新建半幅路面双向四车道通车(车道保通宽度3.5 m),对老路拆除原有中央分隔带,并施工建设新中央分隔带,完成新旧路面衔接及加铺罩面,并设置相应的交通标志标线(见图7.57)。

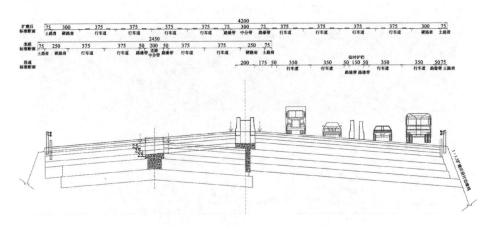

图 7.57 单侧加宽路面交通组织第二阶段(单位:cm)

第三阶段:道路路基路面改建工程完毕,相应的交通设施均配备齐全后,车辆在双向八车道道路上行驶(见图 7.58)。

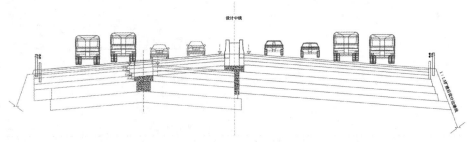

图 7.58 单侧加宽路面交通组织第三阶段(单位:cm)

(2)双侧加宽交通组织方案(四车道改八车道)。

第一阶段:首先挖除道路加宽两侧的道路半幅土路肩,拆除原有土路肩波形梁护栏,在施工过程中,全线维持现状交通,车辆在原有路面上正常双向行驶,在两侧硬路肩范围内设置防撞设施将行车道和施工区分隔开来(见图 7.59)。施工期间主线维持双向四车道通车(车道保通宽度 3.5 m)。

第一阶段临时交通安全设施设置方案如下。

临时隔离设施:在行车区和施工区采用临时隔离栅隔离。在外侧平坦地形位置设置可开启式疏散门(间距 500 m);施工期间全程动态调整,优化设置位

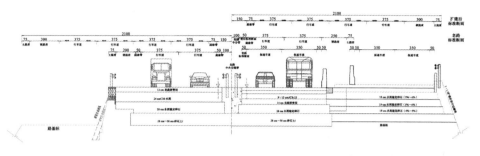

图 7.59 双侧加宽路面交通组织第一阶段(单位:cm)

置。两个疏散门之间按照 100 m 间距补充设置逃生指引标志,确保应急情况下指示道路使用者自行疏散。

在纵断面抬升大于 1 m 路段,在拼宽侧路基新建完成后设置应急逃生爬行梯。

第二阶段:封闭道路 B 半幅,将交通转移至道路加宽的 A 半幅通车。施工期间右半幅维持双向四车道通行(车道保通宽度 3.5 m),在相应的位置设置不准超车和大型车辆行车准行道的交通标志。对左幅路面施工,完成新旧路面衔接及加铺罩面,并设置相应的临时交通标志标线(见图 7.60)。

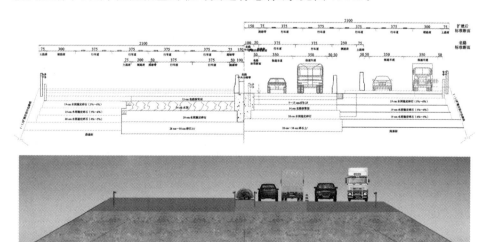

图 7.60 双侧加宽路面交通组织第二阶段(单位:cm)

第二阶段临时交通安全设施设置方案如下。

临时隔离设施:在行车区和施工区采用临时隔离栅隔离,选择外侧平坦地形位置设置可开启式疏散门;对于设置条件困难的路段,内侧隔离栅可根据交警意见在施工期间全程动态调整,优化设置位置。

临时隔离墩:对路侧护栏和桥侧护栏进行拆除,需要在拆除前在原硬路肩内设置连续连接的临时隔离墩(附着轮廓标)。

临时交通标志设置如下。

a. 施工路段设置施工警告标志和限速标志。

b. 本项目每个互通所连接的地方道路上,结合入口预告标志设置施工提示信息标志。

c. 由于本阶段挖除部分硬路肩,原有路侧的部分标志拆除,需补充设置临时指路标志、警告标志和告示标志。新增的临时标志采用活动式基础,在中央分隔带与路侧对称设置。

d. 在本项目施工期间分流路线上的各主要交通诱导点,设置施工信息提示标志,附设于各诱导点互通的出口预告标志立柱上。

从第二阶段开始,根据实际需要设置临时测速设备。

第三阶段:在 B 半幅道路施工完毕,相应的交通标志、标线、护栏等均施工结束后,将 A 半幅路面上双向行驶的交通量转移到新建的 B 幅道路上。封闭道路 A 幅,进行路面面层修补罩面施工,将旧路面与新铺路面进行接缝处理。施工期间 B 半幅维持双向四车道通行(车道保通宽度 3.5 m),在相应的位置设置不准超车和大型车辆行车准行道的交通标志。本阶段车辆全部转移至 B 半幅道通行,可结合交警意见在有条件的路段右侧设置紧急停车带,保证行车安全(见图 7.61)。

第三阶段临时交通安全设施设置方案如下。

临时隔离设施:本阶段半幅双向行驶,中间采用隔离墩进行防护,隔离墩上需设置临时防眩板和轮廓标。

临时指路标志:将原设于右幅的临时指路标志改移至中央分隔带内,左幅的临时指路标志移至新建路侧;并对第一、二阶段设于中央分隔带内的临时指路标志进行拆除。

临时里程标志:本阶段由于中央分隔带改造,现状里程牌和部分百米牌被拆除,需设置临时里程标志附着于旧护栏或临时隔离设施。

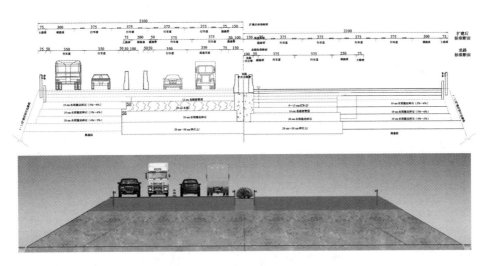

图 7.61 双侧加宽路面交通组织第三阶段(单位:cm)

第四阶段:道路路基路面改建工程完毕,相应的交通设施均配备齐全后,车辆在双向八车道道路上行驶(见图 7.62)。

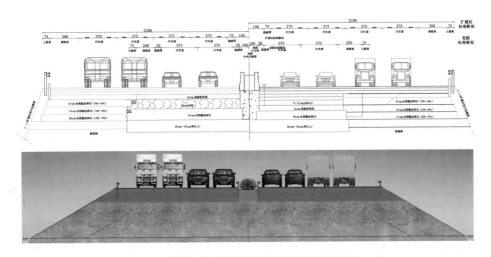

图 7.62 双侧加宽路面交通组织第四阶段(单位:cm)

(3)单侧加宽与双侧加宽过渡交通组织方案。

第一阶段:施工两侧拼宽、单侧拼宽和渐变段的路基和路面至柔性顶面,拆除渐变段老路中央分隔带护栏,老路双向四车道通行(见图 7.63)。

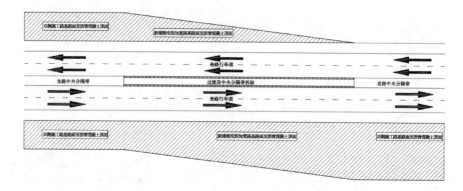

图 7.63　单侧加宽与双侧加宽过渡路面交通组织第一阶段

第二阶段：待移位新建道路提前修建完成后，转移交通至新建道路，封闭老路需要调整路段，进行老路封闭式施工。新建道路实行双向四车道通行（见图 7.64）。

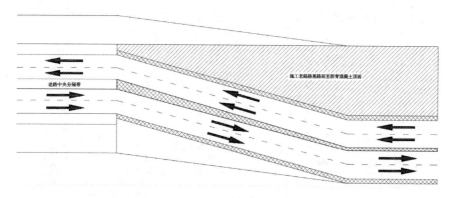

图 7.64　单侧加宽与双侧加宽过渡路面交通组织第二阶段

第三阶段：通过将单侧拓宽的路基路面与分离侧的过渡段边缘相连接的二车道路面进行拼接，可以实现双向四车道的通行。在此之后，我们将利用旧有的两条车道和新拼接的过渡段外侧两条车道来实施双向四车道的通行。接着，移除过渡段三角区的原有路面结构层，并进行路面铺设，以完成整个三角区的路面工程。这样就能够实现单侧四车道的贯通了（见图 7.65）。

第四阶段：等到老路与过渡段三角区域施工完毕后，将交通转移至左幅四车道通行，对右幅老路进行施工（见图 7.66）。

第五阶段：等到老路施工完毕后，完成中央分隔带施工及剩余附属设施施工，转移交通，全断面开放双向八车道通行（见图 7.67）。

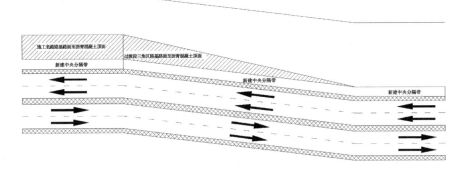

图 7.65 单侧加宽与双侧加宽过渡路面交通组织第三阶段

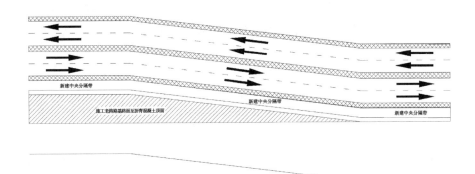

图 7.66 单侧加宽与双侧加宽过渡路面交通组织第四阶段

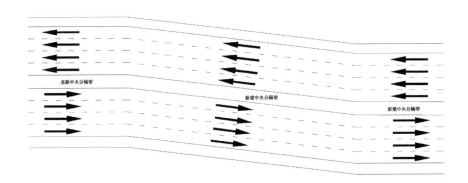

图 7.67 单侧加宽与双侧加宽过渡路面交通组织第五阶段

结合改扩建工程实施方案可知:路基施工阶段可利用原有路面保证双向四车道通行,路面施工过程中需要挖除土路肩和硬路肩,同时占用行车道外侧部分空间来设置临时隔离设施,以保证行车安全,可选择双向四车道保通方案。在关键节点(上跨桥、主线桥)部分时段实行短时双向两车道保通方案,如天桥拆除阶段。

双侧拼宽道路施工期间,第一阶段维持老路原限速方案,第二、三阶段一般路段采用限速 80 km/h,交通转换节点路段采用限速 60 km/h;各个阶段保通车道宽度均为 3.5 m。

老路硬路肩被压缩阶段或半幅对向通行缺少有效硬路肩宽度时,根据构造物分布,选择在路基纵断面不抬高路段等设置港湾式紧急停车带;同时根据施工的进度,因地制宜,动态调整设置位置。其长度宜至少采用 5 m(上游渐变)＋40 m(标准段)＋5 m(下游渐变)(见图 7.68),具备条件下紧急停车带标准段宽度为 3.5 m,不具备条件下紧急停车带标准段宽度不低于老路硬路肩宽度;应加强人员值守或实施监控。

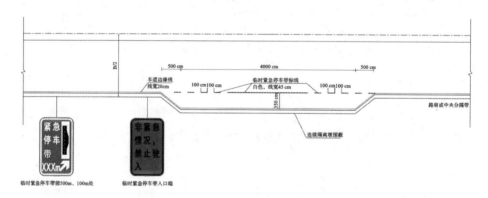

见图 7.68　港湾式紧急停车带

老路护栏拆除后侵占硬路肩设置临时护栏,该阶段设置港湾式紧急停车带。港湾式紧急停车带选取过程中避开抬高段与桥梁位置,应每 2～4 km 设置一处,具备设置条件的情况下可适当增设。

本项目长沙湾路段拼宽方案为在旧路右侧新建半幅桥梁,旧路双向四车道改为单向四车道,在旧路由双向改单向调坡过程中,需在长沙湾右侧新建半幅桥梁上进行保通,施工期间以 S 形曲线形式左右每隔 2 km 设置一处港湾式紧急停车带(见图 7.69)。

本项目部分交通组织紧急停车带一览表见表7.32。

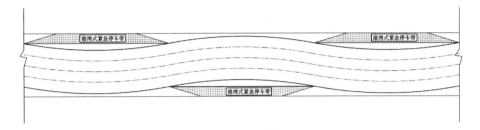

图7.69 长沙湾路段港湾式紧急停车带示例

表7.32 部分交通组织紧急停车带一览表

序号	起始桩号	终点桩号	幅别	位置	路面抬高/m	停车带长度/m	备注
一				通往汕头方向			
1	K1+810	K2+000	右幅	中央分隔带	1.035	190	
2	K3+930	K4+030	右幅	中央分隔带	0.146	100	设计中央分隔带位置，且此路基段在两桥之间，只有100 m距离
3	K5+120	K5+310	右幅	中央分隔带	0.431	190	
4	K7+980	K8+170	左幅	路肩	1.239	190	挖方段
5	K10+060	K10+250	右幅	路肩	0.192	190	K11+360处有挖方段
6	K12+500	K12+690	右幅	中央分隔带	0.137	190	
7	K14+430	K14+620	右幅	中央分隔带	1.992	190	设计中央分隔带位置
8	K16+630	K16+820	右幅	中央分隔带	1.861	190	
9	K18+700	K18+890	左幅	路肩		190	新建段挖方段
10	K20+900	K21+090	左幅	路肩		190	新建段
11	K23+100	K23+290	左幅	路肩		190	单侧拼宽
12	K24+680	K24+870	左幅	路肩	0.251	190	挖方段
13	K26+590	K26+780	左幅	路肩	0.463	190	挖方段
14	K31+060	K31+160	左幅	中央分隔带		100	
15	K32+800	K32+900	左幅	中央分隔带		100	
16	K35+800	K35+900	左幅	路肩		100	

续表

序号	起始桩号	终点桩号	幅别	位置	路面抬高/m	停车带长度/m	备注
17	K40+925	K41+075	右幅	路肩		150	中央分隔带提前改造段落
18	K42+625	K42+775	右幅	路肩		150	中央分隔带提前改造段落
二				通往深圳方向			
1	K0+800	K0+990	右幅	路肩	2.252	190	潭西互通主线加宽
2	K2+110	K2+300	右幅	路肩	0.488	190	K2+100~K2+185、K2+255~K2+305为低填浅挖,其余段落均为填方段
3	K5+200	K5+390	右幅	路肩	0.457	190	K5+200~K5+290为低填浅挖,其余段落均为填方段
4	K7+980	K8+170	左幅	中央分隔带	0.258	190	设计中央分隔带位置
5	K10+420	K10+610	右幅	路肩	0.218	190	挖方段
6	K12+750	K12+940	右幅	路肩	0.104	190	挖方段
7	K14+145	K14+335	右幅	路肩	1.034	190	挖方段
8	K16+340	K16+530	右幅	路肩	1.575	190	挖方段
9	K18+820	K19+010	右幅	路肩		190	新建段
10	K21+020	K21+210	右幅	路肩		190	新建段
11	K22+600	K22+790	右幅	路肩		190	新建段
12	K25+110	K25+300	左幅	中央分隔带	0.264	190	
13	K26+030	K26+220	左幅	中央分隔带	0.162	190	设计中央分隔带位置
15	K31+060	K31+160	右幅	路肩	0.047	100	
16	K32+800	K32+900	右幅	路肩	0.177	100	
17	K35+800	K35+900	左幅	中央分隔带		100	单侧拼宽
18	K40+961	K41+111	左幅	中央分隔带		150	中央分隔带提前改造段落

3. 施工区段划分及过渡段

路面施工阶段可以逐区段进行施工,确保行车的通畅及安全。如图 7.70 所示,先施工区段 1,区段 2、3、4 不施工,待区段 1 施工完毕,然后再滚动施工区段 2,如此类推。

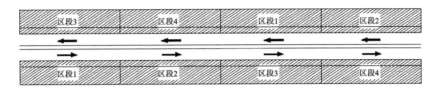

图 7.70 施工区段示意图

根据本项目全线施工区段划分情况(见表 7.33),结合中央分隔带开口和先期开工的段落,初拟了常规性转换段(不包括临时施工需要的转换段),施工期间可结合实际情况进行小范围动态调整。

表 7.33 施工区段划分情况一览表

序号	施工区段	长度/km	先开工侧	备注
1	K0+000～K5+900	5.9	左侧	
2	K5+900～K8+600	2.7	右侧	
3	K8+600～K12+116.3	3.5	左侧	
4	K12+116.3～K17+550	5.4	左侧	
5	K17+550～K23+650	6.1	单侧新建	
6	K23+650～K27+000	3.4	右侧	
7	K27+000～K28+600	1.6	左幅	
8	K28+600～K35+982.357	7.4	右幅	
9	K35+982.357～K38+090.357	2.1	右幅	
10	K38+090.357～K43+900	5.8	右幅	
11	K43+900～K58+900	15.0	全幅	改线新建
12	K58+900～K62+400	3.5	右幅	
13	K62+400～K68+000	5.6	全幅	改线新建
14	K68+000～K71+288.003	3.3	左幅	

7.3.3 路网分流方案

1. 潜在分流路径道路养护计划

高速公路改扩建期间的交通组织保通,一方面由改扩建道路本身的流量决定,另一方面由周边路网条件决定。然而,周边路网可以承担分流任务的道路的管理和养护不佳,使道路自身的通行能力下降,同时对于改扩建道路中的分流产生一定的影响。因此,在考虑周边路网分流道路的时候,需要将周边路网在改扩建期间的道路养护计划一并考虑,避免道路养护不佳造成通行能力下降从而导致的改扩建道路中流量无法疏散。

对深汕西高速公路汕尾陆丰至惠州惠东段各施工时段的分流方案进行研究,针对长途、中途和短途三种不同的流量都制订了详细的分流计划和分流方案。为了使改扩建期间,分流方案能够有效实施,保证各分流道路能够承担分流压力,及时疏散沈海高速公路的流量,本项目对周边路网中需要承担分流任务道路的养护计划进行了相应调研。

对广东省交通运输厅文件以及各高速公路运营公司的公告文件进行调研,并对周边路网中的 S20 潮莞高速公路、G1523 甬莞高速公路、S19 兴汕高速公路,以及 G324、S241、S242 等国道和省道等承担分流任务的道路进行研究。

调查结果表明:2021 年兴汕高速公路一期已开通,2022 年开通至沙港互通。在 2021—2023 年间,主要承担分流任务的高速公路、国道和省道均没有重大的养护计划。此外,国道方面,G324 国道梅陇段目前已完成路面养护施工。综上所述,本项目周边路网基本能够有效承担沈海高速公路改扩建期间的分流任务。

此外,除原有高速公路及国省道的养护会对道路分流造成一定的影响之外,新增的高速公路及国省道同样会对项目道路的分流造成一定的影响,因此同样需要关注新增道路的建设情况,通过调研发现,目前深汕西高速公路周边主要规划新增的高速公路有紫惠高速公路,因此在分流中需要考虑以上道路的建设对分流的影响。

(1)潜在分流路径分析。

本项目保证四车道通行的情况下无须分流,但施工期间的一些特殊情况(如节假日、交通事故及恶劣天气等)将导致项目道路能承担的流量大幅度下降,不能保证施工期间三级服务水平。结合本项目周边道路网,进行潜在分流路径分析。

本项目所承担的交通流可以概括为三种主要类型(见表7.34):一是长途过境交通,二是中短途区间交通,三是短途区内交通。依靠现有路网和即将建成的路网进行分流。

表7.34　深汕西高速公路交通流类型及占比

交通流类型	长途过境交通	中短途区间交通	短途区内交通
占比	26.80%	65.08%	8.12%

本项目长途过境交通、中短途区间交通主要通过G1523甬莞高速公路、G324国道、S20潮莞高速公路、S19兴汕高速公路、S30惠深沿海高速公路、S356省道进行分流。G324国道、S20潮莞高速公路、S19兴汕高速公路、S356省道现状交通量小,道路条件良好,因此建议长途过境交通分流部分大型货车,其能够显著提高项目道路施工期间的服务水平和交通安全水平。

短途区内交通对绕行距离更为敏感,可通过G324国道、S356省道进行分流。G324国道、S356省道现状交通量不大,分流条件良好,但部分限重30 t以下的桥梁需要加固,鉴于此,建议在施工最不利或特殊情况下(发生交通事故、恶劣天气等)分流部分客车。

(2)长途过境交通。

本项目承担的主要长途过境交通为深圳与周边汕头市、揭阳市之间的东西走向的长途交通,与项目段平行的S20潮莞高速公路、G1523甬莞高速公路以及S30惠深沿海高速公路、G324国道等具有相同走向,并具备良好的分流条件。项目分流范围内南北向路网相对密集,本书这里仅考虑东西走向典型分流路径,不考虑不同南北走向路段选择造成的分流路径差异。

深圳往汕头、揭阳等地长途过境交通分流路径见表7.35。

分流路径1(以深圳往汕头、揭阳方向为例):通过长深高速公路—沈海高速公路、长深高速公路—水官高速公路等诱导点诱导长途过境交通向北绕行G0422武深高速公路,再由G0422武深高速公路转入S20潮莞高速公路和G1523甬莞高速公路到达汕头及揭阳等地。

分流路径2(以深圳往汕头、揭阳方向为例):通过长深高速公路—沈海高速公路、长深高速公路—水官高速公路等诱导点诱导长途过境交通向南绕行G0422武深高速公路,再由G0422武深高速公路转入S30惠深沿海高速公路,通过稔山收费站驶入G324国道,绕行至白云仔互通驶回G15沈海高速公路,到达汕头及揭阳等地。

表 7.35　深圳往汕头、揭阳等地长途过境交通分流路径

序号	分流路径	绕行系数	容差/(pcu/h)	绕行度	推荐/不推荐
1	G4022＋S20＋G1523	1.21	700	1.23	推荐(该路线受流能力强，绕行度相对较低)
2	G4022＋S30＋G324＋G15	1.15	500	1.30	备选(绕行代价较大)

注：①绕行系数为分流路径距离与原路径距离比值。

②容差是对节点分流能力强弱的度量，是描述节点间通行能力富余状况的衡量指标，容差值越大，受流能力越强。容差可分为路段容和分流路径容差，路段容为路段服务通行能力与高峰小时交通量之间的差值；分流路径容差取各路段容差的最小值。

③绕行度是起讫点间有效最短路的广义行程时间与实际最短路的广义行程时间的比值。广义行程时间是指完成一次出行所花费的时间总和，其为直接时间、费用、安全性和舒适性等变量的函数。

(3)中短途区间交通。

①深圳龙岗区与陆丰市中短途交通分流路径。

深圳龙岗区与陆丰市中短途交通主要分流道路有 G25 长深高速公路、S20 潮莞高速公路、G1523 甬莞高速公路、S27 仁深高速公路、S30 惠深沿海高速公路、G324 国道等。

深圳龙岗区与陆丰市中短途交通分流路径见表 7.36。

分流路径 1(以深圳往陆丰方向为例)：在金钱坳互通下深汕西高速公路，通过 G25 长深高速公路转入 S20 潮莞高速公路和 G1523 甬莞高速公路，在陆丰收费站下高速转入 G324 国道，实现深圳至陆丰的交通流转换；兴汕高速公路通车后可由 G1523 甬莞高速公路转入兴汕高速公路再进入 G324 国道，到达陆丰市。

分流路径 2(以深圳往陆丰方向为例)：在沈海高速公路和仁深高速公路相交处转入 S27 仁深高速公路，通过 S30 惠深沿海高速公路在稔山收费站驶入 G324 国道，实现深圳至陆丰的交通流转换。

表 7.36　深圳龙岗区与陆丰市中短途交通分流路径

序号	分流路径	绕行系数	容差/(pcu/h)	绕行度	推荐/不推荐
1	G25＋S20＋G1523＋G324	1.18	700	1.22	推荐(该路线绕行系数小，受流能力强，绕行度相对较低)
2	S27＋S30＋G324	1.20	500	1.35	备选(绕行代价较大)

②汕尾城区与深汕合作区中短途交通分流路径。

汕尾城区与深汕合作区中短途交通主要分流道路有 G324 国道、S241 省道、

S242 省道等。

分流路径(以汕尾城区往深汕合作区方向为例):从汕尾城区经 S242 省道转入 G324 国道,实现汕尾城区往深汕合作区方向中短途交通流转换(见表 7.37)。

表 7.37　汕尾城区与深汕合作区中短途交通分流路径

分流路径	绕行系数	容差/(pcu/h)	绕行度	推荐/不推荐
S242+G324	1.35	950	0.95	推荐

③龙岗区与鹅埠镇中短途交通分流路径。

龙岗区与鹅埠镇中短途交通主要分流道路有 S30 惠深沿海高速公路、G324 国道、S356 省道、S359 省道等。

龙岗区与鹅埠镇中短途交通分流路径见表 7.38。

分流路径1(以龙岗区往鹅埠镇方向为例):在龙岗区同乐收费站下深汕西高速公路,通过深汕路转入 S356 省道,于淡水东互通处进入 S23 惠大高速公路,向南转入 S30 惠深沿海高速公路,在稔山收费站驶入 G324 国道,实现龙岗区与鹅埠镇中短途交通流转换。

分流路径2(以龙岗区往鹅埠镇方向为例):在龙岗区同乐收费站下深汕西高速公路,通过 S359 省道入 S30 惠深沿海高速公路,在稔山收费站驶入 G324 国道,实现龙岗区与鹅埠镇中短途交通流转换。

分流路径3(以龙岗区往鹅埠镇方向为例):在龙岗区同乐收费站下深汕西高速公路,进入深汕路再转 S356 省道,通过惠东县环城南路进入 G324 国道,实现龙岗区与鹅埠镇中短途交通流转换。

表 7.38　龙岗区与鹅埠镇中短途交通分流路径

序号	分流路径	绕行系数	容差/(pcu/h)	绕行度	推荐/不推荐
1	深汕路+S356+S23+S30+G324	1.38	700	1.37	推荐(该路线绕行系数较小,受流能力相对较强)
2	深汕路+S359+S30+G324	1.73	600	1.72	备选(绕行系数较大)
3	深汕路+S356+G324	1.41	600	1.52	备选

④惠东县与鹅埠镇中短途交通分流路径。

惠东县与鹅埠镇中短途交通主要分流道路有 S30 惠深沿海高速公路、S21 广惠高速公路、G324 国道、S356 省道等。

惠东县与鹅埠镇中短途交通分流路径见表7.39。

分流路径1(以惠东县往鹅埠镇方向为例):通过绕行G324国道,实现惠东县与鹅埠镇中短途交通流转换。

分流路径2(以惠东县往鹅埠镇方向为例):通过绕行S356省道、S21广惠高速公路、S30惠深沿海高速公路、G324国道,实现惠东县与鹅埠镇中短途交通流转换。

表7.39 惠东县与鹅埠镇中短途交通分流路径

序号	分流路径	绕行系数	容差/(pcu/h)	绕行度	推荐/不推荐
1	G324	1.24	700	1.32	推荐(该路线绕行度较低,受流能力相对较强)
2	S356+S21+S30+G324	1.51	600	1.67	备选(绕行度较大)

2. 分流点设置

按照交通流影响远近和分流的约束程度,将分流点分为三大类:诱导点、分流点、管制点,离改扩建道路越近其分流约束越强。根据本项目K0+000~K71+288.002路段周围分流路网特征,设置11个诱导点、6个分流点、4个管制点。

(1)诱导点(11个)。

诱导点为主动诱导交通分流的节点,分别设置在项目影响区外围路网的重要节点和深汕西高速公路出入口处,其主要功能为诱导交通,尽量分离过境交通;诱导点以标志、可变情报板等手段发布交通分流信息,不要求交通管理人员值勤强制分流。

(2)分流点(6个)。

分流点应为计划强制交通分流的节点,整体分流方案的分流点设置在项目道路连接线及分流路网主要交叉口,以强制性的交通疏导为主要功能,并考虑设置部分临时交通管制设施。

(3)管制点(4个)。

管制点为对交通通行进行强制管控的节点,设置于项目道路所有互通出入口处,在深汕西高速公路改扩建段前后以强制性交通管制为主要手段,解决出现堵路时的交通疏解问题。

具体诱导点、分流点、管制点设置见表7.40。

表 7.40　诱导点、分流点、管制点设置

序号	诱导点	分流点	管制点
1	S21 广惠高速公路—S23 惠大高速公路	新村互通	埔边互通
2	S21 广惠高速公路—S6 广龙高速公路	S30 惠深沿海高速公路—S21 广惠高速公路(枢纽)	长沙湾互通
3	S21 广惠高速公路—G1523 潮莞高速公路	S19 兴汕高速公路—陆丰西收费站	鲘门互通
4	S21 广惠高速公路—S30 惠深沿海高速公路	G15 沈海高速公路—霞湖收费站	吉隆互通
5	S20 潮莞高速公路—S19 兴汕高速公路	S20 潮莞高速公路—S19 兴汕高速公路(枢纽)	
6	S20 潮莞高速公路—S19 兴汕高速公路	S20 潮莞高速公路—海丰收费站	
7	S19 兴汕高速公路—S14 汕湛高速公路		
8	S20 潮莞高速公路—S14 汕湛高速公路		
9	S20 潮莞高速公路—S17 揭普惠高速公路		
10	S14 汕湛高速公路—S17 揭普惠高速公路		
11	G15 沈海高速公路—S17 潮惠高速公路		
小计	11	6	4

3. 路网交通组织阶段划分

高速公路三级服务水平下,司机选择车辆运行速度的自由度受到很大限制,行驶车辆受别的车辆干扰较大,但交通流处于稳定流状态,已接近不稳定流范围,流量稍有增长,就会出现交通拥挤,服务水平显著下降。对于项目道路改扩

建期间的低车速行驶,交通流较为稳定,"通而不畅"的状态可保证深汕西高速公路在施工期间满足交通需求的同时,行车更安全、稳定。

深汕西高速公路各施工时段正常情况下大部分路段服务水平在三级范围内,无须强制分流。针对局部流量较大路段进行针对性分流,以诱导为主,采用三级分流点进行施工信息发布。此外,对交通量较大的瓶颈路段进行应急分流分析,主要对节假日、恶劣天气及交通事故三种情况进行分析。

1)正常分流

深汕西高速公路改扩建期间正常状况下,无须强制分流,需对局部流量较大路段以及特殊情况进行针对性分流,各控制点用途稍有变化。

针对各诱导点,主要通过设置标牌将深汕西高速公路改扩建信息及时发布出去,诱导驾驶员作出自己的路线选择,不提供路线建议。

各分流点处,同样也需设置各种信息标牌,让驾驶员了解深汕西高速公路施工进展以及路面行驶状况,实时提供路线建议,但仅限于诱导建议,驾驶员有自己的自由选择权。

各管制点处主要通过两种方式分流:一方面限制互通节点处车辆驶入深汕西高速公路;另一方面对流量较大路段在临近互通处提前进行强制分流,以保证该路段最低服务水平(三级)要求。在无须分流的情况下,实时采取第一种分流方式可保证项目道路通行条件更好。

各施工阶段分流分析如下。

第一阶段:完成路基加宽至路床顶面、上跨桥的拆除、新建工程施工及主线新拼宽桥梁施工。

本阶段一般路段道路通行能力能够保证三级服务水平,正常路段不需要分流,部分上跨桥拆除需要短时封闭一个车道(2 h左右)。上跨桥拆除短时封闭车道时,需进行分流。

第二阶段:两侧新建路面至与老路面齐高。

本阶段一般路段与第一阶段一样能够保证三级服务水平,维持现状四车道通行,不需要分流。

第三阶段:完成老路面改造及主线桥梁老桥加固改造。

该阶段与第一阶段一样,维持现状四车道通行,能够保证三级服务水平,不需要分流。

第四阶段:完成路面面层摊铺,主线新旧桥梁拼接及桥面摊铺,全断面开放交通。

本阶段路面及桥面已经施工完毕,基本能够保证双向八车道通行,能够保证项目道路的通行能力,不需要分流。

第五阶段:附属工程施工,全面建成通车。

2) 应急分流

深汕西高速公路改扩建期间,全线虽可保证三级及以上服务水平,但当出现突然紧急事件,如节假日、车辆事故以及恶劣天气等,将导致车道数减少或者现有车道数下通行能力减小等情况,此时将不能保证项目道路三级服务水平要求,需进行分流。

(1)节假日。

工作日出行以通勤和短途流量为主,节假日的流量多以休闲为目的,出行距离也较长;高峰时间逐日后移,由"早高峰型"转为"晚高峰型";高峰流量集中,高峰小时流量比高于平常日;客车比例和大客车比例都有不同程度的提升。

高速公路改扩建工期较长,其间将不可避免地多次遇到劳动节、国庆节和春节等法定节假日。伴随着外出旅游、学生放假和务工休假人员的大规模流动,将形成节假日期间的客运高峰和我国特有的"春运"节前返乡节后返工潮,并且具有明显的潮汐交通特性。

同时国务院规定四个重大节假日(春节、清明节、劳动节、国庆节)及相应调休日高速公路免收相应的通行费。在此期间必定会存在交通流量的剧增,如何保障节假日期间深汕西高速公路的顺利运行至关重要,需要采取必要的应急分流措施。

节假日前期前往深圳的客运车辆急剧增加,节假日后期离开深圳的客运车辆急剧增加。在此期间,客运需求急剧增加,供需矛盾极为突出,深汕西高速公路节假日期间流量较正常情况下都有较大幅度的增长,需要进行必要的应急分流。

节假日期间的交通组织应该在保证四车道通行的前提下实施。当交通特别拥挤时,可以在保证关键工序顺利进行的前提下,停止其他不重要的施工作业,以保证交通运行顺畅。

(2)交通事故。

高速公路改扩建施工侵占部分原道路资源,压缩有限的通行空间,降低道路的通行能力,使交通流极度敏感而且经常处于不稳定状态,一旦项目施工影响区内发生交通事故,就会面临车道数减少,通行能力急剧下降的风险,无法保证施工期间三级服务水平的要求,并有可能导致严重的交通堵塞。

①车道封闭。

交通事故造成的车道数变化主要有单车道封闭、半幅封闭及全幅封闭。其中单车道封闭最为普遍,一般发生交通事故后,需利用一个车道进行事故处理,此时半幅交通仅有一个车道运营,通行能力几乎减半;此外交通事故也会造成半幅封闭的情况,在交通量不大、事故持续时间较短的情况下,可利用另半幅一个车道进行车流转换,此时需设置中央分隔带开口,并进行行车路线诱导,当交通量较大且事故持续时间较长时,需进行应急分流;全幅封闭即项目道路交通完全中断,必须进行强制分流。车道封闭后的交通分流见图 7.71。

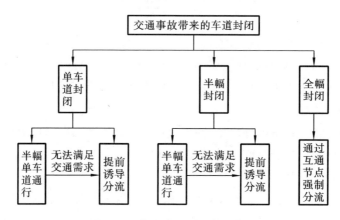

图 7.71 车道封闭后的交通分流

②交通事故下的分流组织。

a.单车道封闭。

通过服务水平分析,在施工期间,深汕西高速公路大部分路段在双向四车道运行条件下可保证三级服务水平。但单车道封闭后单幅单车道通行一侧交通压力巨大,通行能力下降到五级甚至六级,需进行分流。分流方式主要通过互通节点以及邻近的诱导点、分流点进行控制。

b.半幅封闭。

当交通事故引发半幅封闭时,深汕西高速公路仅双向两车道可供通行,部分路段单车道无法承担巨大流量,必须进行分流诱导。

对事路段进行车道重新划分,设置完善的诱导标志以及中央分隔带开口,双向两车道通行,同时,针对大流量段,需进行提前分流,考虑到交通事故引发的车道封闭一般情况下时间较短,主要分流方式还是通过邻近的互通出入口进行控制:一方面封闭互通入口,禁止周边道路车流进入深汕西高速公路;另一方面,对沿线大货车及以上车型进行强制分流。

c. 全幅封闭。

及时传播全幅封闭信息,针对互通每一个出口设置临时诱导信息,利用周边道路进行分流。事故时间持续较短的情况下,主要通过全线的互通出入口进行分流;事故持续时间较长,则需考虑三级控制点分流,从诱导点到分流点,最后到管制点,节节进行诱导。

(3) 恶劣天气。

深汕西高速公路周边恶劣天气主要有暴雨、大雾、大风等。恶劣天气下,项目道路行车速度进一步降低,通行能力急剧下降,驾驶员驾驶舒适度和自由度进一步降低,改扩建期间项目部分交通量较大路段将无法满足三级服务水平的要求,此外,恶劣天气下伴随的交通事故数量也急剧增加,严重加大了改扩建期间的交通组织难度。针对恶劣天气状况,结合气象部门准确的预报信息,提前对深汕西高速公路流量进行分流。

恶劣天气下,考虑到持续时间一般较短,分流主要从管制点进行控制,针对互通节点出入口,采取禁止车辆进入项目道路以及强制车辆驶离项目道路两种分流方式。

7.3.4 路段及关键点交通组织方案设计

1. 路线方案影响分析

本项目依据改扩建方案,结合沿线地形、地貌、水文、通航、地质等自然条件以及沿线主要城镇发展规划、路网布局等对其进行了优化和量化。尽量充分利用原有道路,少占良田,减少拆迁,重视环保,减少对自然景观的破坏,最大限度解决原有道路实施过程中或运营过程中反映出来的对沿线群众生活产生负面影响的"遗留问题"。

全线采用双向八车道高速公路标准进行改扩建施工,改扩建施工对交通影响较大,主要有以下两个方面。

(1) 纵断面调整:老路纵断面指标优化,影响路段长度共计 14.35 km,占全线比例近 20.13%,主要包含坡长或坡度不符合规范的路段、竖曲线及线形指标调整的路段、地方要求通道净空抬升路段等。

(2) 超高横坡调整:超高横坡调整路段长 3.628 km,占比约 5%。

全线拼宽形式、互通分布及重要工点分布见图 7.72。

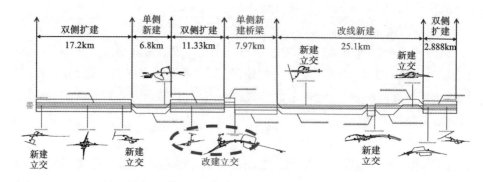

图7.72 全线拼宽形式、互通分布及重要工点分布

通过优化设计、划分施工区段、分幅开工等尽量削弱改扩建施工对交通的影响。

(1)优化设计。设计阶段综合考虑平纵横和构造物等因素,避免单侧拼宽和双侧拼宽过渡路段位于纵坡调整位置。

(2)划分施工区段。各个标段结合实际情况划分施工区段,确保施工安全及交通有序转换。

(3)分幅开工。结合路侧施工风险和对老路行车干扰情况,各标段制订优先开工的半幅施工计划。

2.主线桥梁交通组织

大桥和特大桥的施工技术复杂、施工工期长、施工影响较大。合理的桥梁施工交通组织是主线桥梁施工交通运行顺畅的必要条件。为保证施工阶段四车道通行,对应路基路面施工交通组织方案方式,主线桥梁拼接施工采用新老桥分别改造拼接保通方案。主线桥梁拼宽扩建主要涉及双侧拼宽、单侧拼宽、拆除重建桥梁、老桥加固改造、桥面整体摊铺施工及桥梁交通安全设施施工,采用混凝土预制块做隔离。

1)两侧拼宽

(1)直接拼宽,老桥利用。

为保证施工阶段四车道通行,结合路面施工交通组织方案,主线桥梁两侧拼宽,新老桥分别改造拼接,拼接过程中"半幅通行,半幅施工"。本项目老桥利用两侧拼宽桥梁一览表详见表7.41。

表7.41 老桥利用两侧拼宽桥梁一览表

序号	中心桩号	桥名	扩建方式	改造方案	备注
1	K00+216.930	后底村小桥	双侧扩建	上部换板,下部利用,两侧拼宽	潭西立交
2	K02+092.394	月山小桥	双侧扩建	上部换板,下部利用,两侧拼宽	
3	K03+651.081	晒网埔小桥	双侧扩建	上部换板,下部利用,两侧拼宽	
4	K03+874.287	后溪河中桥	双侧扩建	上部换板,下部利用,两侧拼宽	
5	K04+065.339	赤坎头溪中桥	双侧扩建	上部换板,下部利用,两侧拼宽	
6	K07+963.341	崎山小桥	双侧扩建	上部换板,下部利用,两侧拼宽	
7	K08+939.830	西湖小桥	双侧扩建	兴汕高速公路	非本项目实施
8	K09+582.007	流冲河大桥	双侧扩建	兴汕高速公路	维修加固
9	K11+589.527	南涂林场小桥	双侧扩建	上部换板,下部利用,两侧拼宽	
10	K12+111.337	田下港小桥	双侧扩建	上部换板,下部利用,两侧拼宽	
11	K13+420.072	回龙埔小桥	双侧扩建	上部换板,下部利用,两侧拼宽	
12	K24+293.790	马廊沟1号小桥	双侧扩建	上部换板,下部利用,两侧拼宽	
13	K24+684.223	马廊沟2号小桥	双侧扩建	上部换板,下部利用,两侧拼宽	
14	K25+022.808	上坡小桥	双侧扩建	上部换板,下部利用,两侧拼宽	
15	K25+497.016	五雅小桥	双侧扩建	上部换板,下部利用,两侧拼宽	

续表

序号	中心桩号	桥名	扩建方式	改造方案	备注
16	K25+836.286	石亭脚小桥	双侧扩建	上部换板,下部利用,两侧拼宽	
17	K26+644.366	红草小桥	双侧扩建	上部换板,下部利用,两侧拼宽	
18	K28+699.469	桥头2号中桥	双侧扩建	上下部利用,两侧拼宽	
19	K28+952.510	尖山中桥	双侧扩建	地方要求跨径增大,拆除既有中桥重建	
20	K30+250.026	南汾1号小桥	双侧扩建	上部换板,下部利用,两侧拼宽	
21	K30+666.600	南汾2号小桥	双侧扩建	上部换板,下部利用,两侧拼宽	
22	K32+032.939	后径园小桥	双侧扩建	上部换板,下部利用,两侧拼宽	
23	K32+265.619	象头小桥	双侧扩建	原桥利用,两侧拼宽	
24	K69+490.840	大水田中桥	双侧扩建	上部换板,下部利用,两侧拼宽	

步骤一:两侧新建拼宽桥梁上下部结构施工,上部结构预制;此阶段新老桥不拼接,原有老桥双向四车道通行(见图 7.73)。

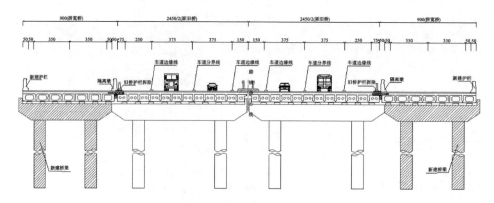

图 7.73 老桥利用两侧拼宽桥梁施工步骤一(单位:cm)

步骤二:将右幅老桥上通行车辆转移至左幅新建桥梁及左幅老桥上双向四车道通行,对右幅老桥进行老桥加固改造、顶升,右幅新老桥拼接及桥面面层整体摊铺施工(见图 7.74)。

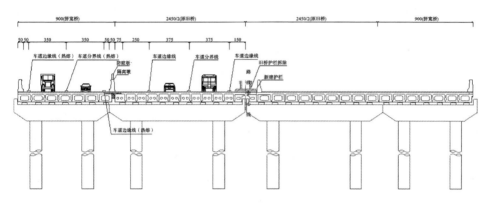

图 7.74　老桥利用两侧拼宽桥梁施工步骤二(单位:cm)

步骤三:将左幅新老桥梁上通行车辆转移至右幅已拼接完成的四车道桥梁上双向四车道通行,对左桥梁进行老桥加固改造、顶升,新老桥拼接及桥面面层整体摊铺施工(见图 7.75)。

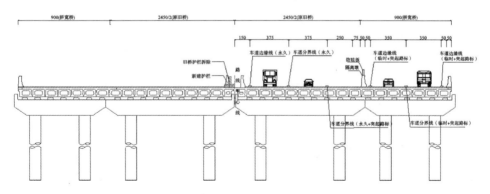

图 7.75　老桥利用两侧拼宽桥梁施工步骤三(单位:cm)

步骤四:桥梁交通安全设施施工;开放交通,新老桥面双向八车道通行(见图 7.76)。

(2)老桥需拆除重建。

部分桥梁还需拆除重建,老桥拆除重建两侧拼宽桥梁一览表详见表 7.42。

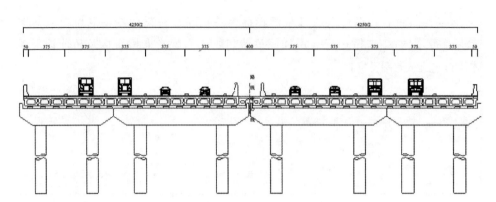

图 7.76 老桥利用两侧拼宽桥梁施工步骤四(单位:cm)

表 7.42 老桥拆除重建两侧拼宽桥梁一览表

序号	中心桩号	桥名	扩建方式	改造方案	备注
1	K01+083.610	陇尾围小桥	双侧扩建	拆除既有小桥重建	潭西立交
2	K01+157.362	后溪河Ⅱ桥	双侧扩建	拆除既有小桥重建	潭西立交
3	K01+373.602	潭东小桥	双侧扩建	拆除既有小桥重建	潭西立交
4	K03+230.086	潭西中桥右幅	双侧扩建	拆除既有中桥重建	
	K03+229.236	潭西中桥左幅			
5	K04+972.600	赤围小桥	双侧扩建	拆除既有小桥重建	
6	K06+857.597	长安小桥	双侧扩建	拆除既有小桥重建	
7	K14+694.533	省道 S241 跨线桥右幅	双侧扩建	拆除既有中桥重建	
	K14+695.733	省道 S241 跨线桥左幅			
8	K16+992.175	X129 跨线桥	双侧扩建	拆除既有小桥重建	
9	K27+036.700	三梁中桥	双侧扩建	原石拱涵利用,新建中桥	埔边互通立交
10	K27+343.051	海汕路跨线桥右幅	双侧扩建	地方要求跨径增大,拆除既有中桥重建	埔边互通立交
	K27+342.201	海汕路跨线桥左幅	双侧扩建	地方要求跨径增大,拆除既有中桥重建	埔边互通立交
11	K28+223.619	桥头1号中桥	双侧扩建	拆除既有小桥重建	埔边互通立交

续表

序号	中心桩号	桥名	扩建方式	改造方案	备注
12	K28+952.510	尖山中桥	双侧扩建	地方要求跨径增大,拆除既有中桥重建	
13	K29+063.319	虎地山1号中桥	双侧扩建	原石拱涵利用,新建中桥	
14	K29+114.802	虎地山2号中桥	双侧扩建	原石拱涵利用,新建中桥	
15	K31+405.990	复兴1号小桥	双侧扩建	拆除既有小桥重建	
16	K31+625.610	复兴2号中桥	双侧扩建	拆除既有小桥重建	
17	K31+771.890	复兴3号中桥	双侧扩建	拆除既有小桥重建	
18	K33+520.614	新村1号小桥	双侧扩建	拆除既有小桥重建	
19	K33+761.948	新村2号小桥	双侧扩建	拆除既有小桥重建	
20	K34+116.343	长沙小桥	双侧扩建	拆除重建	长沙湾立交
21	K68+480.700	产业路跨线桥	双侧扩建	拆除既有中桥重建	
22	K68+744.500	南门河中桥	双侧扩建	拆除既有中桥重建	
23	K70+953.990	西湖村通道桥	双侧扩建	拆除既有小桥重建	

步骤一:完成主线桥单侧新建拼宽桥梁上下部结构施工,铺设现浇调平层,设置混凝土隔离墩,单侧拼宽施工至临时桥面(见图7.77)。

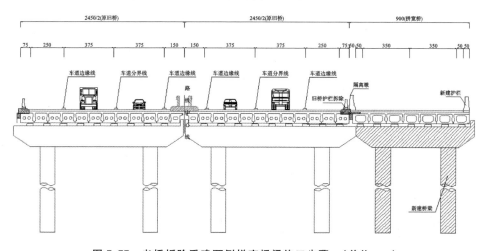

图 7.77 老桥拆除重建两侧拼宽桥梁施工步骤一(单位:cm)

步骤二:将交通转移到右侧老桥梁及新建桥梁,半幅双向四车道限速通行。对左幅老桥进行拆除,新建左半幅桥梁(见图7.78)。

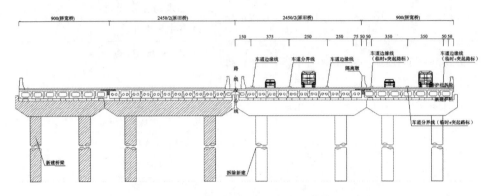

图 7.78　老桥拆除重建两侧拼宽桥梁施工步骤二(单位:cm)

步骤三:将通行车辆转移至左幅新建桥梁上双向四车道通行,对右幅桥梁进行新建拼接及桥面面层整体摊铺施工(见图7.79)。

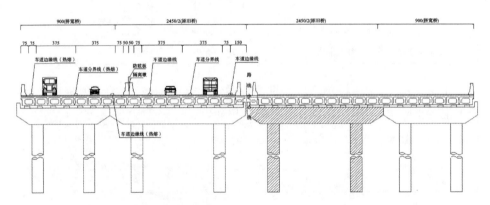

图 7.79　老桥拆除重建两侧拼宽桥梁施工步骤三(单位:cm)

步骤四:桥梁交通安全设施施工;开放交通,新旧桥面双向八车道通行(见图7.80)。

2)单侧拼宽

以下仅针对老桥需拆除重建的情况进行介绍。

老桥拆除重建单侧拼宽桥梁一览表详见表7.43。

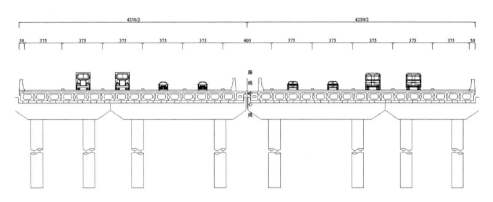

图 7.80 老桥拆除重建两侧拼宽桥梁施工步骤四(单位:cm)

表 7.43 老桥拆除重建单侧拼宽桥梁一览表

序号	中心桩号	桥名	扩建方式	改造方案	备注
1	K18+329.924	打石岭中桥右幅	单侧扩建	线位偏移,拆除重建	
	K18+339.924	打石岭中桥左幅	单侧扩建	线位偏移,拆除重建	
2	K22+160.700	狮山中桥右幅	单侧扩建	原石拱涵利用,新建中桥	
3	K22+160.700	狮山中桥左幅	单侧扩建	原石拱涵利用,新建中桥	
4	K34+833.500	长沙湾互通主线桥	单侧扩建	拆除既有小桥重建	长沙湾立交
5	K34+953.446	长云路中桥	单侧扩建	拆除既有小桥重建	长沙湾立交
6	K37+036.366	长沙湾特大桥(右幅)	单侧扩建	拆除既有特大桥重建	长沙湾立交
	K36+938.357	长沙湾特大桥(左幅)	单侧扩建	拆除既有特大桥重建	长沙湾立交

步骤一:单侧新建外侧桥梁,新桥外侧边缘与单侧扩建后桥梁边缘平齐,原桥保持双向四车道通行(见图 7.81)。

步骤二:将原桥梁的交通转移到新建拼宽桥梁上双向四车道通行,拆除旧桥梁,并修建新左幅桥梁(见图 7.82)。

步骤三:转移拼宽桥梁左幅交通至左侧新桥梁左幅,完成新桥梁右幅与拼宽桥拼接并重新铺设铺装(见图 7.83)。

步骤四:桥梁交通安全设施施工;开放交通,新旧桥面双向八车道通行(见图 7.84)。

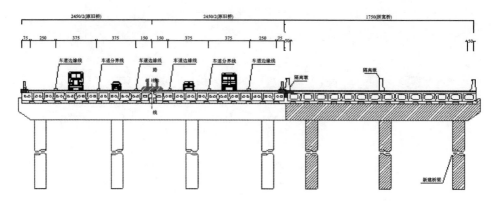

图 7.81 老桥拆除重建单侧拼宽桥梁施工步骤一(单位:cm)

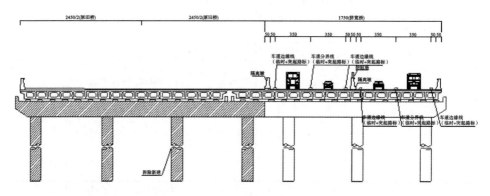

图 7.82 老桥拆除重建单侧拼宽桥梁施工步骤二(单位:cm)

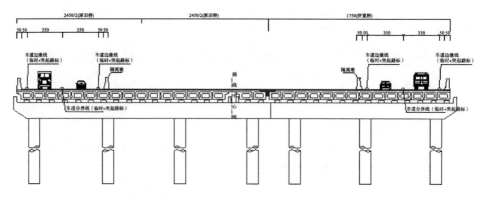

图 7.83 老桥拆除重建单侧拼宽桥梁施工步骤三(单位:cm)

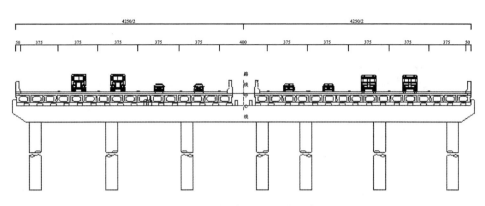

图 7.84　老桥拆除重建单侧拼宽桥梁施工步骤四(单位:cm)

3. 路基改桥

本项目路基改桥一览表详见表 7.44。

表 7.44　路基改桥一览表

序号	中心桩号	桥名	扩建方式	改造方案	备注
1	K04+558.210	赤坎头小桥	双侧扩建	涵改桥	
2	K13+541.500	古流中桥	双侧扩建	路改桥	
3	K33+937.840	长沙湾下穿厦深铁路桥	双侧扩建	路改桥	
4	K71+173.670	创智路跨线桥	双侧扩建	路改桥	

步骤一:原有道路地面双向四车道通行,两侧新建桥梁(见图 7.85)。

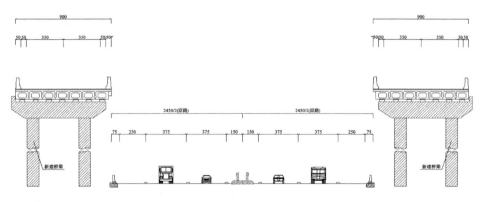

图 7.85　路基改桥施工步骤一(单位:cm)

步骤二：车辆通过两侧新建桥梁通行，新桥上设置混凝土隔离墩作为临时隔离，并预留侧向净空，保证施工安全，半幅双向四车道限速通行（见图7.86）。

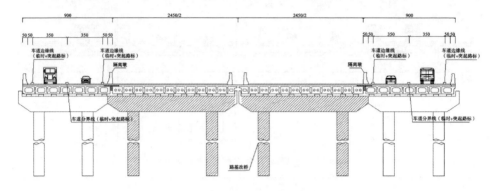

图7.86　路基改桥施工步骤二（单位：cm）

步骤三：将通行车辆转移至左幅桥梁上双向四车道通行，对右幅桥梁进行拼接及桥面面层整体摊铺施工（见图7.87）。

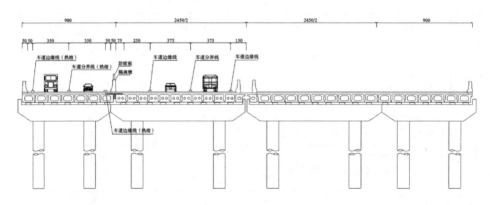

图7.87　路基改桥施工步骤三（单位：cm）

步骤四：将通行车辆转移至右幅桥梁上双向四车道通行，对左幅桥梁进行拼接及桥面面层整体摊铺施工（见图7.88）。

步骤五：桥梁交通安全设施施工；开放交通，双向八车道通行（见图7.89）。

4.中央分隔带转换节点交通组织

为保证施工阶段四车道通行，结合路基路面施工交通组织方案方式，应在适当阶段拆除主线中央分隔带，中央分隔带转换节点交通组织一览表见表7.45。

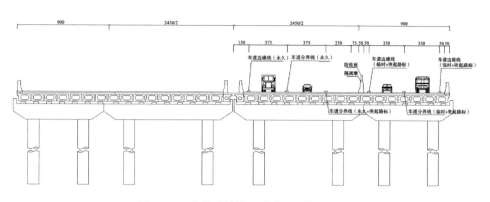

图7.88 路基改桥施工步骤四(单位:cm)

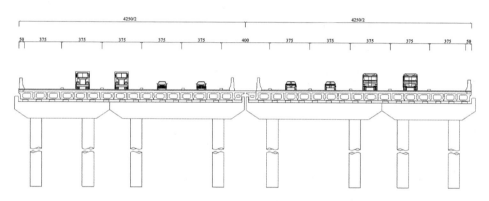

图7.89 路基改桥施工步骤五(单位:cm)

表7.45 中央分隔带转换节点交通组织一览表

	施工各阶段	中央分隔带转换阶段
双侧拼宽	第一阶段:车辆在老路上正常行驶	保持原中央分隔带
	第二阶段:车辆转移至A半幅	拆除中央分隔带新建
	第三阶段:车辆转移至B半幅	拆除中央分隔带新建
	第四阶段:施工完成	新中央分隔带建成
单侧拼宽	第一阶段:车辆在老路上正常行驶	保持原中央分隔带
	第二阶段:车辆转移至单侧新建道路	拆除中央分隔带新建
	第三阶段:施工完成	新中央分隔带建成
下挖路段	第一阶段:车辆在老路上正常行驶	保持原中央分隔带
	第二阶段:车辆转移至A半幅	拆除中央分隔带新建
	第三阶段:施工完成	新中央分隔带建成

续表

施工各阶段		中央分隔带转换阶段
双侧拼宽抬高≥14 cm路段	第一阶段:车辆在老路上正常行驶	保持原中央分隔带
	第二阶段:车辆转移至A半幅	拆除中央分隔带新建
	第三阶段:车辆转移至B半幅	拆除中央分隔带新建
	第四阶段:施工完成	新中央分隔带建成
单侧拼宽抬高≥10 cm路段	第一阶段:车辆在老路上正常行驶	保持原中央分隔带
	第二阶段:车辆转移至单侧新建道路	拆除中央分隔带新建
	第三阶段:施工完成	新中央分隔带建成
过渡段	第一阶段:老路原四车道保通	保持原中央分隔带
	第二阶段:将交通转移至右侧临时保通路面	拆除中央分隔带新建
	第三阶段:施工完成	新中央分隔带建成
施工区转换点	第一阶段:施工区路基扩建	拆除中央分隔带
	第二阶段:施工区半幅交通转移至未施工区原老路	车辆越过原中央分隔带转换
	第三阶段:施工区完成施工,转换施工区	车辆越过原中央分隔带转换

临时中央分隔带开口应结合平面、纵断面及前后构造物情况,尽量选取较好线形,开口长度不宜小于 200 m,保通设计速度 60 km/h。第二阶段交通转换后,老路中央分隔带开口可用作紧急停靠点。临时中央分隔带开口示意图见图 7.90、图 7.91。前后两个工区施工进度不一,可能导致第三阶段需要设置临时中央分隔带开口,此类情况开口长度不宜小于 230 m,保通设计速度 60 km/h。

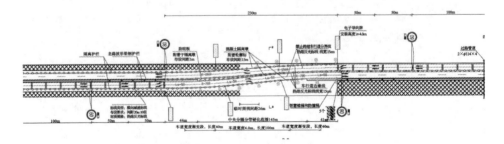

图 7.90　临时中央分隔带开口示意图 1

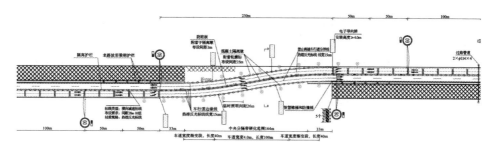

图 7.91 临时中央分隔带开口示意图 2

汕尾及深汕合作区段交通组织中央分隔带开口一览表见表 7.46。

表 7.46 汕尾及深汕合作区段交通组织中央分隔带开口一览表

序号	段落	长度/km	中央分隔带开口
1	K0+000～K5+900	5.9	K5+900
2	K5+900～K8+600	2.7	K8+600
3	K8+600～K12+116	3.256	K12+116
4	K12+116～K17+550	5.984	K17+550
5	K18+100～K23+650	5.55	K23+650
6	K23+650～K27+000	3.35	K27+000
7	K27+000～K35+400	8.4	K35+400
8	K35+400～K38+090.357	2.69	K38+090.357
9	K68+000～K71+288.003	3.288	K68+000

5. 跨线桥交通组织

本项目跨线桥一览表见表 7.47。

表 7.47 跨线桥一览表

序号	中心桩号	地名或桥名	被交叉道路等级	交叉方式	交叉现状孔数及孔径	净宽或净高是否满足要求	改扩建方式	扩建后孔数及孔径
1	K5+600.0	车行天桥	高速	主线下穿	2×25 m	不满足	先建后拆	2×30 m
2	K7+270.0	车行天桥	高速	主线下穿			新增	2×30 m
3	K27+860.0	人行天桥	高速	主线下穿	5 m+2×25 m+5 m	不满足	先建后拆	2×30 m

续表

序号	中心桩号	地名或桥名	被交叉道路等级	交叉方式	交叉现状孔数及孔径	净宽或净高是否满足要求	改扩建方式	扩建后孔数及孔径
4	K28+600	X125车行天桥	高速	主线下穿	2×16 m	不满足	先建后拆	5×30 m
5	K41+050	车行天桥	高速	主线下穿			新增	6×30 m
6	K41+981.0	梅场公路跨线桥	高速	主线下穿			新增	22×30 m

跨线桥主要采用预应力混凝土简支小箱梁和钢箱梁,箱梁结构拆除阶段保持四车道通行方案。

1)汽车吊吊装移梁拆除方案

(1)方案描述。

临时封闭半幅交通,即将行车道合并到另一幅车道,在封闭车道桥下搭设贝雷架,将梁体切割后用汽车吊吊离;拆除贝雷架恢复交通,在该边跨搭设贝雷架,将梁体切割后用汽车吊吊离;用同样的方法拆除另外半幅梁体。

(2)主要施工步骤。

步骤一:拆除护栏、防落网、铺装层;封闭半幅交通,在第一跨下搭设贝雷架,此阶段变为双向两车道通行;分不同长度段将梁割断(见图7.92)。

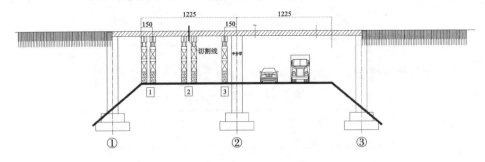

图 7.92 汽车吊吊装移梁拆除方案步骤一(单位:cm)

步骤二:用吊车将破碎成三段的第一跨梁分别调离[见图7.93(a)];拆除第一跨下贝雷架架1、2、3;恢复第一跨下交通并封闭第二跨下交通;在第二跨下搭设贝雷架,此时主线双向两车道通行[见图7.93(b)]。

步骤三:按图7.93(b)所示部位将第二跨梁切割成三段并拆除①号桥墩;用

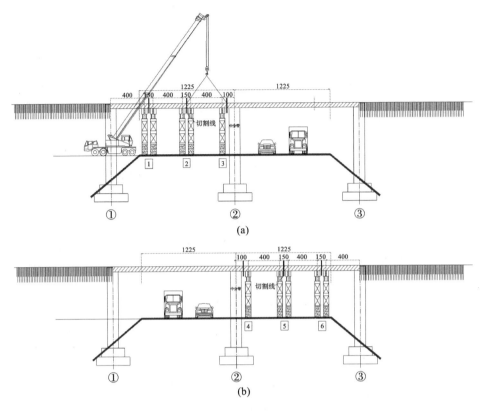

图 7.93 汽车吊吊装移梁拆除方案步骤二(单位:cm)

吊车吊离破碎成三段的第二跨梁[见图 7.94(a)];拆除第二跨下贝雷架 4、5、6,并拆除②、③号桥墩,恢复第二跨下交通;此时主线变成双向四车道通行[见图 7.94(b)]。

(3)主要优缺点。

主要优点:工期相对较短;可以保证交通的正常通行,对交通的影响小,只需要在吊装时临时封闭 2~3 h。

主要缺点:该梁为现浇梁,切割后梁体(保证交通情况下)达 60 余吨,需较大吊车才能实现。

由于地方交通流量较大,需要保持原跨线桥正常通车,可在完成新跨线桥后再拆除原跨线桥,本项目在改扩建跨线桥施工中采用先建后拆方案。

2)双侧拼宽新建跨线桥

步骤一:封闭左右幅部分超车道,新建跨线桥边墩、中墩,此阶段利用行车道和硬路肩双向四车道通行(见图 7.95)。

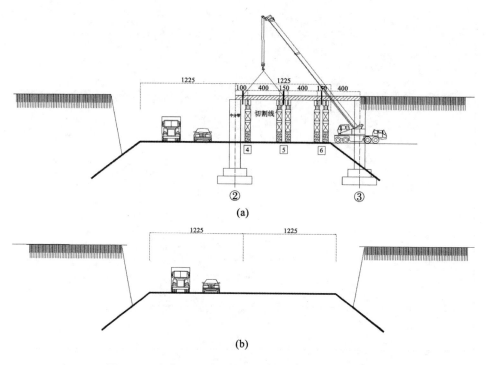

图 7.94 汽车吊吊装移梁拆除方案步骤三(单位:cm)

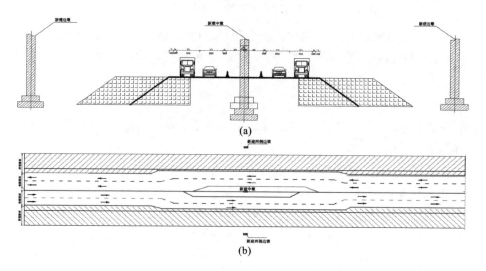

图 7.95 双侧拼宽新建跨线桥步骤一

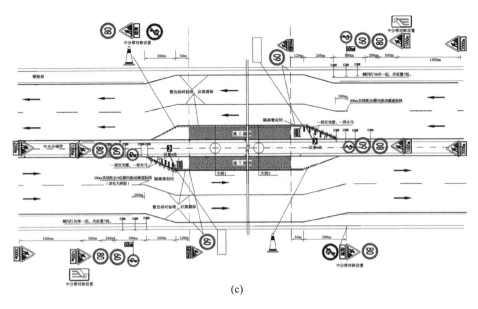

续图 7.95

步骤二：封闭右半幅，架设右半幅桥梁和桥面系附属设施，左幅双向两车道通行（见图7.96）。

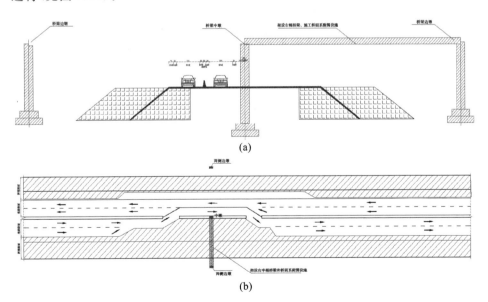

图 7.96 双侧拼宽新建跨线桥步骤二

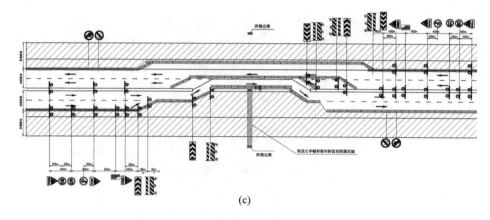

(c)

续图 7.96

步骤三:封闭左半幅,架设左半幅桥梁和桥面系附属设施,右幅双向两车道通行(见图 7.97)。

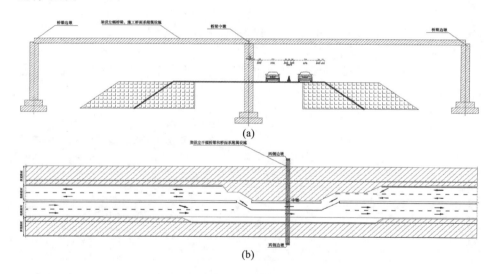

图 7.97 双侧拼宽新建跨线桥步骤三

步骤四:上跨桥新建完成,原道路双向四车道通行(见图 7.98)。

6.纵坡调整路段交通组织

改扩建过程中,纵坡调整路段包括以下几类:
①纵坡坡度过大,结合安全性分析调整坡度的段落;
②竖曲线半径偏小,结合视距分析调整竖曲线半径的段落;

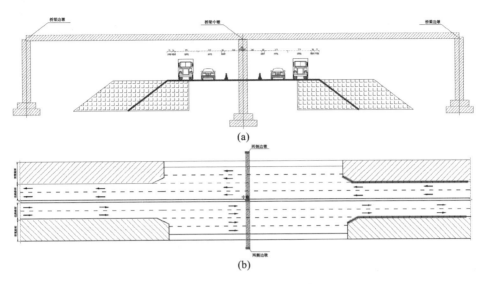

图 7.98 双侧拼宽新建跨线桥步骤四

③最大坡长超规范,结合安全性分析调整的段落;

④互通立交范围内纵坡坡度、竖曲线半径不符合规定,结合视距分析调整坡度和竖曲线半径的段落。

全线纵断面调整统计表见表 7.48。

表 7.48 全线纵断面调整统计表

序号	控制因素	起点桩号	终点桩号	影响长度/m	最大调整高度/m	平均调整高度/m	备注
1	潭东小桥、潭西中桥	K0+000	K5+200	5200	4.11	1.973	
2	竖曲线指标不满足要求	K5+900	K8+600	2700	1.456	0.512	
3	南涂林场小桥	K11+400	K12+500	1100	0.467	0.173	
4	省道S241、海丰东互通	K13+800	K15+350	1550	2.145	1.103	
5	K20+500处现状R=800 m	K17+300	K21+600				偏离新建
6	金锡水库	K21+600	K22+600	1000	1.2	0.6	单侧拼接
7	石亭脚小桥	K25+000	K26+100	1100	0.815	0.4	
8	埔边互通	K26+500	K29+100	2600	2.145	1.103	

续表

序号	控制因素	起点桩号	终点桩号	影响长度/m	最大调整高度/m	平均调整高度/m	备注
9	复兴1号、3号桥	K30+900	K32+100	1200	3.299	1.933	
10	新村1号小桥	K32+700	K34+000	1300	2.584	1.344	
11	长沙湾大桥、长沙湾软基段	K34+000	K44+000				单侧分离
12	改线新建	K44+000	K46+978.360				改线新建
13	产业路跨线桥	K68+300	K69+200	900	4.134	1.914	
14	凸形竖曲线半径不满足视距要求	K70+540	K71+288.003	748.003	1.56	0.878	

1)双侧拼宽路面抬高交通组织

步骤一:老路原四车道保通。右幅压缩车道至3.5 m,挖除右侧硬路肩后,将老路路肩下40 cm路床换填碎石或水稳铣刨料后,一次拼接至与老路标高平齐;左侧清坡后,施工至路床顶标高(见图7.99)。

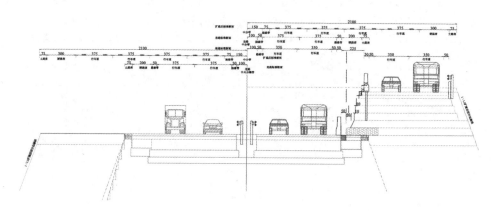

图7.99 双侧拼宽路面抬高交通组织步骤一(单位:cm)

步骤二:将交通转移至右幅,左侧挖除硬路肩后,将老路路肩下40 cm路床换填碎石或水稳铣刨料后,一次拼接至路面设计顶标高(见图7.100)。

步骤三:将交通转移至左幅;右侧路面铺筑到设计标高,安装中央分隔带护栏(见图7.101)。

第7章 设计与管理案例分析

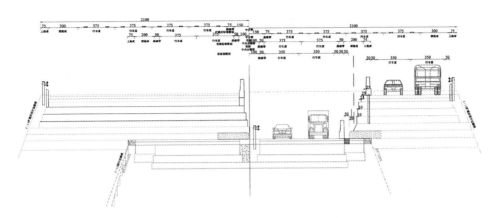

图 7.100 双侧拼宽路面抬高交通组织步骤二(单位:cm)

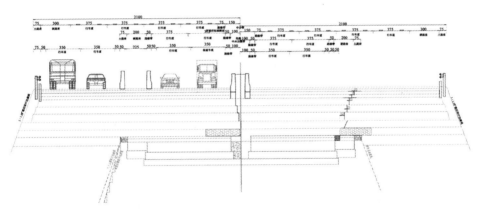

图 7.101 双侧拼宽路面抬高交通组织步骤三(单位:cm)

步骤四:将交通全部开放,全断面通车(见图 7.102)。

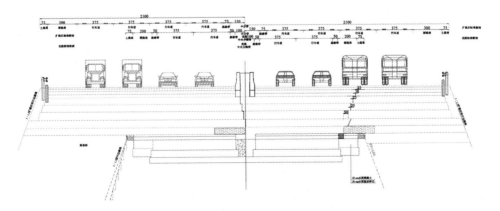

图 7.102 双侧拼宽路面抬高交通组织步骤四(单位:cm)

2)单侧拼宽路面抬高交通组织

步骤一:老路原四车道保通。右幅压缩车道至 3.5 m,挖除右侧路肩后,浇筑临时排水沟,并将老路路肩下 40 cm 路床换填碎石或水稳铣刨料后,一次拼接至路面设计顶标高,安装摆放护栏(见图 7.103)。

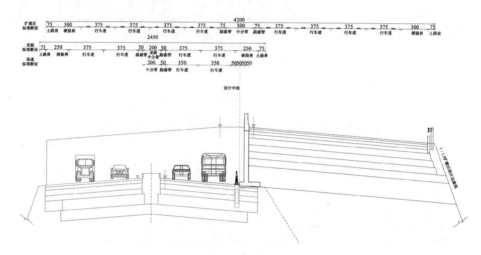

图 7.103 单侧拼宽路面抬高交通组织步骤一(单位:cm)

步骤二:将交通转移至右幅,铣刨老路右幅,一次拼接至路面设计顶标高,并安装护栏(见图 7.104)。

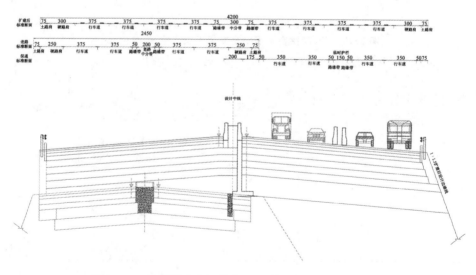

图 7.104 单侧拼宽路面抬高交通组织步骤二(单位:cm)

步骤三:将交通全部开放,全断面通车(见图7.105)。

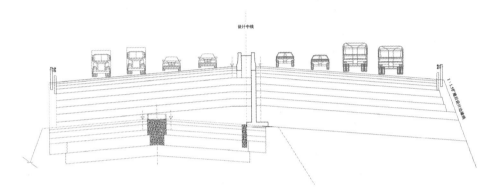

图7.105 单侧拼宽路面抬高交通组织步骤三(单位:cm)

7. 互通交通组织

互通立交的车流行驶路径复杂,改扩建施工难度大,其施工对主线与相交道路之间的交通转换有很大影响。因此,做好互通立交改扩建施工期间的交通组织有利于保障高速公路与其他相交道路之间交通顺利转换,减少施工对区域社会、经济影响。

互通立交改扩建施工包括主线拼接、收费站、匝道、跨线桥、连接部五个部分的内容。因此,互通立交改扩建交通组织涉及路基施工交通组织、路面施工交通组织和桥梁施工交通组织等内容,是一个相对复杂的综合体。它的主要内容是根据互通改扩建设计方案、互通转向交通量和互通范围内用地等条件,合理确定主线、收费站、匝道、跨线桥和连接部的改扩建施工顺序,从而确定每个施工阶段车辆的行驶路径,并采用临时标志、安全设施和修建便道等方法,以引导相交道路上的车辆正常进行转换。

互通交通组织有以下原则。

①互通交通组织应与主线的施工、交通组织,新旧匝道相对关系,以及分合流鼻布设、加减速车道情况相结合。

②应尽量利用原互通进行保通,必要时可设置临时匝道。

③施工期间应在互通立交范围内设置必要的交通工程设施,用隔离设施将

车辆与施工区进行隔离,保证行车安全。

④互通交通组织方案需考虑扩建设计中对主线旧路纵断面进行改造的情况,综合路线的平、纵、横指标。

全线需要改造的互通仅为埔边互通和长沙湾互通。考虑本次改扩建互通较少,同时距离较远、可替代、出行方便等,本次互通不分组,同时施工。

本项目互通立交一览表见表7.49。

表7.49 互通立交一览表

序号	交叉桩号	互通立交名称	被交道路		立交形式	备注
			名称	等级		
1	K27+600	埔边互通	县道X125	二级路	单喇叭互通	改造
2	K34+850	长沙湾互通	县道X125、通航路	城市主干道	Y形复合立交	改造
3	K59+475	深汕湾互通	望鹏大道	城市快速道	枢纽互通	新建

长沙湾互通和埔边互通均为服务汕尾主城区的互通立交,长沙湾互通通过县道X142(香江大道西)连接汕尾主城区,埔边互通通过省道S242(国道G236)连接汕尾主城区,从深圳方向下行,从两互通去往汕尾主城区,用时相差不多(见图7.106)。深汕西高速公路改造可通过两互通交替封闭提高施工速度,减小对车辆及周围居民区的影响。

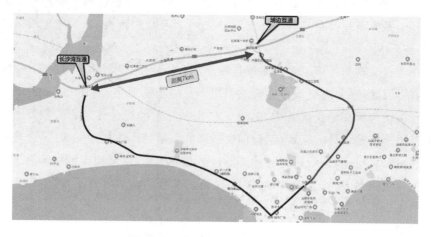

图7.106 长沙湾互通和埔边互通

1)埔边互通

(1)埔边互通现状分析。

埔边互通位于广东省汕尾市城区红草镇,与S242省道汕尾大道交叉,现状为 AB 形苜蓿叶立交,是汕尾市、海丰县城区、红草镇、东涌镇、捷胜镇车辆上下高速的出入口。

原深汕高速公路主线设计速度为 100 km/h,路基宽度按照双向四车道设计标准(24.5 m)。现状主线最小平曲线半径 $R=4500$ m,主线最大纵坡坡度为 -1.029%,最小凹形竖曲线半径 $R_{凹}=30000$ m,互通立交范围主线最小平曲线半径为 4500 m,满足本次改扩建设计速度 120 km/h 对应的技术指标。本互通原设计匝道皆为单车道,路基宽度 8.5 m,匝道设计速度为 40 km/h。匝道最小平曲线半径为 60 m;匝道为单向单车道,全宽 8.5 m;匝道收费广场收费车道数设置为 4 入口、6 出口。

目前本互通通行能力受位于 S242 汕尾大道的两个平交口影响,通行能力、服务水平较低,收费站分离布设使营运管理相对不便。

埔边互通现状见图 7.107。

图 7.107 埔边互通现状

(2)埔边互通改建方案。

S242 为海丰县与汕尾市区之间唯一的纵向干道,交通量较大,随着海丰县、汕尾市、红草镇的城市发展,交通量会进一步增长,现状埔边互通制约了 S242 通行能力。红草大道为联系汕尾市与海丰县的城市快速路,X125 为现状双向两车道三级公路。为提高埔边互通的通行效率、服务水平并便于后期运营管理,本次设计考虑对埔边互通按集中收费模式进行改造,同时结合相应地方规划、远期规划与城市快速路红草大道对接。埔边互通改建示意图见图7.108。

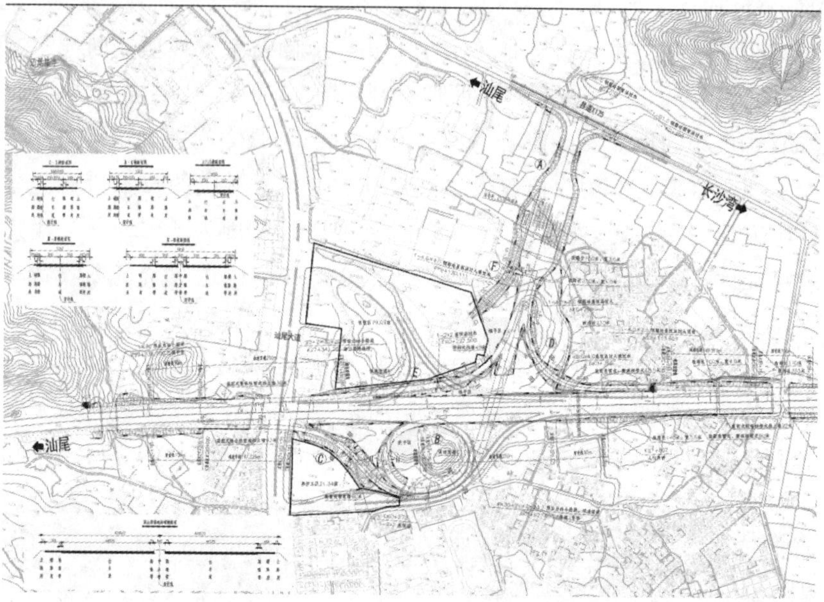

图7.108 埔边互通改建示意图

(3)埔边互通交通组织方案。

①埔边互通主线纵坡坡度有调整,交通组织方案须考虑主线抬高或挖低,主线桥须拆除重建;②交通组织方案须考虑互通主线和被交道路及主线各上下互通匝道的保通;③交通组织方案考虑到匝道的保通,需要修建临时匝道。

2)长沙湾互通

(1)长沙湾互通现状分析。

长沙湾互通原设计匝道皆为单车道,路基宽度8.5 m,匝道设计速度为40 km/h,净高为4.3~5.0 m。

原设计长沙湾互通立交出入口皆采用单车道出入口技术指标。

长沙湾互通范围现状主线存在两段平曲线,圆曲线半径分别为2102 m和1000 m。互通立交交叉范围内主线线形指标最小圆曲线半径,速度为100 km/h时一般值为1500 m,极限值为1000 m;速度为120 km/h时一般值为2000 m,极限值为1500 m。由于深汕西高速公路改造设计速度为120 km/h,现状线形指标 $R=1000$ m不满足规范要求。主要控制因素为厦深高铁、现状深汕高速公路线形、长沙湾特大桥、周边建筑物、施工保通考虑。

现状、远期 X125：现状 X125 下穿深汕西高速公路旧路，旁边靠近密集居民区和长沙中学；远期 X125 沿现状 X125 走向扩宽，时速 60 km，预留宽度 38 m。

基本农田：现状 X125 靠近收费站处东侧土地为基本农田。

人行天桥：原 C、E 匝道合流处有一座人行天桥，因新建匝道净空要求，需拆除。

长沙湾大桥：大桥两侧均为长沙湾海域，属于禁建区；长沙湾旧桥需拆除重建。

长沙湾互通现状见图 7.109。

图 7.109　长沙湾互通现状

(2) 长沙湾互通改建方案。

为了释放沿海优质土地资源，主线线位调整至赤石镇，取消鲘门服务区后，导致埔边服务区至沙田服务区共 97 km 内，仅有白云仔停车区、稔山服务区，间距不合理。故本阶段根据调规报告，调整了服务设施间距，依托炮台遗址的旅游开发潜力与山海景观资源优势，利用已征地红线在长沙湾互通新建服务区，场区面积共 350 亩（南侧 220 亩，北侧 130 亩）（1 亩≈666.7 m³），打造马宫沿线的新地标。长沙湾互通改建示意图见图 7.110。

(3) 长沙湾互通交通组织方案。

长沙湾互通形式调整时，主线纵断面抬升且存在单双侧转换，因此充分利用 G、F 贯通匝道，代替主线交通，通过临时匝道分步转换交通，能够保证各阶段主线两个方向和全部匝道保通。

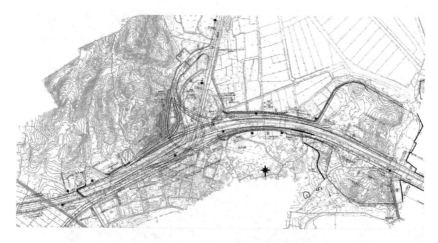

图 7.110 长沙湾互通改建示意图

3)埔边互通和长沙湾互通综合改造方案

(1)第一阶段施工交通组织。

①首先新建长沙湾互通立交深圳方向的上下行临时匝道(施工时不影响深圳方向的上下行主流交通)。

②废除长沙湾互通和埔边互通汕尾方向的两条下行匝道(小交通量),分时段交替临时封闭。废除埔边互通汕尾方向上行匝道(汕尾方向上行转移至长沙湾互通)(见图 7.111)。

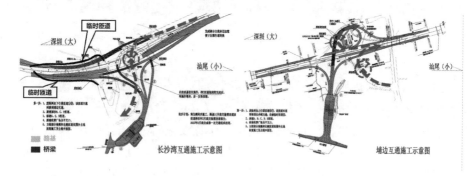

图 7.111 第一阶段施工交通组织 1

③长沙湾互通深圳方向上下行车流转移至临时匝道,两侧主线拼接加宽施工;汕尾方向只保留上行匝道(并承担埔边互通汕尾方向转移车流),埔边互通深圳方向上下行匝道保持不变(见图 7.112)。

④主线正常通行;长沙湾互通新建现状主线外部分 B~G 匝道,埔边互通新

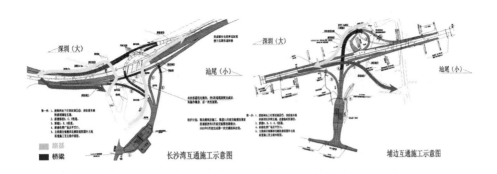

图 7.112　第一阶段施工交通组织 2

建现状主线外部分 A～E 匝道,埔边互通范围内深圳方向上行左侧主线与原主线标高渐变接顺;新建收费广场及平交口;主线南侧和北侧匝道范围外拓宽至主线中面层(见图 7.113)。

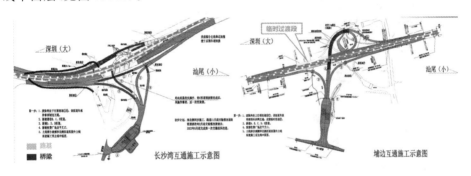

图 7.113　第一阶段施工交通组织 3

(2)第二阶段施工交通组织。

①长沙湾互通将主线车流转移至南侧贯通 G 匝道,北侧半幅主线继续保持通行,补全左半幅部分主线;匝道恢复下行(原汕尾方向上行匝道改为下行)。

②埔边互通原主线左侧车流转移至右半幅,补全左半幅并一次性施工至主线中面层;恢复下行匝道,恢复深圳方向上行匝道,汕尾方向上行匝道转移至长沙湾互通(见图 7.114)。

(3)第三阶段施工交通组织。

①长沙湾互通主线右侧车流转移至北侧贯通 F 匝道,补全右半幅部分主线;补全跨越右侧现状道路的匝道;汕尾方向下行匝道封闭转移至埔边互通。

②埔边互通右侧车流转移至左半幅,补全右半幅并一次性施工至主线中面层;恢复汕尾方向上行匝道(见图 7.115)。

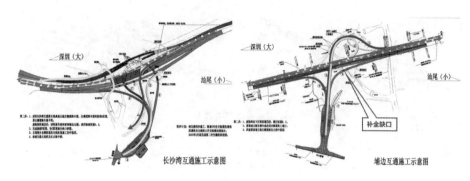

图 7.114　第二阶段施工交通组织

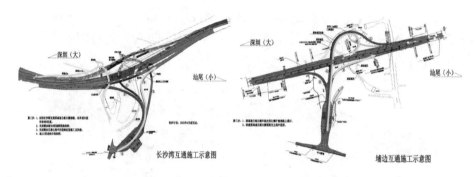

图 7.115　第三阶段施工交通组织

(4)第四阶段施工交通组织。

①长沙湾互通全线贯通。

②埔边互通补全 B 匝道与主线相接缺口后全线贯通。

4)深汕湾互通

深汕湾互通为新建互通,代替原鲘门互通的功能。由于在深汕湾互通和深汕隧道之间为改线段接入点,纵断面较大,下挖较大,最大挖深达 14 m,对主线交通组织影响较大。

①第一阶段施工交通组织。

K59+100 至大桩号方向主线及与旧路无影响部分匝道一次性施工至中面层,K59+100 至小桩号方向新建双向四车道临时主线(主线指标满足时速 80 km 要求),并与前后接顺;旧路四车道继续保持通行,对旧路无影响匝道可先行施工(见图 7.116)。

②第二阶段施工交通组织。

将主线车流转移至临时主线,保持四车道通行(在 K59+100 处进行过渡转

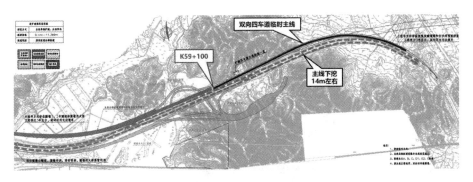

图 7.116 第一阶段施工交通组织

换);K58+400~K59+000 左半幅施工至中面层,同时新建 250 m 过渡段与旧路接顺(见图 7.117)。

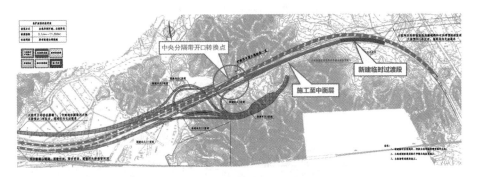

图 7.117 第二阶段施工交通组织

③第三阶段施工交通组织。

将主线车流转移至左半幅,保持四车道通行;右侧主线施工至中面层,同时拆除临时主线(见图 7.118)。

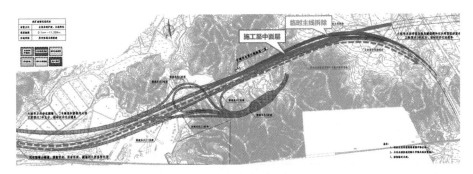

图 7.118 第三阶段施工交通组织

④第四阶段施工交通组织。

将主线车流转移至右半幅,保持四车道通行(此时需在新建单洞四车道隧道双向通行);左侧主线施工至永久标高(含旧路隧道口涵改桥)(见图7.119)。

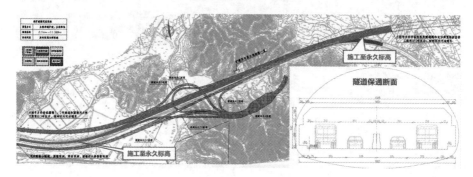

图 7.119　第四阶段施工交通组织

⑤第五阶段施工交通组织。

全线贯通,拆除临时过渡段(见图7.120)。

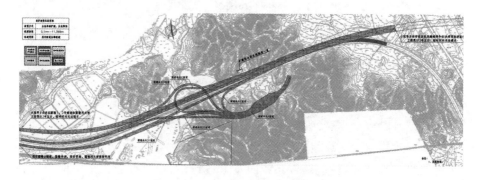

图 7.120　第五阶段施工交通组织

8.单双侧转换节点交通组织

本路段位于 TJ13 标段潭西中桥附近,为消除反向 S 形曲线中的短直线,中心线在潭西中桥往小桩号方向向南偏移,同时主线纵断面抬高。

①第一阶段施工交通组织。

主线左侧小桩号至 K2+000、K3+120 至大桩号,半幅拼宽施工至中面层;同时改造旧路中央分隔带;K2+000～K2+980 单双侧不均匀过渡段施工至与老路齐平;K2+980～K3+120 渐变过渡到永久设计标高,同时老路维持现状四车道通行(见图7.121)。

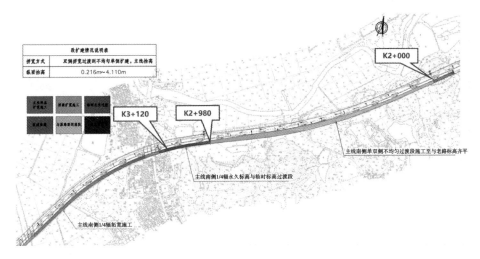

图 7.121 第一阶段施工交通组织

②第二阶段施工交通组织。

将车流转移至左半幅;右半幅一次性施工至中面层(见图 7.122)。

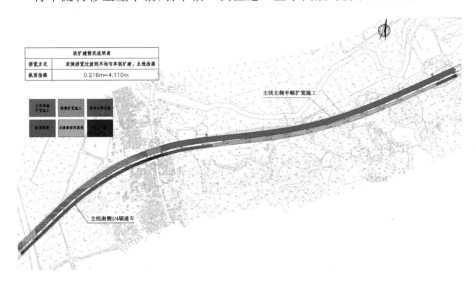

图 7.122 第二阶段施工交通组织

③第三阶段施工交通组织。

将车流转移至右半幅;主线补全左半幅,并一次性施工至永久设计标高(见图 7.123)。

④第四阶段施工交通组织。

全线贯通(见图 7.124)。

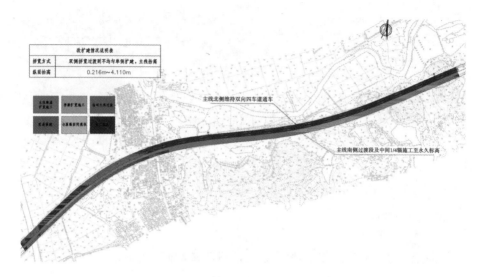

图 7.123　第三阶段施工交通组织

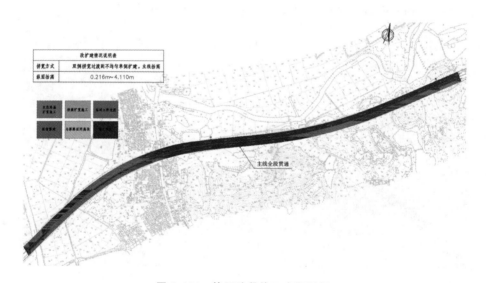

图 7.124　第四阶段施工交通组织

9. 长沙湾半路半桥段旧路中央分隔带改造交通组织

长沙湾半路半桥段控制因素为广东海丰鸟类省级自然保护区、左侧海堤、右侧灌溉渠及永久基本农田,特别是受鸟类保护区影响比较大。此路段全长约6.0 km,路基左右侧为反压护道,路基边线标高与反压护道高差大约 0.4 m;路基右侧反压护道右侧为灌溉渠,灌溉渠右侧为基本农田,灌溉渠走向为顺路线方向。长沙湾半路半桥段位置见图7.125。

图 7.125 长沙湾半路半桥段位置

本路段改扩建方案为:在原路右侧分离新建桥梁。

桥梁左侧为既有高速公路,右侧为平行路线方向防洪渠,局部段落桩基位于水中。长沙湾半路半桥段平面示意图见图7.126。

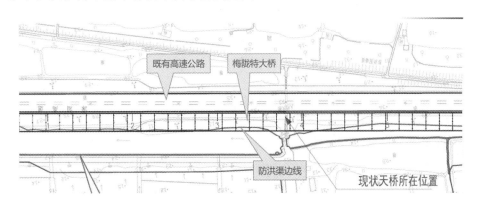

图 7.126 长沙湾半路半桥段平面示意图

本路段北侧半幅新建桥梁在转弯处,盖梁侵入旧路硬路肩,桥梁施工时对旧路行车有影响,因此需要对旧路中央分隔带进行改造。

①第一阶段施工交通组织。

长沙湾旧路以双向坡为主,局部转弯路段为右幅超高;将隔离墩分别摆放在内侧超车道,保证左右幅四车道通行,车道宽度不低于3.5 m(见图7.127)。

②第二阶段施工交通组织。

挖除旧路中央分隔带填土,并浇筑C40高强混凝土;从左侧隔离墩往右侧铣刨4 cm,进行临时路面加铺,同时进行调坡,坡度不小于1‰(见图7.128)。

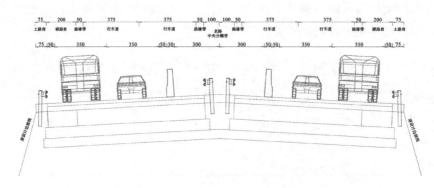

图 7.127　中央分隔带改造第一阶段施工交通组织(单位:cm)

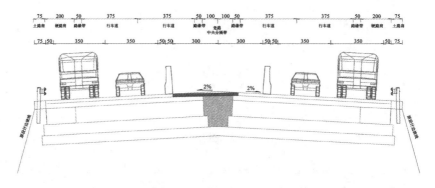

图 7.128　中央分隔带改造第二阶段施工交通组织(单位:cm)

③第三阶段施工交通组织。

将右幅车辆转移至改造后的中央分隔带处,为北侧桥梁施工预留 5.5 m 宽度的空间(见图 7.129)。

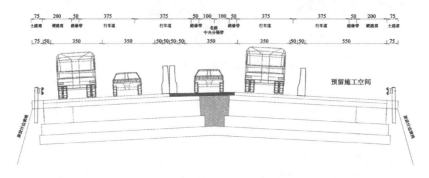

图 7.129　中央分隔带改造第三阶段施工交通组织(单位:cm)

④第四阶段施工交通组织。

当车流完全转移至北侧半幅新建桥梁,旧路统一进行路面加铺和横坡调整(见图7.130)。

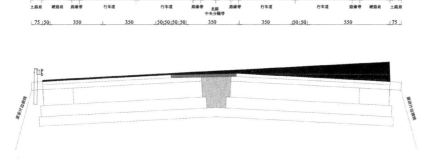

图7.130 中央分隔带改造第四阶段施工交通组织(单位:cm)

10.新旧路转换节点交通组织

本路段为TJ6标段鹅埠改线新建段汇入旧路改建段(汇入点纵断面抬高,最高点抬高约8 m)。

①第一阶段施工交通组织。

产业路跨线桥往大桩号方向南侧1/4幅及深汕服务区贯通匝道修编至中面层,同时产业路跨线桥往小桩号修编约150 m的标高临时过渡段,之后与旧路相接部分拼宽至与旧路标高齐平,此时旧路继续通行(见图7.131)。

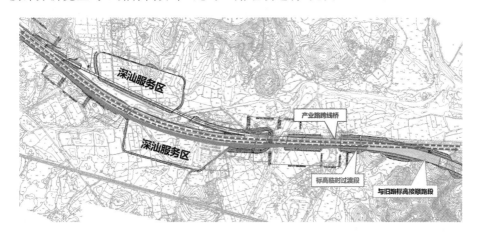

图7.131 第一阶段施工交通组织

②第二阶段施工交通组织。

将车辆转换至南半幅,同时产业路跨线桥往大桩号方向北侧1/4幅及深汕服务区贯通匝道修编至中面层,同时产业路跨线桥往小桩号修编约150 m的标高临时过渡段,之后与旧路相接部分拼宽至与旧路标高齐平。同时在北侧新建长约200 m、宽度为8.75 m的临时路面,与旧路标高一致(见图7.132)。

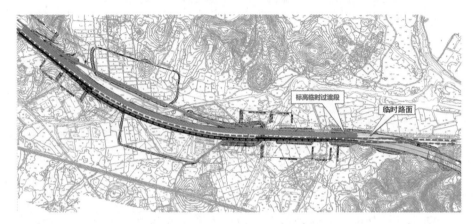

图7.132 第二阶段施工交通组织

③第三阶段施工交通组织。

将车辆转换至北半幅,南半幅内侧1/4幅拼接至永久标高,同时与鹅埠改线段永久标高接顺(见图7.133)。

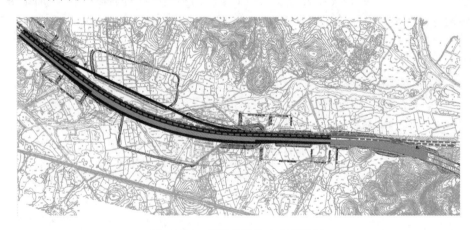

图7.133 第三阶段施工交通组织

④第四阶段施工交通组织。

将车辆转换至南半幅,同时补全产业路跨线桥往小桩号三角区(见图7.134)。

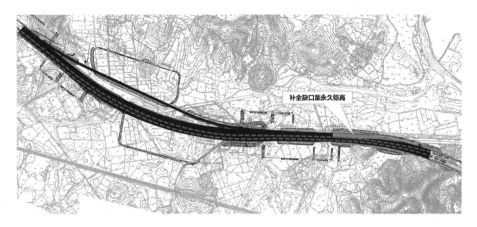

图 7.134　第四阶段施工交通组织

7.3.5　临时安全设施

1. 设计原则、依据及内容

临时安全设施设计主要以施工组织、交通组织方案设计为基础,服务于施工组织、交通组织。临时安全设施按功能可分为临时分流的临时安全设施、用于保通的临时安全设施和用于安全施工的临时安全设施等。临时安全设施设计应尽量满足多种功能的需要,最大限度地发挥设施效益,为本项目改扩建期间提供较完善的警示、诱导、隔离等安全服务。

由于本项目改扩建工程工点复杂、交通组织阶段多、交通转换频繁等特点,临时安全设施设计应坚持以下设计原则:

"坚持安全第一、预防为主原则",提前预告、诱导交通,保障行车安全;

"坚持通用性及可重复性利用原则",避免重复投资造成浪费;

"坚持易于施工、便于维护的原则",确保在交通转换阶段,可以便利地设置临时设施,出现破损情况时能够快速更换。

设计依据如下。

《公路交通安全设施设计规范》(JTG D81—2017)

《公路交通安全设施设计细则》(JTG/T D81—2017)

《公路工程技术标准》(JTG B01—2014)

《道路交通标志和标线 第 1 部分:总则》(GB 5768.1—2009)

《道路交通标志和标线 第 2 部分:道路交通标志》(GB 5768.2—2022)

《道路交通标志和标线 第 3 部分:道路交通标线》(GB 5768.3—2009)

《道路交通标志和标线 第 4 部分:作业区》(GB 5768.4—2017)

《道路交通标志和标线 第 5 部分:限制速度》(GB 5768.5—2017)

《公路养护安全作业规程》(JTG H30—2015)

《深圳市建设工程安全文明施工标准》(SJG 46—2018)

《深圳市住房和建设局关于进一步做好建设工程施工围挡改造提升工作的紧急通知》(深建质安〔2018〕30 号)

本项目施工区临时安全设施设计内容主要包括:临时交通标志、临时交通标线、临时隔离设施、临时防护设施等。施工区安全设施的设置为满足施工区安全行车的需要,以主动引导为主,被动防护适度,隔离封闭合理。施工区临时安全设施设置的基本要求如下:

(1)连续性;

(2)安全性;

(3)视认性好;

(4)醒目性要强;

(5)对行车干扰小。

此外,施工区临时安全设施设置时应注重车辆出行的方便性、舒适性,体现"以人为本、安全至上"的指导思想。

2. 临时交通标志

1)施工区标志

施工区临时安全设施基本布置原则如下。

(1)警告区:警告区是从最前面的第一块交通标志开始到施工区的第一个渠化装置为止,最小长度为 1600 m。警告区内必须设置施工标志、车辆慢行标志等,其他标志可视情况而设置。

(2)过渡区:当需要关闭车道时,必须设置过渡区。过渡区的设置尽可能使车流的变化平缓。过渡区通常由渠化装置或路面标线所组成。下游过渡区最小长度为 30 m。

(3)缓冲区:缓冲区的最小长度为 50 m。

(4)工作区:工作区是施工人员活动和工作的地方,其长度一般根据养护维修作业的需要而定,车道与工作区之间用锥形交通路标或者防撞水马进行分隔。工作区应为工程车辆提供安全的进出口。工作区前方用路栏隔离(见图7.135)。

(5)终止区:终止区最小长度为30 m。

(6)其他:在重要临时设施上附着施工警告灯,保证夜间施工及行车的安全性。

(7)施工区临时标志采用可移动式结构,施工完可用于其他施工地点。因本工程施工时间较长,为保证施工路段交通安全,临时标志版面采用Ⅳ类反光膜,对于夜间施工的重要临时标志上应附着施工警示灯和黄闪警示灯(见图7.136)。

(8)临时安全设施的布置应配合主体的施工组织计划进行,并根据施工具体情况调整。

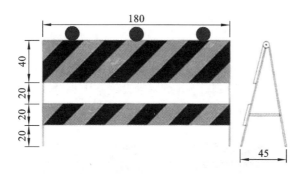

图7.135 工作区路栏示例(单位:cm)

图7.136 施工区临时标志示例

2)指路标志

指路标志通常设置于老路中央分隔带或者路侧,用于在施工过程中替代老路路侧被挖除的标志功能,引导驾驶员合理选择路径。临时指路标志示例见图7.137、图7.138。

图 7.137 临时指路标志示例 1

图 7.138 临时指路标志示例 2

指路标志的尺寸为 2.0 m×1.5 m，字高采用 50 cm，反光膜采用Ⅳ类，颜色采用橙底黑字，设置于路侧或中央分隔带。

清表阶段老路标志未拆除，不设置临时标志。

拼宽路段路基开挖，可将临时指路标志附着于路侧临时护栏或隔离墩。

半幅对向通行阶段，可将临时指路标志设置于中央分隔带或路侧，但不得侵入限界。老路标志再利用示例见图 7.139。

图 7.139 老路标志再利用示例

3)禁令类标志

禁令类标志设置于项目改扩建施工期间，发挥临时交通管理功能。如限速标志、禁止停车、禁止超车等交通标志，版面均按照国标形式设置。

(1)限速 80 km/h，限速 60 km/h，限速 40 km/h 等：设置在警告区护栏外侧或上游过渡区、缓冲区、工作区内。

规格：圆形，直径为 0.8 m，支架高度不低于 1.5 m(见图 7.140)。

(2)解除限速标志,解除禁止超车:设置在终止区。

规格:圆形,直径为0.8 m,支架高度不低于1.5 m(见图7.141)。

图 7.140　禁令类标志 1　　　　　　图 7.141　禁令类标志 2

(3)左侧变窄,右侧变窄:设置在警告区护栏外侧。

规格:等边三角形,边长为0.9 m,支架高度不低于1.5 m(见图7.142)。

右侧变窄　　　　　　左侧变窄

图 7.142　禁令类标志 3

(4)禁止超车,禁止停车:设置在警告区护栏外侧或上游过渡区、缓冲区、工作区内。

规格:圆形,直径为0.8 m,支架高度不低于1.5 m(见图7.143)。

禁止超车　　　　　　禁止停车

图 7.143　禁令类标志 4

(5)注意落石,道路施工,左侧绕行,左右侧绕行:设置在警告区护栏外侧或上游过渡区、缓冲区、工作区内。

规格:等边三角形,边长为0.9 m,支架高度不低于1.5 m(见图7.144)。

禁令类标志结构采用可移动式,反光膜采用V类。

图 7.144　禁令类标志 5

4)告示类标志

告示类标志主要设置于路段上或互通入口处,主要给过往交通司乘人员温馨提示。如:"沈海高速公路改扩建施工,请谨慎驾驶""沈海高速公路改扩建施工,请绕行"等;版面为白底、黑字、黑边框(见图 7.145)。

图 7.145　告示类标志示例

告示类标志结构可结合现场实际情况采用可移动式、单柱式或悬臂式,反光膜采用Ⅳ类。

5)路段临时交通标志设置方案

临时交通标志应根据改扩建施工不同阶段的交通组织模式以及对交通安全的需求,做针对性设计。

(1)施工区临时标志。

本项目涉及老路土路肩挖除,需封闭老路硬路肩施工。上跨桥的拆除、新建等,临时交通标志均应做针对性设计。具体设置方案见相关设计图纸。

(2)替代老路拆除掉的临时交通标志。

本项目需拆除原设置于路基边坡的标志,而此时新建标志施工尚未完成,为了弥补标志功能的缺失,需要设置临时标志代替部分已拆除的标志。拆除后必须用临时标志代替的标志有出口预告标志、收费站及预告标志、地点距离标志、部分限速标志等。该类标志设置于中央分隔带,原则上将老路原标志拆除后再利用。具体设计方案见相关设计图纸。

6)路网临时交通标志设置方案

(1)诱导点处临时标志。

在诱导点设置临时标志,提示"沈海高速公路改扩建施工"(见图 7.146、图 7.147)。

图 7.146　诱导点临时标志示例 1

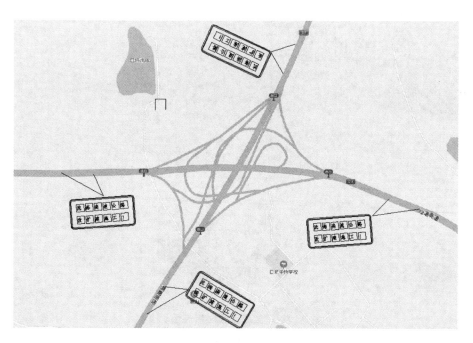

图 7.147　诱导点临时标志示例 2

(2)分流点处临时标志。

在分流点互通出口前250 m及1.5 km处设置两处绕行路径提示标志牌,并在互通后适当位置设置"沈海高速公路施工,建议车辆绕行"告示标志(见图7.148左、图7.149)。

分流点之后适当位置设置"沈海高速公路改扩建施工,过往车辆请谨慎驾驶,带来不便敬请谅解"等告示标志(见图7.148右)。

图7.148 分流点临时标志示例1

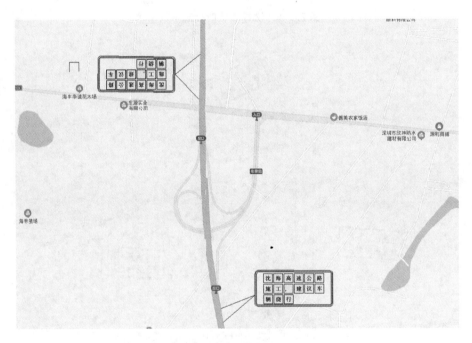

图7.149 分流点临时标志示例2

(3)管制点处临时标志。

在管制点被交道路提前设置"沈海高速公路改扩建施工,请谨慎驾驶"相关标志，并配合设置收费广场的施工告示标志等(见图 7.150、图 7.151)。

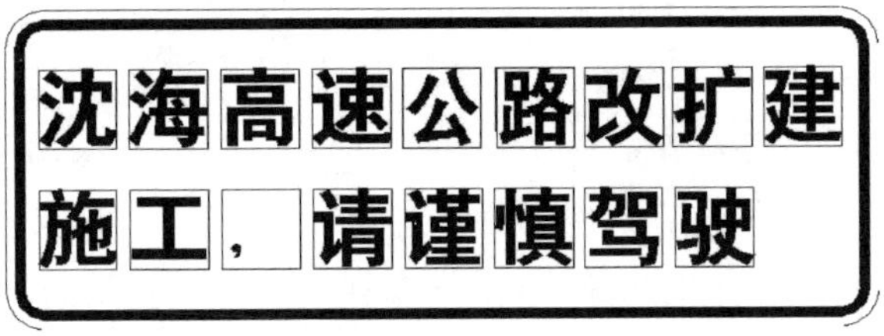

沈海高速公路改扩建
施工，请谨慎驾驶

图 7.150　管制点临时标志示例 1

白云收费站
白云饭店
华记饭店
G15沈海高速
沈海高速公路改扩建施工，请谨慎驾驶
沈海高速公路改扩建施工，请谨慎驾驶

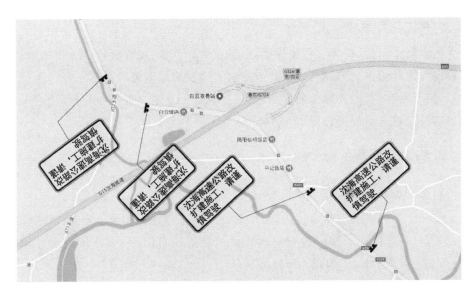

图 7.151　管制点临时标志示例 2

7)临时里程标示和百米标示

临时里程标志布设在整公里处，临时百米标志布设在两个里程标志间的整百米处。

临时里程标志和百米标志均采用附着形式，附着于路侧护栏或者混凝土隔离墩。

临时里程标志和百米标志均可利用老路拆除的旧标志，版面为铝合金，反光膜采用Ⅳ类。

8)临时交通标志版面、材料及结构

本项目临时交通标志专用字体采用 A、B、C 三种类型字体。

①公路命名编号标志和公路编号标志、出口编号标志、里程标志和百米标志

中的英文和阿拉伯数字采用 B 类字体。

②平面交叉指路标志方向箭杆上的公路编号标志采用 C 类字体。

③其他汉字、英文字母、阿拉伯数字均采用 A 类字体。

施工区系列标志支撑结构采用支架结构形式；标志板采用 1 mm 厚镀锌钢板；字高 40 cm。施工区标志根据规范及实际需要，按组进行设置，重复使用。

主线和路网范围内临时指路、告示标志利旧,将原标志版面清除其上反光膜后再按照需求版面尺寸进行裁剪,最后重新张贴反光膜(Ⅳ类),立柱等钢构件酌情进行防腐处理后再利用。

9）施工注意事项

标志板在运输、吊装过程中应小心,避免对标志板、反光膜产生任何损害;如果钢构件镀锌层在运输、安装过程中被损坏,应及时采取补救措施。

可移动临时标志要注意防倾倒,可用沙袋置于支架立柱上作为配重,或采用膨胀螺栓与临时路面进行固定。

3. 临时交通标线

1）临时交通标线设置原则

临时交通标线包括车道边缘线、车道分界线、路面标记、导向箭头、减速标线等,标线材料应保证为临时通行车辆提供清晰的信息,标线设计按照现行标准《道路交通标志和标线》(GB 5768)等执行。

2）临时标线布设方案

半幅双向四车道通行时,需设置中央隔离设施,同时设置临时标线,包括车道边缘线、车道分界线,用于渠化同向交通、分离对向交通。

本项目路面施工第一阶段(利用下面层行车)采用热熔标线;第二阶段半幅施工、半幅双向通车时,待先行施工的半幅罩面完毕后,靠近中央分隔带的两车道施划永久标线,外侧的两个车道则施划临时标线(见图 7.152、图 7.153)。利用下面层保通路段的临时标线可在下阶段罩面中直接覆盖,不影响改扩建后行车标线的施划;利用新罩面的路面保通,施划的临时标线应在全断面通车前清除。

非永久路面施划的临时标线采用热熔标线,宽度为 15 cm。永久路面施划的临时标线采用突起路标,设置间距为 1.2 m,突起路标为单面反光。

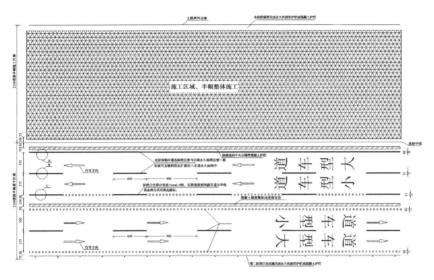

图 7.152 临时标线布设方案(单位:cm)

图 7.153 临时标线施划示例

3)指标要求

①临时标线。

临时标线采用热熔型标线材料,其材料及配比应符合《路面标线涂料》(JT/T 280—2022)的规定。主线及互通立交的所有临时标线及标记均采用白色热熔反光涂料,并掺有玻璃珠,其材料及配比应符合上述标准的规定。

白色反光标线施工初始的逆反射亮度系数不低于 150 mcd/(m² · lx)。

标线涂层厚度均匀,无气泡、开裂、发粘、脱落等现象;标线涂层厚度为 1.2 mm。

标线应预混玻璃微珠,表面再撒布玻璃珠:a.玻璃珠内混比例指标按 21%～25%控制;b.面撒、内混玻璃珠的粒径型号采用 1 号玻璃珠;c.成圆率指标按不小于90%控制;d.使用的玻璃珠必须过筛,筛除粒径不合格部分;e.面撒玻璃珠应在涂料喷涂后立即进行,分布应均匀,以不小于 0.5 kg/m² 的用量加压撒播在所有标线上。

玻璃珠外观要求、成圆率、密度、折射率、耐水性、磁性颗粒含量和防水涂层要求均应满足《路面标线用玻璃珠》(GB/T 24722—2020)中相关规定。有缺陷的玻璃珠,如椭圆形珠、不圆的颗粒等的质量应小于玻璃珠总质量的20%,即玻璃珠成圆率不小于80%,其中粒径为 0.6~0.85 mm 的玻璃珠成圆率不应小于70%。

为保证标线亮度和反光性能,钛白粉含量不低于10%,钛白粉中 TiO_2 的质量分数指标按 A1 型等级控制(≥98%),白色度应满足《二氧化钛颜料》(GB/T 1706—2006)中 A1 类标准,与商定的参比样颜色相近。

树脂含量不低于19%,为保证标线涂料在露天环境下的抗氧化和耐磨耐久能力,延缓材料老化速度,树脂材料的软化点大于 105 ℃、常温抗压强度大于 15 MPa,熔融黏度参考值为 150~250 MPa·s。

车道边缘线不应侵占行车道宽度,每间隔 10 m 断开 5 cm 的缺口以利于道路排水。

②突起路标。

本工程采用 A1 类突起路标,即由增强型聚碳酸酯基体和高亮微棱镜逆反射器组成的逆反射突起路标,高亮微棱镜与基体采用超声波焊接,表面可见超声波焊接点;突起路标由独立封装的反光单元组成,如果某一反光单元破坏,其他密封的反光单元仍然可以继续反光;白色突起路标的发光强度应满足表 7.50 要求。

表 7.50 白色突起路标的发光强度

观测角	入射角	建议值/cd
0.2°	0°	700
	+20°	350
	−20°	350

突起路标轮廓边缘应平滑,不应有导致交通伤害的尖锐边线;底部应做工艺处理,以便与路面黏结;突起路标采用突起路标原厂标配的 A、B 双组分与配套专业填充料 C 组分进行黏结固定,施工中无须打孔、开槽等破坏路基的操作。

突起路标原厂标配胶黏剂性能检验应符合表 7.51 的要求。

表 7.51　突起路标原厂标配胶黏剂性能检验

	检验项目	标准要求	检验方法	备注
1	外观	A:灰白色黏稠体	目测	
		B:灰白色黏稠体		
2	黏度(40 ℃)	A:900~1400 cps	ASTM D2196	
		B:1300~2000 cps		
		混合:1100~1700 cps		
	可使用时间(23 ℃)	≥50 min	倒立不流淌	
3	固化物性能(23 ℃,24 h)	1:表面平整	目测	A:B=1:1
		2:硬度≥70D	Shore D / ASTM D2240	
		3:ABS-ABS 剪切强度≥6 MPa	ASTM D1002	

A1 类突起路标基体采用"一体成型"设计而非填充式,抗压荷载不应小于 160 kN,纵向弯曲强度不应小于 9 kN。

4. 临时隔离设施

临时隔离设施包括水马、锥形交通路标、混凝土隔离墩、防撞桶等。其设置依照设计文件以及其他相关规范及规定进行,布设时注意临时设施与永久设施相结合。

图 7.154　水马

(1)水马(A 型)(见图 7.154)。

短期改道设置水马隔离交通流和施工区。水马内部必须放置水袋或注水量应达到其内部容积的 90%,纵向连续布设。水马隔离墩详细信息如下。

执行标准:《公路养护安全作业规程》(JTG H30—2015)、《塑料隔离墩》(JT/T 847—2013)。

规格:L1500 mm×W480 mm×H900 mm,壁厚不低于 3 mm。

本体材料:高密度聚乙烯树脂。

重量:不低于 16 kg。

反光材料:晶彩格(高强级标准反光材料,反光原片强度达300CPL),警视更加清晰,更加安全。

耐用性能:耐水、油、灰尘,耐用24个月以上(视使用场所和环境而定)。基身结构简单,摆放方便,可根据自身实际需要随意进行配重。可以随道路做弯度调整。该产品采用高强度、高弹性改性塑料制成,盛水后更具缓冲弹性,能吸收强大冲力,有效地减小对汽车、路人、围栏及工作区内人员的伤害。产品表面贴有Ⅳ类反光膜,在夜间起到警示作用。

其物理化学性能要求见表7.52。

表7.52 水马物理化学性能要求

序号	项目		技术指标
1	外壁硬度/H_D		≥59
2	拉伸屈服强度/MPa		≥18
3	断裂伸长率/(%)	常温	≥350
		低温(-20℃)	≥250
4	冲击强度/(kN/m²)		≥10
5	纵向收缩率/(%)		≤3
6	维卡软化温度/℃		≥90
7	脆化温度/℃		≤-60
8	耐环境应力开裂(48 h,失效数)/(%)		≤20

(2)锥形交通路标(A型)(见图7.155)。

为规范行车秩序,分流鼻端、交通转换路段等处设置锥形交通路标,5~10 m设置一个。

锥形交通路标应满足夜间反光要求,设在需要临时分隔车流、引导交通、保护施工现场设施和人员等场所周围或以前适当地点,本项目主要用于时间较短的交通诱导。

规格:H700 mm。

执行标准:《公路养护安全作业规程》(JTG H30—2015)。

本体材料:橡胶。

图7.155 锥形交通路标

重量:不低于 5.5 kg。

本体颜色:黑色本体。

反光材料:晶彩格(高强级标准反光材料,反光原片强度达 300CPL)。

文字图案生产工艺:丝印、数码喷绘。

耐用性能:耐撞击、碾压,耐水、油、灰尘,耐用 24 个月以上(视使用场所和环境而定)。

其他说明:纯橡胶制品,不怕撞击,耐轧压,能迅速回弹,不伤车伤人,可循环使用。

(3)混凝土隔离墩。

本项目路基拼宽阶段临时隔离设施采用混凝土隔离墩(见图 7.156),利用中央分隔带混凝土护栏(提前预制)。混凝土隔离墩连续布设并采用型钢连接,且迎车面应贴Ⅳ类反光膜(作为诱导标志),保证夜间行车导向性及安全。

图 7.156 混凝土隔离墩

路基施工阶段后期,开挖土路肩前需要在硬路肩设置混凝土隔离墩进行防护,隔离施工区和行车区。

路面施工阶段,交通转移至半幅,即半幅对向四车道保通期间采用混凝土隔离墩隔离对向车流。

对于纵断面抬高路段,第二阶段半幅对向四车道通行,外侧抬高的 1/4 幅需要设置内侧防护,采用钢管桩预制混凝土护栏(见图 7.157),钢管为老路护栏立柱利旧。柱距 1 m,挡块及基础采用 C30 混凝土现浇,护栏采用提前预制的中央分隔带混凝土护栏(预留钢管孔)。

(4)防撞桶(见图 7.158)。

临时分流鼻端宜设置防撞桶。临时紧急停车带起终点处分别设置一个防撞桶。

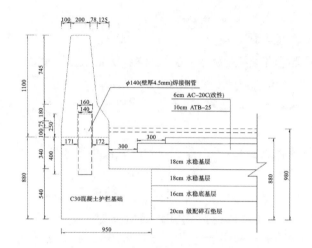

图 7.157　钢管桩预制混凝土护栏(单位:mm)

根据经验,路段施工期间防撞桶和水马/混凝土隔离墩可间隔设置,能够提高夜间行车的视认性,保障行车安全。

规格:H950 mm,ϕ900,壁厚不低于 6 mm。

执行标准:《公路养护安全作业规程》(JTG H30—2015)、《公路防撞桶》(GB/T 28650—2012)。

本体材料:热塑橡胶。

本体颜色:黄色本体。

图 7.158　防撞桶

反光材料:反光膜,Ⅳ类。

材料要求:①拉伸强度应不小于 15 MPa;②断裂伸长率(扯断伸长率)应不小于 200%。

安全性能要求:车辆碰撞防撞桶后,乘员纵横向碰撞速度均不超过 12 m/s,纵横向碰撞加速度 10 ms 间隔平均值的最大值不大于 20g。

防撞桶桶身为圆柱形,外表颜色为黄色,为中空形式;桶盖和桶身可通过自身丝扣或自攻螺丝固定。桶身内部应设置横隔板,放置水、砂等配载物;横隔板的强度应能承受配载物的自重;防撞桶在空桶状态及加载配载物后均可正面放置,加装配载物竖直放置时,配载物不能有内部和外向泄露。其他指标要求满足《公路防撞桶》(GB/T 28650—2012)相关规定。

发生碰撞时,防撞桶各构件组成部分及配载物不能飞散,不能对碰撞车辆、周围的人及其他车辆产生损坏或伤害。碰撞车辆能被有效地减速和停止,不能穿越或翻越防撞桶。

(5)临时隔离栅(见图 7.159)。

路基施工阶段,拆除老路隔离栅后在护栏外侧将永久隔离栅(钢板网隔离栅,$H=1.8$ m)使用抱箍或钢丝绑于路侧护栏的外侧,或者将立柱通过抱箍固定于路侧隔离墩背面,用于临时隔离,后期将该隔离栅作为永久设施进行设置。

考虑发生交通事故后的疏散作用,隔离栅开口活动小门每隔 2 km 设置一个,供应急情况下开启使用。

钢板网隔离栅的防腐要求详见交通安全设施设计文件相应内容。

考虑到安装和运输,钢板网隔离栅边框尺寸采用 2.5 m×0.9 m,附着于混凝土隔离墩时采用单块附着;附着于波形梁钢护栏和作为永久隔离栅使用时则进行拼装,以 2.5 m×1.8 m 尺寸进行设置。

5. 临时防护设施

本项目桥梁拼宽阶段临时防护设施采用可拆装临时混凝土护栏,后期拆除后作为临时隔离墩使用。

(1)临时波形梁钢护栏。

互通保通期间,临时匝道两侧采用临时波形梁钢护栏进行防护,将老路路侧 A 级波形梁钢护栏拆除后直接使用即可(见图 7.160)。

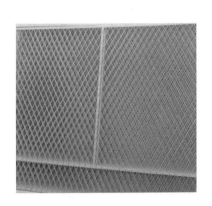

图 7.159 临时隔离栅

图 7.160 波形梁钢护栏利旧

坪山高架利用辅道保通期间,保通辅道两侧采用 SB 级波形梁钢护栏进行防护。后期将保通辅道两侧采用的 SB 级波形梁钢护栏利旧至新路(利用方案——按照波形梁板 70% 利旧,立柱和紧固件全部不利旧)。

(2)临时围挡设施。

为隔离社会行车区和施工区域,采用临时围挡设施,最大限度降低施工对周边居民造成的影响。

考虑到本项目跨深圳和惠州两段,且两地对于施工临时围闭的需求不同,采用不同样式的临时围挡设施。

深圳段临时围挡按照《深圳市建设工程安全文明施工标准》(SJG 46—2018)的要求实施,采用烤漆面板围挡和镀锌钢板围挡等(见图 7.161、图 7.162)。

惠州段则结合路段经过区域的重要程度,分别采用镀锌钢板围挡和普通装配式钢结构围挡等(图 7.163)。

图 7.161 烤漆面板围挡

图 7.162 镀锌钢板围挡

图 7.163 装配式钢结构围挡

其余一般路段则临时利用永久隔离栅。

具体规定如下。

①深圳段。

重点区域围挡:重要交通干线、路口及敏感点,建设管理部门有要求的区域,用性能最优的烤漆类型,即 F-Wb-E(3)。

次重点区域围挡:施工区与隔离区房屋距离小于 40 m,需要围闭的区域,用性能次优的镀锌钢板类型,即 F-Wb-E(1)。

一般区域围挡:以上路段以外的其他区域,用性能一般的围挡类型,即 F-Wb-E(2)。

②惠州段。

重点区域围挡:重要交通干线、路口及敏感点,建设管理部门有要求的区域,用次优的镀锌钢板类型,即 F-Wb-E(1)。

其他区域围挡:施工区与隔离区房屋距离小于 50 m,及其余需要围挡的区域,用性能一般的围挡类型,即 F-Wb-E(2)。

临时围挡设备设置要点如下。

①深圳段城市主干道两侧等重要区域的新开工项目以及尚未进行围挡改造提升的项目,新设立围闭的立柱、面板等主要构件饰面,应采用烤漆工艺。围挡明柱间距为 6.3 m,每两个明柱之间设暗柱,暗柱与明柱中心距离为 3.15 m。围挡立柱、面板等主要构件饰面,烤漆颜色应与所选用的宣传画面相匹配,保证整体外观效果。在明柱上方统一设置侧面尺寸为 150 mm×220 mm 的方形灯具,灯具颜色须与主要构件饰面颜色一致。

围挡宣传画面布置方式参照《深圳市建设工程施工围挡宣传画面布置指引》中相关规定。

②深圳段沿线施工区域与隔离区域房屋有一定距离或有绿化隔挡,但又必须围挡的区域等,设置镀锌钢板围挡。

③惠州段城市主干道两侧等重要区域,设置镀锌钢板围挡。

④惠州段沿线施工区域与隔离区域房屋有一定距离或有绿化隔挡,但又必须围挡的区域等,设置装配式钢结构围挡。

(3)警示设施。

①回旋灯、警示灯、频闪灯(见图 7.164),放置在上游过渡区,或重要、危险部位,太阳能式或充电式。

发光源中心光强≥400 cd;采用太阳能形式,连续阴雨可工作天数不低于 10 天。

②仿真保通员(见图 7.165),放置在上游过渡区,或重要、危险部位。

仿真保通员采用智能型,具有警灯提示、自动摇摆等功能。

材料采用高强度玻璃钢,方便维修,发生碰撞事故后最大限度减少对车辆产生的损害。

图 7.164　回旋灯、警示灯、频闪灯

技术指标要求:高度不低于 1.6 m;带底座整体质量不低于 60 kg;采用电池供电,输入电压 12 V;手臂摇摆次数 30～45 次/min。

③太阳能便携式拖车型 LED 电子导向灯(见图 7.166),设置于交通转换路段处。

技术指标要求:尺寸 1500 mm×750 mm;LED 灯筒数量不低于 25 个,LED 灯点阵数量不低于 30 个,可视距离不低于 400 m;LED 使用寿命不低于 50000 h;电子导向灯可升降高度;电源采用 12V 直流电源,太阳能供电;太阳能电池充满后连续阴雨可工作天数不低于 10 天。

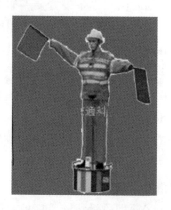

图 7.165　仿真保通员

拖车可人工推行,电池和控制器等应采用有效防盗措施。

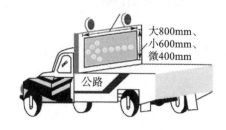

图 7.166　太阳能便携式拖车型 LED 电子导向灯(示意图)

④太阳能车速反馈仪,设置于交通转换路段处。

技术指标要求:字高不低于 40 cm;精确度±1 km/h;相应时间≤5 ms;雨雾

等恶劣天气情况下可正常测速;同时适用2个车道。

太阳能车速反馈仪可采用附着形式附着于路侧波形梁钢护栏或混凝土隔离墩等。

(4)主线桥梁路段临时防护方案。

步骤一:在原桥梁一侧新建单侧桥梁,将原桥梁的交通转移到新建桥梁上双向四车道通车(见图7.167)。

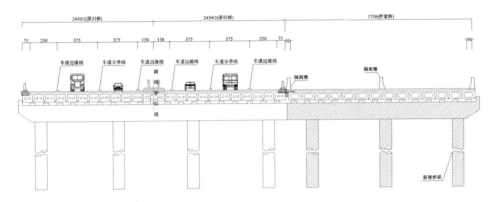

图7.167 拆除重建桥梁步骤一(单位:cm)

步骤二:拆除旧桥梁,并修建新桥梁;半幅双向四车道保通,中间采用混凝土隔离墩隔离对向车流,并设置防眩板(见图7.168)。

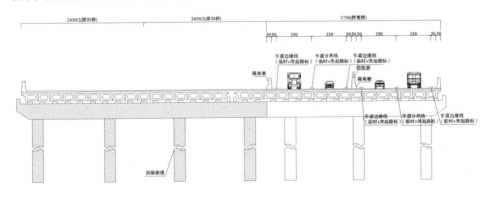

图7.168 拆除重建桥梁步骤二(单位:cm)

步骤三:转移拼宽桥梁交通至新桥梁半幅,完成新桥梁与拼宽桥拼接并重新铺设铺装,采用混凝土隔离墩隔离施工区与行车区(见图7.169)。

步骤四:桥梁交通安全设施施工并拆除临时桥梁;开放交通,新桥面双向八车道通行(见图7.170)。

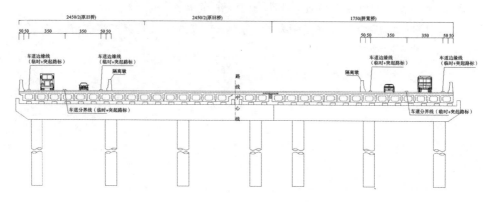

图 7.169 拆除重建桥梁步骤三(单位:cm)

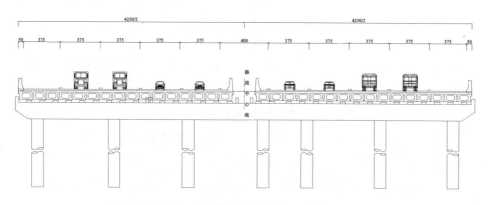

图 7.170 拆除重建桥梁步骤四(单位:cm)

7.3.6 交通组织应急预案

施工期间为确保全线行车的通畅和安全,将全线交通组织的转换整体上划分为四个阶段,以便于施工的顺利进行。下面以 K0+000~K16+100 路段(包含普通路段和互通立交)为例,分别介绍交通组织转换的四个阶段。

第一阶段:全线(包括互通立交)老路双向四车道正常通行,半幅路基拓宽施工,另半幅路基不施工,同时互通立交进行临时匝道新建。

第二阶段:将交通组织转换到单侧道路,利用新建路基和半幅老路进行双向四车道通车,互通立交部分路段需利用临时匝道通车,另半幅老路进行路面施工,半幅新路进行路基路面施工。

第三阶段:将交通组织转换到另一侧道路,利用半幅老路和新路进行双向四车道通车,互通立交部分路段需利用临时匝道通车,对另半幅老路和新建路基进行路面施工。

第四阶段:全线双向八车道正常通车。

施工期间由于通行能力降低、交通处于不稳定状态等,一些微小的干扰都可能导致交通堵塞,尤其是交通事故等突发事件。同时,高速公路改扩建工期一般比较长,其间交通组织会经受春运、国庆等节假日交通高峰期,交通疏导的压力非常大。因此有必要结合交通管制措施,拟定应急预案,并建立健全应急工作机制,保障行车顺畅。

1. 组织机构设置

交通组织应急预案牵涉许多部门,包括交通、公安、路政、改扩建管理处和施工单位等,必须设置一个强有力的工作机构,完善协同工作机制,提高决策效率和准确性,保障沈汕西高速公路改扩建期间交通顺畅。根据我国现行的行政组织机构模式,建议成立交通组织应急管理三级组织机构,划分为广东省、深圳市和沿线作业区三级。

第一级组织机构为广东省交通运输厅、卫生厅、高速公路管理局、宣传部门(广播电视局)、高速公路监控中心和广东省公安厅组成的沈汕西高速公路改扩建交通组织应急管理领导小组。

第二级组织机构为深圳市交通运输管理委员会、深圳市交通管理局、深圳市公路路政支队、深圳市卫生局、深圳市监控中心和深圳市宣传部门组成的沈汕西高速公路改扩建交通组织应急协调小组。

第三级组织机构为沈汕西高速公路改扩建管理处、沿线作业路段的交警、路政、地方公路处(局)、地方卫生部门、施工单位、地方消防部门、沿线作业路段监控中心、宣传部门等有关单位组成的沈汕西高速公路改扩建交通组织应急管理工作小组。各级组织机构应明确职责,结合改扩建实际情况,制订有针对性和操作性的交通组织应急预案。

2. 项目道路周边路网分流应急预案

沈汕西高速公路改扩建工程工期相对较长,需要在此期间整合和利用周边路网的通行能力,对项目道路上的交通进行分流。当周边路网中的某条道路出现严重的交通堵塞甚至中断时,则原先被分流至该道路的车辆可能选择绕行距离更远的次短路出行,甚至有可能无法从主线中分流出去,这将导致沈汕西高速公路车流量增加。因此,需考虑周边路网容差因遭受突发事件影响变小后的应对措施。

在这种情况下,应根据受影响程度及时调整交通分流方案,并通过设置临时标志、可变情报板、交通广播和手机短信等方式告知出行者项目道路分流方案的调整情况。在确保蔬菜、鲜活农产品等物资运输畅通及特勤车辆、应急车辆通行畅通的前提下,考虑小车的灵活性特点,可让小车先行,大车后行,以使其影响减小到最低;还可启用便携式收费机等缓解站区拥堵、提高通行效率,确保车辆快速通行。必要时,暂停施工作业,所有施工人员撤离、撤除现场,并请求高速交警协助疏导,对因局部开挖不能及时修复的施工作业面,应完善施工作业区的标志、标牌和警示灯具等以规范安全区的设置,避免发生交通事故。

3. 项目道路交通组织应急预案

1)交通事故下的交通组织应急预案

高速公路改扩建施工侵占部分原道路资源,压缩有限的通行空间,降低道路的通行能力,使交通流极度敏感而且经常处于不稳定状态。如果项目施工影响区内发生交通事故,可能导致严重的交通堵塞,因此,要预先考虑应对交通事故的紧急措施。交通事故处理流程见图 7.171。

(1)路段上发生交通事故情况下的交通组织应急预案。

部分时段因大型设备调度、作业高度增大等原因可能会采取限制硬路肩停车或封闭 1 个车道等措施,但只是短时间内的封闭,且是选择在交通量小的情况进行封闭,故此处不进行详细分析,具体可参照其他时段的交通组织方案。

以下对本项目各种交通组织方案发生交通事故时应采取的应急预案进行相应的分析。

①两侧整体拼接路段。

根据交通事故的严重程度,交通事故可分为 5 种情况。针对各种事故情况,需研究如何利用监控系统、车道使用控制、可变限速控制、可变信息板、出入口匝道控制等措施进行交通诱导分流与组织,保证沈汕西高速公路改扩建施工期间的安全运营。

a. 无交通阻塞。

无交通阻塞指交通事故发生后未占用行车道,对高速公路上车辆的正常通行亦未造成较大影响。在此情况下,只需对事故车辆及人员进行必要的转移,而不考虑进行分流和交通组织。

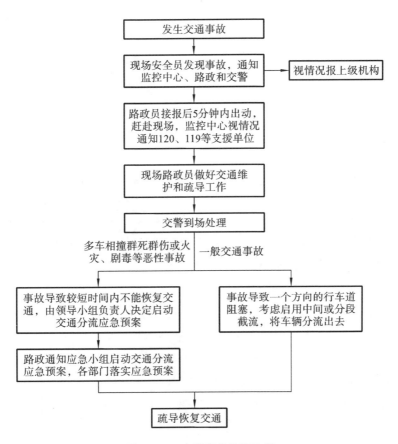

图 7.171　交通事故处理流程

b. 半幅单车道交通阻塞。

半幅单车道交通阻塞事故指造成某半幅单条行车道通行中断。沿线作业路段交警及其他相关部门需迅速赶赴交通事故现场,对事故地点附近一定区域的车道进行临时封闭,通过该半幅的另一行车道通行,并在第一时间将事故现场信息反馈至该路段监控分中心,监控分中心需及时发布相关信息,同时通过上游的可变限速标志实现限速控制,使上游车辆驾驶人及时获得信息、注意行车安全。半幅单车道交通阻塞状况下的交通组织见图 7.172。

c. 半幅道路交通阻塞。

半幅道路交通阻塞指造成半幅通行中断,形成半幅路单向交通堵塞。若对向半幅路的交通量不大,建议利用对向半幅路实现双向通行,必要时可让小车先行,大车后行,将阻塞影响减至最低。半幅道路交通阻塞状况下的交通组织见图 7.173。

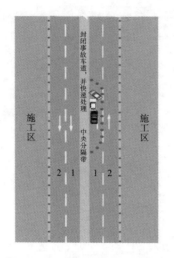

图 7.172 半幅单车道交通阻塞
状况下的交通组织

图 7.173 半幅道路交通阻塞
状况下的交通组织

若对向交通量较大,无法转换交通,则建议暂时封闭该半幅进口车道进行事故处理。在此期间,对在该路段行驶的车辆,通过可变限速标志实现限速控制;如图 7.174 所示,在上游互通 2 出入口通过可变情报板完成信息发布,限制车辆驶入,同时强制分流半幅主线交通至周边道路,上游互通 1 出入口通过可变情报板完成信息发布,同时对该半幅主线交通进行诱导,分流至周边道路,对向交通均维持正常通行。

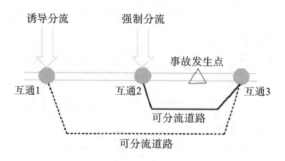

图 7.174 半幅道路阻塞状况下的分流示意图

d. 双向三车道交通阻塞。

双向三车道交通阻塞指造成三条行车道通行中断,形成双向不同程度交通堵塞。建议在进行事故处理的同时,封闭单向交通完全中断的半幅路,通过可变情报板发布相关信息,并与高速公路监控系统联网监控,实现联动交通信息发布,对事故发生地上游第一处互通进行交通强制分流,再往前一处互通进行诱导分流；对向半幅路封闭交通中断的行车道，并通过可变限速标志实现限速控制，通过与收费系统的协调，利用收费车道调节入口交通量，控制匝道交通流，并通过可变情报板对即将进入该路段的车辆进行交通诱导分流，使其绕行到其他道路上面。

e. 双向交通中断。

此类交通事故发生将致使整个路段交通完全中断，此时需对事故现场进行迅速处理，对车辆进行有效地分流和组织，以求尽快恢复正常通行。建议封闭双向半幅路段的上游交通，完全限制车辆的进入，通过邻近互通强制分流，同时对已驶入该段的车辆和人员进行妥善安排。

②单侧分离拼接路段。

在路基施工阶段与新路路面施工阶段，车辆利用原有路面双向四车道通行，在老路路面施工阶段，车辆利用新建道路双向四车道通行。

(2) 互通上发生交通事故情况下的交通组织应急预案。

沈汕西高速公路沿线互通匝道的改扩建有原位改建和移位新建两种。匝道原位改建时需修建便道，原位改建时修建的便道在通行期间有可能发生交通事故；匝道原位改建完成投入运营后，需挖除便道，改建好的匝道在挖除便道的通行期间有可能发生交通事故。匝道移位新建时原匝道通行期间有可能发生交通事故；匝道移位新建完成投入运营后，需挖除原匝道，新建好的匝道在挖除原匝道的通行期间有可能发生交通事故。上述 4 种交通事故交通组织应急预案类似，根据交通事故的严重程度，交通事故可分为 3 种情况。

①无交通阻塞。

无交通阻塞指交通事故发生后未占用行车道，对匝道上车辆的正常通行亦未造成较大影响。在此情况下，只需对事故车辆及人员进行必要的转移，而不考虑进行分流和交通组织。

②单向交通中断。

发生此类事故时，将造成该匝道某方向交通中断。该匝道的匝道协管员、清障人员应立即对交通事故进行处理，并将事故现场相关信息反馈至所属监控分中心；监控分中心需及时发布相关信息；封闭该匝道发生事故方向的入口；对事故发生地上游第一处互通上通行的车辆进行强制分流，并在该互通前 500～1000 m 利用可变信息板及时发布相关信息，使上游驾驶人员提前下互通；对事故发生地上游第一处互通与事故发生地之间的需通过该匝道下互通的车辆进行强制分流，使该路段车辆利用事故发生地下游第一处互通通行。

③双向交通中断。

发生此类事故时,将造成该匝道完全中断。双向交通中断情况下的交通组织应急预案与上述单向交通中断情况类似。

(3)主线桥上发生交通事故情况下的应急预案。

本项目主线桥拼接以两侧拼宽为主,且大部分老桥无须拆除,故此处对两侧拼宽情况下不拆除老桥的交通事故应急预案进行相应分析。

根据交通事故的严重程度,交通事故可分为5种情况。

①无交通阻塞。

此时只对事故车辆和人员进行必要的转移,无须进行分流和交通组织。

②单车道交通阻塞。

该路段交警、路政人员及其他相关部门人员需立即赶至事故现场,对事故车辆所在车道的一定区域进行临时封闭,建议该方向车辆通过该方向的另一行车道及其右侧通行,监控中心需及时发布相关信息,使上游驾驶人员及时获得相关信息、注意行车安全;对向车辆此时维持正常通行。单车道交通阻塞状况下的交通组织见图7.175。

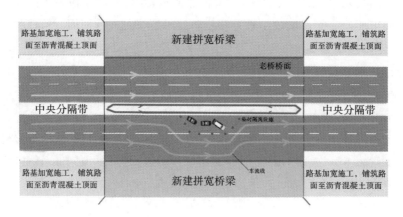

图7.175 单车道交通阻塞状况下的交通组织

③单向两车道交通阻塞。

该路段交警、路政人员及其他相关部门人员需立即赶至事故现场,对事故车辆所在车道的一定区域进行临时封闭,建议该方向车辆通过该方向老桥桥面外侧通行,必要时可让小车先行,大车后行,将阻塞影响减至最低,并在第一时间将事故现场信息反馈至该路段监控分中心,监控分中心需及时发布相关信息,同时通过上游的可变限速标志实现限速控制,使上游车辆驾驶人及时获得信息、注意行车安全。单向两车道交通阻塞状况下的交通组织见图7.176。

若此段交通量较大,建议通过与收费系统的协调,利用收费车道调节入口交通量,控制匝道交通流,并通过上游第一处互通出入口处的可变情报板对即将进入该路段的大车进行强制分流,使其绕行到其他道路上面,将阻塞影响降至最低,上游第二处互通出入口通过可变情报板完成信息发布,同时对该互通上的大车进行诱导分流;对向交通均维持正常通行。

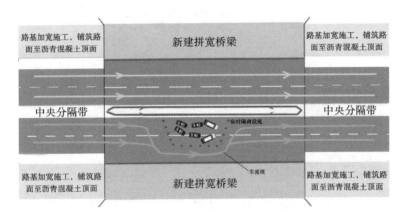

图7.176 单向两车道交通阻塞状况下的交通组织

④双向三车道交通阻塞。

该路段交警、路政人员及其他相关部门人员需立即赶至事故现场,对事故车辆所在车道的一定区域进行临时封闭,建议单向两车道阻塞方向车辆通过其老桥桥面外侧通行,该方向具体交通组织与上述单向两车道交通阻塞情况下的交通组织相同;对向则建议通过其另一条行车道及其右侧通行,建议在进行事故处理的同时,通过可变情报板发布相关信息,通过可变限速标志实现限速控制,并与高速公路监控系统联网监控,实现联动交通信息发布。双向三车道交通阻塞状况下的交通组织见图7.177。

⑤双向四车道交通阻塞。

该路段交警、路政人员及其他相关部门人员需立即赶至事故现场,对事故车辆所在车道的一定区域进行临时封闭,建议双向车辆均通过老桥桥面外侧通行,各方向交通组织与上述单向两车道交通阻塞情况下的交通组织相同。双向四车道交通阻塞状况下的交通组织见图7.178。

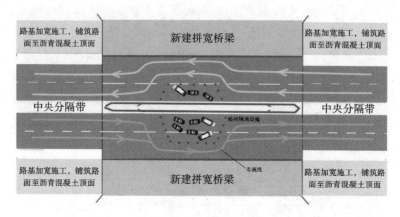

图 7.177 双向三车道交通阻塞状况下的交通组织

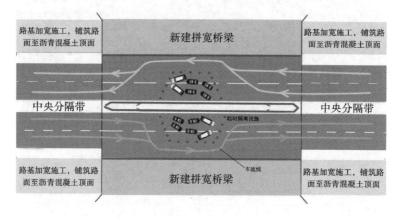

图 7.178 双向四车道交通阻塞状况下的交通组织

(4)紧急救援。

当发生重(特)大交通事故时,应立即启动紧急救援系统,高速公路改扩建交通事故紧急救援任务包括:通过检测、巡逻等手段快速发现突发事件,获取并确认事件类型、位置等信息;协调相关部门调集救援资源,采取联动紧急救援行为;依据事件类型,提供紧急服务,包括消防、救护、特种物品处理、故障车辆牵引、现场事故处理等。路段通行中的交通管理及救援系统见图 7.179。

施工区内如出现交通事故或严重阻塞,交通协管人员应立即采取安全措施,设置安全区,防止非施工车辆进入施工封闭区,防止二次事故发生。疏导交通时考虑小车的灵活性特点,指挥小车先行,大车后行;根据工作面实际情况,亦可临时适当收缩行车道封闭区域,包括缩短封闭长度和宽度。

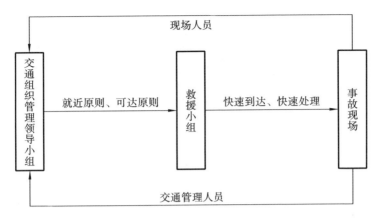

图 7.179 路段通行中的交通管理及救援系统

发生交通事故时,相关救援人员在第一时间内对伤亡人员进行医疗救护,可有效地降低事故死亡率,因此需合理布设紧急救援点。沿线服务区、停车区、收费站是距离事故现场最近的服务设施,因此在布设紧急救援点的过程中,建议尽可能地利用服务区、停车区、收费站作为紧急救援点,每个紧急救援点由左右两侧救援点组成。

施工期间,各紧急救援点需布设清障车和救援车辆以及救援人员。建议每个救援点的左右侧均配置 1 辆拖车;每两救援点的左右侧各配置 1 辆吊车,两救援点共配置 2 辆;每个救援点的左右侧均配置 1 辆救护车,以对事故中受伤人员进行救护;每辆救护车建议配置一位司机、一位医生、一位护士、一位担架员,工作人员均实行四班三运转轮班方式;每个救援点的左侧或右侧配置 1 辆路政车、1 辆巡逻警车,路政车与巡逻警车对称配置;每 2 km 配置一名交通协管人员,每个中央分隔带的开口处各配置协管人员 1 人,工作人员均实行四班三运转轮班方式。在沿线紧急救援点处需配备的救援车辆及人员密度可参考表 7.53。

表 7.53 救援车辆及救援人员配置示例

车辆及人员	密度	备注
拖车	2 辆/救援点	救援点左右侧各配置 1 辆
吊车	2 辆/2 救援点	若某救援点的左侧配置 1 辆,其相邻救援点右侧配置 1 辆
救护车	2 辆/救援点	对事故中受伤人员进行救护
交通维护车	1 辆/救援点	交通协管人员在救援点服务范围内巡逻使用
路政车	1 辆/救援点	路政车与巡逻警车左右侧对称配置
巡逻警车	1 辆/救援点	路政车与巡逻警车左右侧对称配置

续表

车辆及人员	密度	备注
交通协管人员	1人/2 km	每2 km 1人,中央分隔带开口处配置协管人员1人,均实行四班三运转轮班方式
救护人员	8人/救援点	每辆救护车配备一位司机、一位医生、一位护士、一位担架员,均实行四班三运转轮班方式

2)恶劣天气下的交通组织应急预案

大风、大雾、强降雨雪、沙尘暴等恶劣天气,严重影响了行车和交通畅通,甚至影响人们日常的生产、生活,威胁人民财产和生命安全。恶劣天气条件下高速公路应急管理工作应坚持以人为本、统一领导、分级负责、反应快速、调度及时、保障有力等原则,并根据恶劣天气的影响程度和社会需要及时调整交通组织方案。沈汕西高速公路恶劣天气主要有暴雨、大雾等。恶劣天气状况下交通组织流程图见图7.180。

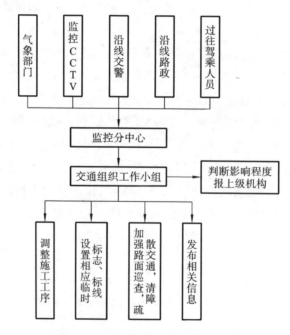

图7.180 恶劣天气状况下交通组织流程图

(1)参考刘文智在《高速公路可变信息标志控制方案的研究》中的论述,并结合高速公路改扩建中各阶段对应的通行状况,公路降雨等级可划分为以下四种情况。

①小雨,日降雨量0~10 mm,对交通运行基本没有影响。

②中雨,日降雨量 10~25 mm,对交通运行有影响。

各收费站监控室通知站长和入口收费员提醒司机开启防眩目近灯光、示廓灯和前后位灯。

路基加宽阶段与东半幅路面施工完成、双向四车道通车阶段,速度不得超过 60 km/h,与同车道行驶的前方车辆保持 100 m 以上的行车间距;东西半幅路面间隔施工阶段,速度不得超过 40 km/h,与同车道行驶的前方车辆保持 100 m 以上的行车间距。

③大雨,日降雨量 25~50 mm,对交通运行有很大影响。

高速公路运营管理单位应对高速公路主体、桥涵构造物及其他附属设施进行全面地、仔细地检查,做到发现问题立即抢修。

各收费站监控室通知站长和入口收费员提醒司机开启防炫目近灯光、示廓灯、前后位灯和危险报警闪光灯。

路基加宽阶段与东半幅路面施工完成、双向四车道通车阶段,速度不得超过 35 km/h,与同车道行驶的前方车辆保持 50 m 以上的行车间距;东西半幅路面间隔施工阶段,对高速公路大雨路段进行封闭,同时报交通大队值班室和上级监控指挥中心,已驶入高速公路的车辆,须尽快从最近的出口驶离高速公路或驶入服务区休息。

在进入沈汕西高速公路沿线的暴雨或特大暴雨区各互通前 3~5 km 处设置固定黄色闪光警示灯,并增加互通立交处照明灯的数量。

及时发布相关信息,可结合实际情况,进行适当分流。

④暴雨、大暴雨及特大暴雨,日降雨量>50 mm,对交通运行有严重影响。

各收费站监控室通知站长和入口收费员提醒司机开启雾灯、防眩目近灯光、示廓灯、前后位灯和危险报警闪光灯,建议暂时封闭暴雨或特大暴雨路段,对其路段车辆进行强制分流,分流至周边道路,已驶入高速公路的车辆,须尽快从最近的出口驶离高速公路或驶入服务区休息。

高速公路雨天车速限制取值建议见表 7.54。

表 7.54　高速公路雨天车速限制取值建议

日降雨量	施工阶段	车速限制建议值/(km/h)	日降雨量	施工阶段	车速限制建议值/(km/h)
0~10 mm	A	基本无影响	10~25 mm	A	60
	B	无影响		B	40

续表

日降雨量	施工阶段	车速限制建议值/(km/h)	日降雨量	施工阶段	车速限制建议值/(km/h)
25~50 mm	A	35	>50 mm	A	建议封闭入口
	B	20		B	建议封闭入口

注：A 为路基加宽阶段与东半幅路面施工完成、双向四车道通车阶段；B 为东西半幅路面间隔施工阶段。

（2）参考刘文智在《高速公路可变信息标志控制方案的研究》中的论述，并结合高速公路改扩建中各阶段对应的通行状况，依据水平能见度（L）来划分浓雾（低能见度）等级。雾天条件下，监控指挥中心要随时监测雾情，通过可变情报板和交通广播等发布实时路况信息，并发布指令要求各收费站监控室通知站长和入口收费员按下列程序进行处理。

①薄雾，$L>500$ m，对交通运行基本没有影响。

②轻雾，$200\ \text{m}<L\leqslant 500\ \text{m}$，对交通运行有影响。

提醒司机开启防眩目近灯光、示廓灯和前后位灯，路基加宽阶段与东半幅路面施工完成、双向四车道通车阶段，速度不得超过 60 km/h，与同车道行驶的前方车辆保持 100 m 以上的行车间距；东西半幅路面间隔施工阶段，速度不得超过 40 km/h，与同车道行驶的前方车辆保持 50 m 以上的行车间距。

在进入沈汕西高速公路沿线雾区各互通前 3~5 km 处设置固定黄色闪光警示灯，并增加互通立交处照明灯的数量。

加强沈汕西高速公路沿线事故多发地段或危险路段的管理，警车在前压速带道，以保证限速效果。

③中雾，$100\ \text{m}<L\leqslant 200\ \text{m}$，对交通运行有较大影响。

提醒司机开启防眩目近灯光、示廓灯和前后位灯，路基加宽阶段与东半幅路面施工完成、双向 4 车道通车阶段，速度不得超过 40 km/h，与同车道行驶的前方车辆保持 50 m 以上的行车间距；东西半幅路面间隔施工阶段，速度不得超过 20 km/h。

在进入沈汕西高速公路沿线雾区各互通前 3~5 km 处设置固定黄色闪光警示灯，并增加互通立交处照明灯的数量。

加强沈汕西高速公路沿线事故多发地段或危险路段的管理，警车在前压速带道，以保证限速效果。

④大雾，$50\ \text{m}<L\leqslant 100\ \text{m}$，对交通运行有很大影响。

提醒司机开启雾灯、防眩目近灯光、示廓灯、前后位灯和危险报警闪光灯,路基加宽阶段与东半幅路面施工完成、双向四车道通车阶段,速度不得超过 20 km/h;东西半幅路面间隔施工阶段,对高速公路大雾段进行封闭,同时报交通大队值班室和上级监控指挥中心,已驶入高速公路的车辆,须尽快从最近的出口驶离高速公路或驶入服务区休息,沈汕西高速公路沿线雾区各互通前 3~5 km 处设置固定红色闪光灯,增加互通立交处照明灯的数量。

加强沈汕西高速公路沿线事故多发地段或危险路段的管理,警车在前压速带道,以保证限速效果;结合实际情况,进行适当分流。

⑤重雾,$L \leqslant 50$ m,对交通运行有严重影响。

向值班负责人请示实施道路交通管制,对高速公路大雾段进行封闭,同时报交通大队值班室和上级监控指挥中心,已驶入高速公路的车辆,须尽快从最近的出口驶离高速公路或驶入服务区休息;结合实际情况,进行相应分流。

高速公路雾天车速限制取值建议见表 7.55。

表 7.55　高速公路雾天车速限制取值建议

能见度 L/m	施工阶段	车速限制建议值/(km/h)	能见度 L/m	施工阶段	车速限制建议值/(km/h)
$L>500$	A	基本无影响	$50<L \leqslant 100$	A	20
	B	基本无影响		B	建议封闭入口
$200<L \leqslant 500$	A	60	$L \leqslant 50$	A	建议封闭入口
	B	40		B	建议封闭入口
$100<L \leqslant 200$	A	40			
	B	20			

注:A 为路基加宽阶段与东半幅路面施工完成、双向四车道通车阶段;B 为东西半幅路面间隔施工阶段。

(3)恶劣天气下,实时发布路况信息是保障交通安全的重要手段。建议在各互通出入口前 500~1000 m 处设置可变情报板和可变限速标志,可变情报板与可变限速标志之间的最小间距建议为 70 m。

雨天利用可变情报板交替显示车距控制指令和"雨天路滑,谨慎驾驶""能见度低,开防雾灯"等信息,利用可变限速标志显示相应限速值,并采用闪烁红色表示发布相关禁令信息,闪烁黄色表示发布警告信息,闪烁绿色表示发布正常信息。

雾天利用可变情报板交替显示车距控制指令和"雾天谨慎驾驶,保持安全车距""雾天行驶,开防雾灯""能见度低,减速慢行"等信息,利用可变限速标志显示相应限速值,并采用闪烁红色表示发布相关禁令信息,闪烁黄色表示发布警告信息,闪烁绿色表示发布正常信息。

在沿线各路段每间隔 5 km 分别设置注意雨天和雾天的警告标志(见图 7.181)。

图 7.181　沈汕西高速公路恶劣天气警告标志

(4)施工工序安排对交通运行影响较大,尤其是在施工和通行相互影响的"瓶颈"路段,相互之间竞相争夺道路使用空间,极易造成交通拥堵。对此,施工组织者应加强与气象部门的联系,及时收集天气信息,预先考虑施工方案调整计划,在恶劣天气易发季节,根据项目所处地域气候特点和施工工艺要求,灵活调整施工工艺和工序,合理安排施工,确保交通安全畅通,并通过可变情报板、电台等发布改扩建路段的实时路况及施工信息,便于驾驶员选择合适的线路出行。

(5)不同的社会需求目标对交通运输有不同的要求。当恶劣天气严重到成为自然灾害时,首先要保证客运及救援物资安全、快速和及时运送,这种情况下,要及时调整分流车型,通行必须以客车和物资运输货车为主,分流车型调整应充分进行交通适应性和路况适应性分析,选择或确定适当的车型及数量比例,在满足社会特殊需求目标的前提下,分时段进行调整,并与收费系统相协调,利用收费车道调节入口交通量,控制匝道交通流;还可考虑暂时封闭高速公路改扩建施工路段,将其车辆分流至周边国道、省道和地方性道路,尽量避免和减少重大交通事故的发生。

3)节假日期间的交通组织应急预案

(1)分别针对节假日前后期,设置相应的分流方案,并及时发布相应的交通信息。

(2)根据节假日前后期的交通"潮汐"特性,相应地控制施工作业面长度和封闭车道数。

(3)对于高峰时段,在流量较大的收费站启用便携式收费机以缓解站区拥堵、提高通行效率,确保车辆快速通行。

(4)节假日期间施工应更加注重安全防护,严格规范设置和管理交通导向标志、警示标志,在各入口设置宣传标语、告示牌等,同时施工现场应配备足够的安全员协助维持和疏导交通,保障车辆有序运行,防止交通堵塞。

(5)相关部门密切配合,各监控分中心及时发布实时路况信息,沿线交警、路政人员加强路面巡查,随时准备疏导交通、排除交通堵塞,一旦发生事故,快速清理路障,完成现场处治,并尽快恢复交通。

4)特殊事件下的交通组织应急预案

特殊事件是指对区域内社会政治、经济或人们日常生活有重大或特殊影响的事件,这类事件可能造成非节假日的交通拥堵,并对交通运输有着特殊的要求。在项目施工期间,为应对上述特殊事件,交通组织管理领导小组应提前做好应急策划。待特殊事件发生时,首先应保证与该特殊事件相关的车辆优先顺利通行,然后再尽可能地保障小汽车和客车通行。对于能够公开的特殊事件,高速运营管理部门应提前通过媒体(如手机短信)进行宣传,并与高速公路监控系统联网监控,实现联动交通信息发布及交通诱导,建议驾驶员绕行其他道路或引导出行者采用其他交通方式出行,并及时发布各种车辆通行权、优先权、道路限速的相关信息;对于不能公开的特殊事件,交警、路政人员等在特殊事件发生时加强路面巡查,加强交通管制,并与收费系统相协调,利用收费车道调节入口交通量,控制匝道交通流,必要时对沿线路段进行强制分流。

在非节假日的项目施工期,若出现大范围交通拥堵,各级机构应及时组织落实相关工作,具体处理流程如图7.182所示。

5)交通突发事件应急处理流程

高速公路交通应急处理是一项系统性的工作,主要包括交通事件预警管理和交通事件应急管理。

交通事件预警管理是对日常交通状态及运行环境进行动态监控,收集信息和数据,分析交通突发事件的影响因素、产生机理及分布特征,如事故多发路段的形成原因,异常天气下的交通安全管理措施等,判断交通运行是否安全,发现危险或异常情况,及时发出交通事件预警信息,为启动预案提供决策依据。交通事件应急管理是在发生重大交通事件时,立即启动预案体系,统一指挥和调配相关部门的救援人员、救援物资,迅速有计划地开展清障、疏通、医疗救援、消防和其他救援活动,并对整个救援过程进行实时监控和指挥调度,及时获取反馈信息并调整方案,实现交通事件应急管理的科学化、规范化和高效化。交通突发事件应急处理流程见图7.183。

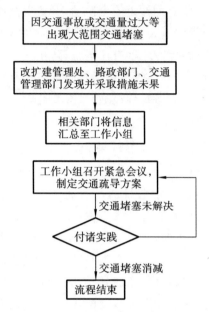

图 7.182 大范围交通堵塞处理流程

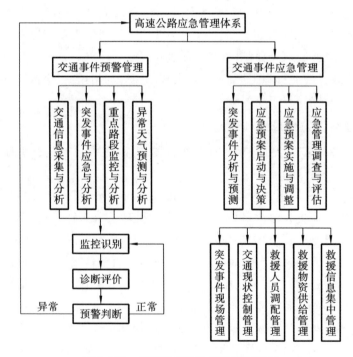

图 7.183 交通突发事件应急处理流程

7.3.7 施工安全生产注意事项

1. 现场管理安全措施

(1)严格施工现场管理制度,进入施工现场必须戴好安全帽及佩戴工作证。

(2)现场挂设安全标志布置总平面图,并按安全标志布置总平面图设置安全标志。

(3)现场电动机械必须接地、接零,一机一闸一漏电,开关必须有箱有锁;中途停电或下班时,必须关闸断源,关箱加锁;电动机械出故障,必须断电源,停机修理,不准在运行中排障,机械更不准带病运行;非经安排操作机电的人员不准擅自乱动一切机电设备。

(4)施工现场安全管理还应符合《公路工程施工监理规范》(JTG G10—2016)相关安全规定。

2. 施工安全准备

(1)建立安全生产责任制,并做具体化签证及文字化。具体分为项目经理生产责任制、工长生产责任制、质安员生产责任制、班组长生产责任制、工人生产责任制、特殊工种生产责任制、防火小组责任制、文明施工责任制。

(2)签订安全生产合同。合同内容应包括:甲、乙双方的责任;安全生产、文明施工检查的标准;工人进入工地现场应遵守的安全规章制度及法规、技术交底;安全生产指标、奖罚制度等。注明合同有效日期,甲、乙双方经办人签证。

(3)制订各项工种、工具的安全操作规程及管理制度。工具操作规程应由工人、施工员、质安员、机电工、项目经理制订。应参考工程报建时的操作规程标准及工地的条件制订操作规程内容,并将其打印好张贴在工地的显眼处。

(4)安全生产目标管理。安全生产管理目标可分解为伤亡控制指标、安全达标目标、文明施工达标目标。

(5)施工组织设计。施工组织设计方案中的安全部分应具备以下内容:施工安全措施、用电安全措施、防火安全措施。

3. 分部(分项)施工安全交底

(1)施工前,分别对基础工程、钢筋工程、模板工程、钢结构工程、脚手架搭设和拆除工程、电焊工操作、气焊工操作、现场临时用电等分项逐级进行安全技术教育及交底,落实所有安全技术措施和人身防护用品。

(2)高处作业、临边作业中的安全带、标志、工具、仪表、电气设施和各种设备,必须在施工前加以检查,确认其完好,方能投入使用。

(3)攀登和悬空高处作业人员以及搭设高处作业安全设施的人员,必须经过专业技术培训,专业考试合格后方能持证上岗,并必须定期进行体格检查。

(4)施工中高处作业的安全技术设施,如发现有缺陷和隐患,必须及时解决;危及人身安全时,必须停止作业。

(5)施工作业场所有可能坠落的物件,应一律先行撤除或加以固定。高处作业中所用的物料,均应堆放平稳,不妨碍通行和装卸。工具应随手放入工具袋;作业中的走道、通道板和登高用具,应随时清扫干净;拆卸下的物件及余料和皮料均应及时清理运走,不得任意乱置或向下丢弃。传递物件禁止抛掷。

(6)因作业必须临时拆除或变动安全防护设施时,必须经施工负责人同意,并采取相应的可靠措施,作业后应立即恢复。

(7)分部(分项)施工安全还应符合《公路工程施工监理规范》(JTG G10—2016)相关安全规定。

(8)未尽之处按照国家《建筑施工安全技术统一规范》(GB 50870—2013)和《公路工程施工安全技术规范》(JTG F90—2015)执行。

参 考 文 献

[1] VAHID ABOLHASANNEJAD.道路材料与桥梁变形动/静态监测新方法研究[D].南京:东南大学,2018.

[2] 陈耀金,林洁辉.独柱墩连续弯桥抗倾覆性能研究[J].公路交通技术,2022,38(2):15.

[3] 陈映贞,许肇峰,郭永平.独柱墩连续曲线箱梁桥抗倾覆稳定性研究[J].广东公路交通,2014(1):4.

[4] 邓芳芳.功能对等理论视角下施工方案汉英翻译实践报告——以道路和桥梁施工文本为例[D].西安:西安理工大学,2021.

[5] 邓晓光,卢志芳,李倩.三塔斜拉桥主梁节段施工非线性稳定性分析[J].桥梁建设,2015,45(2):116-121.

[6] 官快,徐德志.独柱墩连续箱梁倾覆全过程机理分析[J].广东交通职业技术学院学报,2017,16(3):37-41.

[7] 胡益良.城市桥梁在车辆拥堵作用下的动静力分析[D].广州:华南理工大学,2012.

[8] 蒋辰玮.基于多特征融合的高分辨率SAR图像道路桥梁检测方法研究[D].哈尔滨:哈尔滨工业大学,2021.

[9] 邝显聪.某城市干线道路施工对下穿铁路桥梁的影响研究[D].广州:广州大学,2017.

[10] 李涛,丁雪.高速公路连续箱梁桥独柱墩横向抗倾覆计算及安全性评估[J].广东公路交通,2017(1):12-14,34.

[11] 李文杰.某高速匝道独柱墩连续箱梁桥横向抗倾覆稳定性分析[J].水利与建筑工程学报,2016,14(4):44.

[12] 梁浩.BIM技术在道路桥梁施工阶段的应用研究[D].大连:大连理工大学,2020.

[13] 梁柯峰.独柱墩连续箱梁桥抗倾覆性能设计方法研究[J].城市道桥与防洪,2016(8):34.

[14] 廖芝.市政维护项目道路工程的造价预测模型研究[D].成都:西南交通大学,2018.

[15] 林峰.城市道路下穿高铁桥梁的方案研究[D].杭州:浙江大学,2016.

[16] 刘庆良,赵栋,吕惠明,等.连续独柱墩弯箱梁桥偏移分析及纠偏措施研究[J].现代交通技术,2016,13(4):12.

[17] 刘永前.天津市道路桥梁崩塌滑坡监测预警与防控技术研究[D].天津:河北工业大学,2017.

[18] 罗桂林.贵州省市政道路与公路造价差异性成因分析研究[D].贵阳:贵州大学,2020.

[19] 罗致.独柱墩连续箱梁桥横向抗倾覆计算要点探讨及研究[J].广东建材,2017,33(6):42-44.

[20] 马卓.下穿道路对高铁桥梁结构的影响研究[D].武汉:湖北工业大学,2019.

[21] 任宇珂.天津市城市道路管理研究[D].天津:天津财经大学,2018.

[22] 时磊.基于物联网技术的桥梁安全监测管理信息系统开发[D].成都:电子科技大学,2014.

[23] 唐巧玲.基于移动终端的城市快速路巡检养护信息系统的设计与开发[D].昆明:云南大学,2019.

[24] 万世成,黄侨.独柱墩连续梁桥偏载下的抗倾覆稳定性研究综述[J].中外公路,2015,35(4):36.

[25] 万永恒.公路桥梁下穿道路等多因素耦合作用下墩柱受力机理分析[D].南昌:南昌大学,2019.

[26] 王强.曲线独柱墩连续箱梁桥横向抗倾覆稳定性研究[J].现代交通技术,2018,15(2):67-69,80.

[27] 王瑛.独柱墩连续箱梁桥抗倾覆稳定性验算和分析[J].公路交通技术,2015(4):23.

[28] 魏春辉.唐津高速独柱墩连续箱梁天桥安全性分析[J].黑龙江交通科技,2014,37(1):76-77.

[29] 魏剑峰.独柱墩连续箱梁桥横向抗倾覆加固方案对比[J].价值工程,2017,36(4):15-19.

[30] 文祥.近接道路施工对高速铁路桥梁墩台位移的影响研究[D].成都:西南交通大学,2018.

参 考 文 献

[31] 肖栋梁.基于物联网技术的独柱墩桥梁防倾覆自动化监测系统研究[J].价值工程,2021(21):30.

[32] 许宏伟,周洁,李勇.在役城市独柱大悬臂桥梁撞击后损伤加固研究[J].国防交通工程与技术,2021,19(6):14.

[33] 薛欣.道路桥梁维护管理系统的设计与实现[D].北京:北京邮电大学,2020.

[34] 杨蕾.兰州主城区已建成跨河桥梁对道路交通影响的研究[D].兰州:兰州交通大学,2019.

[35] 杨庆嵘,张玥.曲率半径对独柱墩连续箱梁桥稳定性的影响分析[J].西部交通科技,2016(10):12.

[36] 杨志成.独柱墩预应力连续箱梁超重偏载作用下的受力状态分析[J].天津建设科技,2014,24(4):19.

[37] 余静娴.震后遥感影像道路桥梁灾情信息提取[D].北京:中国科学院大学(中国科学院空天信息创新研究院),2021.

[38] 於慧."尼泊尔道路与桥梁工程技术培训"项目口译报告[D].南京:南京师范大学,2019.

[39] 张帆.市政与公路不同计价模式下道路桥梁工程造价对比分析[D].广州:华南理工大学,2012.

[40] 孙树礼.高速铁路桥梁设计与实践[M].北京:中国铁道出版社.2011.

[41] 项海帆,潘洪萱,张圣城,等.中国桥梁史纲[M].上海:同济大学出版社,2009.

[42] 郑健.中国高速铁路桥梁[M].北京:高等教育出版社,2008.

[43] 葛俊颖.桥梁工程[M].北京:中国铁道出版社,2007.

[44] 薛建阳.钢与混凝土组合结构[M].武汉:华中科技大学出版社,2007.

[45] 朱聘儒.钢-混凝土组合梁设计原理[M].北京:中国建筑工业出版社,2006.

[46] 吴冲.现代钢桥[M].北京:人民交通出版社,2006.

[47] 苏彦江.钢桥构造与设计[M].成都:西南交通大学出版社,2006.

[48] 聂建国.钢-混凝土组合梁结构:试验、理论与应用[M].北京:科学出版社,2005.

[49] 聂建国,刘明,叶列平.钢—混凝土组合结构[M].北京:中国建筑工业出版社,2005.

后　　记

　　随着我国经济的快速发展,道路桥梁等交通事业也在不断发展。它为人们的日常出行等提供了便利的条件,社会的发展离不开交通事业做出的贡献。道路桥梁设计直接影响到道路桥梁的最终质量,如果设计不合理不仅会对人们的生命财产造成威胁,还会严重地制约我国交通事业的发展。道路桥梁设计人员要在提高设计标准的同时更加注重对设计质量的把控,加强对设计隐患的研究工作,从根本上杜绝隐患发生,在设计的过程中做好道路桥梁每个环节的设计工作,避免后期产生不必要的损失。道路桥梁设计是一项系统而复杂的工程,其中涉及的范围很广,所以对设计人员的要求极高,既需要他们掌握专业的设计技术,还需要他们懂得施工中可能存在的安全隐患问题,所以道路桥梁的安全性绝大部分取决于设计人员的整体素质。要加强对他们的培训,让他们掌握科学合理的设计技术,并且结合新材料和新工艺来保证道路桥梁后期的施工质量以及使用寿命。随着经济社会的不断发展,人们对道路桥梁的要求也就越来越高,应不断强化道路桥梁的设计方案,同时做好施工质量的监督管理工作,使得设计出来的方案具备经济性和实用性,保证道路桥梁的安全和质量,从而促进我国道路交通事业的快速发展。本书对道路桥梁设计中的相关问题进行了分析,并以实际案例详细讲解了道路桥梁工程设计与管理的相关事宜。